1848 D.

Jur.

DROIT PUBLIC
D'ALLEMAGNE,

CONTENANT

La forme de son Gouvernement, ses différentes
Loix; l'Election, le Couronnement &c. de
l'Empereur & du Roi des Romains, leur
Origine, Titres, Droits &c. ainsi que ceux
des Electeurs, Princes & autres États de
l'Empire; y compris ceux de la Noblesse
immédiate.

On y a ajouté

Les Droits de la Noblesse Equestre de la Basse-Alsace
son origine, & autres matieres intéressantes,
avec ce qui est analogue à la France.

Le tout enrichi d'une compilation de Loix
fondamentales de l'Empire.

PAR M. JACQUET,
Licencié-ès-Loix.

TOME V.

à STRASBOURG,

De l'Imprimerie de HENRI HEITZ,
M DCC LXXXII.

Avec Approbation.

Table des Loix & Traités de paix contenus en ce tome V.

Ordonnance d'exécution, tirée du Récès d'Empire fait à la Diéte d'Augsbourg en 1555, touchant les Paix de Religion & les Paix profanes.

(Observez au §. 33. dudit Récès, commence l'Ordonnance d'exécution, comme il suit; ainsi au lieu du §. 33. je mets §. 1. pour le commencement de cette Ordonnance).

§. I. Et afin que la présente paix, faite & arrêtée sur l'article du schisme de la Religion, ainsi que la paix publique en fait de choses temporelles & profanes, de même que la paix commune & générale de l'Empire, soient d'autant mieux débrouillées & éclaircies, & d'autant plus constamment observées: Nous sommes convenus avec les Electeurs - Conseillers, les Princes & Etats présens, & les Ambassadeurs & Députés des absens, ainsi qu'eux avec Nous, & avons conclu:

§. II. Statuons en conséquence, ordonnons & voulons, que l'on ne souffre point dans les Electorats, Principautés, Territoires, Jurisdictions & Domaines quelconques, les attroupemens & assemblées des gens de guerre, faits de leur propre chef & mouvement, à l'insu & sans l'agrément

Tom. V.   A

du Seigneur & Magiſtrat des lieux ; ni les menées, machinations, ſéditions & factions, non plus que d'autres faits quelconques, bleſſants l'équité & la juſtice, leſquels ſelon la variété & circonſtances des affaires, & vu les tems ou nous vivons, ne pourroient produire que des troubles, révoltes, dégâts & dévaſtations des terres & pays ; mais que l'on s'y oppoſe en toute diligence, en procédant & agiſſant rigoureuſement contre ceux qui retarderoient ou refuſeroient d'y obéir, en leur impoſant les peines & punitions qui ſuivent.

§. III. Et afin de prévenir plus ſûrement les ſuſdits attroupemens, aſſemblées, ſéditions & concurrences des gens de guerre & gardes ſervans, & de rompre leurs dangeureux deſſeins à moins de frais & avec moins de charge & incommodités, tous les États veilleront dans leurs Principautés, Comtés, Seigneuries, Juriſdictions & Domaines, dans les bourgs, bourgades, villages & reſſorts, & prêteront toute attention par leurs prépoſés : afin que ſi un ou pluſieurs de ces gardes rodans de côté & d'autres ſeroient attrapés dans le Domaine & Juriſdiction d'un État, qui cependant outre la garde, ne ſeroient trouvés coupables d'aucun délit, on leur défende de ne plus exercer la garde dans le territoire & reſſort où ils auroient été arrêtés, avec menace d'être, en cas de récidive, décrétés de priſe de corps, & traduits pardevant le plus proche Tribunal ſupérieur, pour y être jugés & condamnés comme parjures.

§. IV. Mais en cas, que ces gardes

feroient convaincus d'avoir violenté &
dépouillé les gens, contre la teneur de
la paix générale, on les traitera comme
des infracteurs de paix de force & à mains
armées, conformément au droit commun
& felon les conftitutions & ordonnances
de l'Empire.

§. V. Et fi l'un ou plufieurs de ces gens
s'avifoient de réfifter de force à la juftice,
on courra fus, & les ayant attrapé, on
les punira rigoureufement felon & conformément audit droit commun, conftitutions & ordonnances de l'Empire, & aux
coutumes, libertés, & anciennes obfervances des lieux.

§. VI. Ordonneront auffi les Etats &
Magiftrats à leurs fujets & à tous autres à eux
appartenans, de ne point donner à vivre, ni
de loger de pareils gardes, mais de les congédier fans leur faire le moindre bien ; &
au cas qu'ils ne fe laifferoient point congédier par des manieres honnêtes, les
prendre & les envoyer pardevant leurs
baillifs pour leur être fait droit ; & de leur
refufer en outre toute retraite dans les
villes, bourgs, bourgades, villages, &
de ne fouffrir en aucune façon, à ce que
ces gardes confument dans un lieu, ce
qu'ils auront ravi ou pris aux pauvres
gens dans un autre.

§. VII. Et comme il y a beaucoup de
voyageurs & valets de pied, dont les uns
n'ont point de maîtres, & d'autres, quoiqu'engagés & en fonctions, n'y vaquent point
en régle, ou qui, voyant que leurs Seigneurs
auxquels ils ont promis leurs fervices,

ne font point en état de les ranger à leurs
devoirs, ne font que vagabonder pour leur
propre profit: Nous ordonnons que dorénavant de pareils gens ne foient point
foufferts dans l'Empire, mais que par-tout
où on les attrape, ils foient arrêtés, &
févérement interrogés, & enfuite pour
raifon & à proportion de leur méfait rigoureufement punis, au moins par la confifcation de leurs biens, & en outre obligés, par ferment & caution de ne plus
récidiver. Défendons de même fous peine
grave de loger, donner retraite, ou retenir chez foi, en maniere quelconque, ceux
qui n'ont ni feu ni lieu, ou qui ne juftifient point aux Magiftrats des lieux leur
certificats de permiffion par écrit.

§. VIII. Et fi dans le St. Empire de la
nation Allemande, en quel territoire &
domaine que ce fût, l'on voyoit ou apper-
çevoit quelques-uns paffer dangereufement
à pied ou à cheval, alors les Etats, Seigneurs & Magiftrats des lieux ordonneront
& pourvoiront, à ce que de pareils gens
fe juftifient, & au cas qu'ils foient trouvés fufpects, ils foient arrêtés & empri-
fonnés, pour enfuite être jugés, condamnés & exécutés felon la teneur de la
paix générale & autres loix de l'Empire,
ainfi que felon les coutumes, & anciennes
obfervances des lieux.

§. IX. Et puifque les fus-mentionnés voyageurs & valets de pied trouvent en plufieurs endroits de l'Allemagne la facilité
de fortir d'un domaine pour entrer dans
un autre fans délai, & de changer ainfi

incontinent de jurifdiction, & s'évadent
& fe fauvent par-là; il eft de néceffité,
que les Electeurs, Princes & Etats s'arran-
gent & conviennent entre eux, felon leur
commodité & bon plaifir, touchant la
pourfuite d'iceux.

§. X. Nous ftatuons, déclarons, voulons
& ordonnons aufli, qu'en conféquence de la
préfente convention, de notre Romaine,
Impériale & Royale puiffance, & voulons
férieufement, que perfonne, de quelle dignité & état qu'il foit, & plus particuliérement qu'aucun Colonel, Major, Capitaine, Commandant & fimple foldat,
n'affifte ceux, qui auroient tramé, caufé, levé ou foldé de pareils attroupemens & affemblées, ou les auroient
féduit, ou autrement contribué à leur
exiftence, fous la foi & obligations, par
lefquelles un chacun eft lié à la fufdite
Majefté Impériale, à Nous, au St. Empire & à d'autres fes Supérieurs & Magiftrats,
& fous peine d'encourir leurs difgraces
refpectives, ainfi que d'être privés & dépouillés de tous régaliens, fiefs, immunités, privilèges, graces, défenfes & pro-
tections, autant qu'un chacun en auroit
de ladite Majefté Impériale, de Nous,
du St. Empire & de fon Seigneur ou Magiftrat. Défendons de même, que perfonne dans une guerre ou autres affaires &
négociations contre ladite paix, ne prête
fes fervices contreSa Majefté Impériale,con-
tre Nous, ou autres Etats fideles & obéiffans
au St. Empire, fans leur agrément & confentement, ni ne s'engage, ou fe mette

en mouvement, foit dans les tems & circonftances préfentes, foit à l'avenir, ouvertement ou en cachette contre la fufdite Majefté Impériale, contre Nous, ou les Etats de l'Empire, & ne prête aucun fecours, affiftance, main-forte ou avance, ni ne s'enrôle dans aucun corps ou affemblée illicite de gens militaires à pied ou à cheval, mais que chacun s'en abftienne totalement, & qu'en outre chaque Etat du St. Empire foit attentif & veille fur les perfonnes que l'on foupçonne de tramer des entreprifes militaires, ou autres affaires dangeureufes, ou qui roulant de côté & d'autre dans les villes & bourgs, menent une vie fainéante, y débourfent leurs deniers, fans que l'on connoiffe d'ailleurs leur conduite & actions. Qu'on fonde leurs projets, & qu'au cas qu'ils foient fortement fufpects de chofes injuftes, enfemble ceux qu'ils fréquentent, on les interroge dans de bonnes occafions, & qu'on les affujetiffe à des affurances & garanties.

§. XI. Et que les Magiftrats dans leurs Electorats, Principautés, terres, villes, bourgs & domaines veillent férieufement & affidument, & y aftreignent leurs vaffaux, landfafs, fujets, habitans & autres gens reftans dans leurs territoires, & leur défendent en outre avec fermeté & fous de très-graves peines & punitions, fçavoir fous peine de banniffement & de confifcation de tous leurs biens, fiefs ou propres, meubles ou immeubles, & même felon les qualités & circonftances des affaires & des perfonnes, de chaffer leurs

femmes & enfans avec eux ; de ne pas
fe complotter , s'attrouper & s'affem-
bler en aucune façon contre la Romaine
Majefté Impériale, contre Nous , ni contre
aucun des Etats de l'Empire , ni d'y prêter
aucun fecours, foit clandeftinement foit ouvertement , & qu'ils en avertiffent & ex-
hortent fous les mêmes peines ceux, qui
fe feroient peut-être déja laiffés engager
à de pareils fervices, ou qui pour eux &
leurs propres caufes fe feroient déja com-
plottés & attroupés , ou qui feroient intentionnés de le faire dans la fuite ; & fi
quelqu'un ou plufieurs fe montreroient défobéiffans & ne fe conformeroient point
à ce qui vient d'être ordonné , alors en
cas qu'ils foient découverts & attrapés
dans leurs principautés, terres , feigneuries,
villes , bourgs, jurifdictions & domaines,
ils agiffent en toute rigueur & les punif-
fent des peines ftatuées , & ordonnent à
ce que leurs prépofés à la juftice les jugent, condamnent & exécutent conformément aux loix.

§. XII. Comme il arrive auffi fouvent
& en plufieurs endroits du St. Empire ,
que des fujets qui fe plaifent & in-
clinent aux querelles & aux troubles, s'enfuyent malicieufement , & fous le fpécieux
prétexte d'un refus de juftice & d'équité,
envoient à des particuliers ou à des communes & communautés, des plaintes ou
défis, ou les affichent aux portes des bourgs
& maifons avec menace, s'ils ne s'accommodent avec eux à leur gré, de les incen-
dier ou de le leur faire payer par d'autres

manieres, par le dégât de leurs biens &
même par la perte de leur vie; & qu'il y en
a d'autres, qui achetent des créances, &
s'en vont enfuite affouvir leurs malices par
des violentes extorfions; & quoique dans
les conftitutions & ordonnances de Sa Majefté Impériale & du St. Empire, il ait
été pourvu & défendu aux Seigneurs &
à leurs fujets de loger, donner retraite,
nourrir ou prêter affiftance quelconque aux
fujets vagabonds & mal intentionnés des
autres Seigneurs : l'on voit cependant,
que ce non-obftant, de pareils criminels,
défieurs, violateurs & ravageurs de pays,
bien loin d'être convenablement punis,
font dans plufieurs endroits tolérés &
foufferts, ce qui occafionne aux fujets
bien des torts par des incendies & autres
malheurs, & fait que de tels fuyards deviennent auteurs & inftigateurs de toutes
fortes d'émeutes & d'attroupemens.

§. XIII. Pour détourner & prévenir toutes ces chofes, Nous fommes derechef convenus avec les Electeurs - Confeillers, Princes & Etats comparoiffans, & les Ambaffadeurs & Députés des abfens, & voulons,
que d'abord les Magiftrats, fous la jurifdiction defquels de pareils fuyards fe trouvent, auffitôt qu'ils auront connoiffance de
pareils menaces, les obligent de fe foumettre aux loix & au droit de leurs Seigneurs,
& d'éviter en conféquence toutes voies de
fait, & que les Magiftrats & Seigneurs
fe prêtent mutuellement la main, afin d'y
contraindre à moins de frais lefdits fu-

yards, non obftant tous droits & privilèges que de pareils défieurs pourroient alléguer pour leur défenfe; de façon cependant, que les Seigneurs doivent leur
accorder un fauf-conduit, afin de pouvoir fe préfenter en juftice avec fûreté,
& les aider à parvenir à leurs droits & ju-
ftes fins fans délai, le tout felon la déclaration & teneur de l'ordonnance de la
Chambre Impériale, dans la feconde partie, titre XV. Mais au cas que de tels
fuyards ne voudroient point s'en rappor-
ter au bon droit, ni fe préfenter en juftice,
que les Etats & les Seigneurs faffent pour-
lors & à l'avenir de certains réglemens &
mandemens, afin que ces malicieux fuyards
leurs fujets ne foient foufferts nulle part
dans leurs domaines, ni logés, ni entre-
tenus, ni retenus, ni affiftés d'aucune maniere, mais qu'ils fe donnent toutes les
peines pour découvrir, faifir & arrêter
de pareils défieurs & forceurs de pays, &
les livrer enfuite à la juftice, pour en
être traités & exécutés felon toute la rigueur des loix. Et fi quelques Etats, Magiftrats, ou fujets contre cette préfente
ordonnance, leurs donneroient retraite,
logement, nourriture, ou les affifteroient
de maniere quelconque, l'on punira de
tels aides, reteneurs ou affiftans, des
mêmes peines que les fuyards, & que la
préfente ne foit pas feulement entendue,
interprétée & exécutée contre les fuyards,
mais encore contre leurs défenfeurs, receleurs & affiftans.

§. XIV. Et afin que cette ordonnance

foit d'autant plus ſtriſtement & efficace-
ment exécutée, toutes & chacune des
communautés & bourgs, feront tenues de
donner avis au Magiſtrat, & de déſigner les
fuyards par leur nom & furnom, & feront
également obligés les Etats & Magiſtrats
de donner & faire afficher des mandemens dans leurs principales villes & bourgs,
& tous & chacun feront tenus de jetter un
œil vigilant fur de pareils fuyards & malicieux ravageurs de pays, ainſi que fur
leurs receleurs, afſiſtans & donneurs de
retraite, les arrêter & les envoyer aux
tribunaux de la juſtice, pour être felon
les loix punis.

§. XV. Nous déclarons, ordonnons,
ſtatuons & voulons auſſi, que de pareils
défieurs & ravageurs de pays, au cas que
l'un ou pluſieurs d'iceux menaçent les gens
contre tout droit & équité, s'évadent, s'enfuyent, & s'en vont dans des endroits, ou
chez des gens, où ils trouvent retraite,
aide, afſiſtance & fecours, & defquels
les voiſins font de tems en tems iujuſte-
ment & notablement endommagés, &
toujours expofés à leur méchanceté, &
qui menacent & intimident fort fouvent
le monde, ne voulant point fe foumettre
aux juges ni fe contenter de ce qu'ils
pourroient prononcer, & qui par conféquent doivent être tenus pour de vrais ravageurs de pays; ainſi ſi de pareils gens
s'enfuyent dans des lieux fufpeſts, comme
dit eſt, & ne laiſſent pas jouir un chacun
tranquillement de fes biens & de fes droits,

mais s'avisent de les menacer & de leur
faire peur; Nous ordonnons qu'étant arrêtés & faits prisonniers, on leur tranche
la tête, comme à des ravageurs de pays,
quoique d'ailleurs ils n'auroient point employé les voies de fait: & que l'on agisse
de même contre ceux, qui auroient osé
se servir de quelques violences. Mais
si cependant il arrivoit que quelqu'un
de peur d'être violenté, se sauveroit dans
des endroits suspects, n'étant aucunement
intentionné de faire du mal à quiconque,
il ne seroit pas pour cela assujetti à ladite
peine, & s'il s'élevoit quelque doute là-
dessus, on enverra l'affaire à des juris-
consultes pour en être mieux instruit.

§. XVI. Que si malgré tout cela il arrivoit à l'avenir, que dans l'Electorat, terres, villes ou domaines d'un Electeur,
Prince, ou Etat, des gens de guerre à
cheval ou à pied, soit un seul homme,
soit plusieurs à la fois & par trouppe ou
autrement en grand nombre, s'aviseroient
contre le gré ou sans la permission de
l'Electeur, Prince & Seigneur desdits
endroits, de décamper ou se mettre en
garde: alors l'Electeur, Prince ou Etat
dans la Principauté, terres ou domaines
duquel ces gens se seroient attroupés,
les fera interroger, sous quels auspices
ils sont conduits? & en cas qu'ils disent
être sous Nos ordres, & qu'ils puissent le
justifier par de bons certificats & attesta-
tions, on les laissera en toute obéissance passer à leurs frais. Ainsi Sa Majesté
Impériale & Nous, ordonnerons doréna-

vant à nos Généraux & Commandans, de
faire voir leurs ordres par écrit aux Seigneurs des lieux, autant de fois qu'ils y
enverront recruter & lever des soldats,
& de faire en forte, que les Etats d'Empire pour raison des places de revue, mar-
ches & passages, & autres charges soient
ménagés.

§. XVII. Mais au cas qu'ils ne puissent
assigner aucun maître ou garant, ou si celui, qu'ils allégueroient avec vérité, ne
seroit point en état de justifier sa permission de la part de Sa Majesté Impériale,
de faire passer ses troupes, ou qui l'auroit fait à son insu & sans avoir eu
d'importantes raisons : alors l'Electeur,
Prince, ou Etat, dans l'Electorat, terres
ou domaines duquel ils campent, fera
toutes ses diligences pour détourner, rompre & prévenir les assemblées, attroupemens & courses, de quelles manieres qu'elles se fassent, & cela sans délai, & avant
qu'un pareil feu s'enflamme & s'augmente.

§. XVIII. Et au cas qu'il lui seroit im-
possible de le faire seul, il priera le
Colonel & les Adjoints du Cercle, duquel il fait membre (comme il en est fait
mention dans la suite), de lui envoyer
des secours à proportion du nombre & des
forces desdits gens attroupés, & selon qu'il
sera réglé ci-après; afin de pouvoir rompre & détacher ces gens, & de les détourner & faire sortir de ses terres, sans
faire tort à quiconque, autant que possible; & de contraindre les Chefs, Com-

mandans & Conducteurs, s'ils s'y trouvent,
ou qu'après coup on les attrape, de réparer les torts & dommages faits aux pauvres par leurs gens, même de leur faire
fubir les peines dues à de pareils auteurs,
féducteurs, inftigateurs & confeillers; &
fi pour des raifons fufdites on y fouffri-
roit des gens de guerre, leurs Chefs &
Commandans doivent garantir le payement de leurs vivres & munitions même
par ferment.

§. XIX. Et afin que de pareils coureurs
& bandits aient d'autant moins de raifons
de fe liguer & de s'attrouper, & qu'ils
s'y prêtent d'autant plus difficilement; ni
Sa Majéfté Impériale, ni Nous, non-plus
que les Electeurs, Princes & Etats, n'en-
gagerons ni ne recevrons de pareils gens
dans nos troupes, mais procureront plutôt qu'on leur faffe droit comme deffus.

§. XX. Et en cas que de tels gens armés faffent du tort aux Etats, ou à leurs
terres & fujets, ou ne payent point comme ils le doivent, ou ne fourniffent point
de fuffifantes cautions; dans tous ces cas,
l'Etat grévé & léfé, ou d'autres qui ont fouffert quelques dommages, font en droit
de s'adreffer à leurs Chefs & Capitaines,
felon qu'ils en auront l'occafion, pour
s'en faire payer & dédommager.

§. XXI. Or puifque les fufdits attroupemens & affemblées de gens de guerre
tant à cheval qu'à pied, qui depuis quelques années ont fait bien des torts
aux Etats de la nation Allemande, & defquels on n'a pas moins à craindre pour

l'avenir, deviennent aujourd'hui fort communs, & qu'il est très-facile de s'en servir : pour y obvier, Nous sommes convenus avec les Conseillers - Electeurs, avec les Princes & Etats présens, ainsi qu'avec les Ambassadeurs & Députés des absens, & avons, outre ce qu'il a déjà été susmentionné, conclu, concluons, voulons & ordonnons, que les Electeurs, Princes & Etats, un chacun pour soi, ainsi que pour le bien-être de leurs sujets & autres à eux appartenans, soient attentifs & saisissent les meilleurs moyens de prévenir & d'empêcher de pareils charges & griefs. Et pour le faire avec d'autant plus de succès, chacun se tienne toujours prêt, & fasse pourvoir ses Principautés, terres, seigneuries & domaines de tout ce qui est necessaire, afin d'éviter toutes surprises, & d'être en état de se défendre en cas d'attaque & de souffrance, & de prêter des secours conjointement avec tous ses gens & sans délai aux voisins attaqués & molestés, ainsi qu'il en pourra espérer en cas de nécessité. D'autant plus que chaque Etat & voisin, & autres plus éloignés Seigneurs, doivent se tenir & observer réciproquement une bonne, vraie & sincere foi & fidelité, & vivre ensemble dans une parfaite harmonie & intelligence, afin que si l'un s'apperçoit de quelque chose qui puisse préjudicier ou faire tort à l'autre, il l'en avertisse aussi-tot, & fasse de son côté tout son possible pour empêcher les voies de fait.

§. XXII. Vu qu'en toutes choses selon

l'occafion & les circonftances des affaires
& du befoin, un chacun fe montrera ami
& compatiffant avec les autres, ainfi que
l'exigent & nous y obligent les droits de
nature & des gens, & le droit commun, enfemble les conftitutions, ordonnances & ftatuts, de même que la chari-
té chrétienne & fraternelle.

§. XXIII. Et afin que ladite ordonnance s'obferve plus fermement, & que les
Etats & fujets y trouvent d'autant plus
de fûreté, ainfi que pour donner une effi-
cacité plus avantageufe à la paix générale de l'Empire; les Etats de chaque Cercle choifiront, pour mieux parvenir à une
conftante & parfaite exécution & accompliffement d'icelle, un Colonel, & leur fera libre
de confier cette charge au Prince Directeur
du Cercle, ou à un autre grand & puiffant
Etat, ou même à une autre perfonne capable & agréable, felon leur choix &
confiance, & ils lui donneront quelques
adjoints en quel nombre qu'ils le jugeront
à-propos, eu égard à la fituation & les
befoins du Cercle.

§. XXIV. Et en cas qu'un Directeur,
Electeur, Prince, ou autre éminent Etat
du même Cercle, ait été élu Colonel; s'il
en accepte la charge, il fera fes fonctions
pour le bien commun du Cercle gratis &
fans récompenfe. Mais fi le Cercle choi-
fiffoit pour cette charge une perfonne étran-
gere qui ne feroit point du Cercle, les
Etats dudit Cercle conviendront avec lui
felon qu'ils le jugeront à propos. On obfervera la même chofe à l'égard des Adjoints, c. à d. fi l'on donne au Colonel pour

Adjoints un ou plufieurs Electeurs, Princes, ou Etats du même Cercle, ils feront leurs fervices gratis : mais fi dans un Cercle on prend pour Adjoints des perfonnes étrangeres, fçavoir des Prélats, Comtes, Seigneurs & des villes, alors fes Etats conviendront avec lefdites perfonnes des appointemens, récompenfes & dédommagemens, comme bon leur femblera.

§. XXV. Si un Electeur, Prince ou autre grand & puiffant Etat élu & commis Colonel de fon Cercle, ne pourroit ou ne voudroit lui-même perfonnellement faire les fonctions de fa charge, il lui fera loifible de commettre en fa place une autre perfonne valeureufe, capable, affidée, & expérimentée en affaires militaires; & feront tenus les Electeurs, Princes ou Etats conftitués & élus Colonels de leurs Cercles, ainfi que leurs Lieutenans, de même auffi celui qu'un Cercle auroit de fon gré commis à cette charge, immédiatement après avoir reçu leurs pouvoirs & ordres, & auffi-tôt qu'ils feront inftruits de ce qu'ils auront à obferver à l'égard des Electeurs, Princes ou Etats de chaque Cercle, comme il fuit, & qu'il eft ftatué, ordonné & déterminé, d'entreprendre, faire & agir, conjointement & féparément, chacun dans fon Cercle le cas avenant, ce qu'il jugera néceffaire & le plus expédient pour le maintien & confolidation de la paix générale, & ne point ménager ni charger à cet égard aucun Etat eccléfiaftique ou laïque de préférence ou plus qu'un autre, mais

fe

se comporter vis-à-vis de tous également.
Et ils ne se serviront point des troupes
du Cercle dans leurs affaires propres &
personnelles, mais seulement dans les affaires communes aux Etats du Cercle, auxquelles elles font destinées & commises.
Or lesdits Colonels & Adjoints, s'ils font
de qualité Princière, promettront aux
Etats de leur Cercle & s'obligeront à faire toutes ces chofes sous leur dignité, foi
& parole de Prince, mais les autres de
moindre condition s'y obligeront par ferment; on obfervera la même chofe, quant
aux promeffes & obligations par ferment,
à l'égard des fubordonnés aux Colonels &
Adjoints.

§. XXVI. Seront auffi obligés ceux, qui
par les Cercles auront été chofis & prépofés Colonels & Adjoints, enfemble leurs
Lieutenants, avant de paffer leurs promeffes & obligations aux Cercles, de fe dé-
gager de toutes charges, ferments, ligues,
promeffes & obligations, fous quel nom
que ce foit, de quelle manière & envers
quiconque ils auroient été faits, à l'exception cependant de ceux ou celles dont
ils font liés envers Sa Majefté Impériale &
le St. Empire; afin que libres & francs
de toutes autres charges & obligations, ils
puiffent vaquer fans empêchement quelconque aux affaires du Cercle, remplir
exactement leurs fonctions tant qu'il feront en offices, & faire & agir conformément à leurs devoirs, promeffes & fermens, felon toute l'étendue de leur intelligence, & le plus avantageufement que

Tom. V.   B

faire se pourra au Cercle ; mais hors les affaires du Cercle, & celles - ci n'exigeant point leurs services, il leur sera libre de les prêter à quiconque ils les auroient engagé ou promis.

§. XXVII. Le Colonel, ses Adjoints & les autres Etats de chaque Cercle, chacun pour son particulier, prêtera une parfaite attention, afin de savoir si & en quel lieu du Cercle se font de pareils soulévemens, rendez-vous, & attroupemens, & d'en avertir aussi-tôt le Colonel, de même les Adjoints, un chacun pour son particulier, ainsi que les autres Etats du Cercle, surveilleront diligemment, & s'ils s'apperçoivent de quelque chose, qui pourroit occasionner de pareils soulévemens, rendez-vous, attroupemens & autres voies de fait, iis en donneront aussi-tôt avis au Colonel, lequel, si cela le regarde lui-même, ou s'il en a été instruit par un des Adjoints ou autres Etats de son Cercle, fera aussi-tôt à la réquisition de la partie grevée & molestée, ou de son chef, assembler se Adjoints dans un endroit à ce indiqué, lesquels s'y transporteront en toute diligence, pour y délibérer & examiner de quelle force & en quel nombre doivent être les troupes ordonnées par le Cercle, dont il sera fait mention ci-après: savoir, s'il en faut appeller & convoquer le quart, le tiers, la moitié, ou tous ensemble : & lorsqu'ils en seront convenus, ils auront le pouvoir d'exiger de chaque Etat du Cercle sa cote-part, & sera tenu chaque Etat de livrer & envoyer son

contingent au tems & dans les lieux &
places convenues, ainsi qu'il aura été ordonné & arrêté par le Colonel & ses Adjoints, afin que, s'il est possible, ils puissent détourner de leur Cercle les maux
dont il est menacé.

§. XXVIII. Mais pour que les Etats de
chaque Cercle ne soient vainement &
inutilement inquiétés, & qu'ils ne fassent
point de frais hors de nécessité, les Colonels en de pareilles rencontres n'appel-
leront les troupes auxiliaires des Cercles,
qu'après avoir été préalablement assurés
du danger & de la nécessité de la défense.

§. XXIX. En cas que les susdits soulévemens, rendez-vous, attroupemens, &
autres voies de fait, contre l'un ou plusieurs des Etats, ou contre tout un Cercle fussent si vigoureux, que leurs Colonels & ses Adjoints trouveroient les troupes du Cercle non suffisantes pour les
détourner, ou pour leur résister & faire
face avec succès: alors ils se mettront
néanmoins comme il a été dit, sous les armes, & se tiendront prêts à la défense &
résistance, & aurons pouvoir d'appeller à
leurs secours les Colonels ensemble les Adjoints des deux Cercles voisins, & de leurs
fixer un certain jour & un certain lieu,
pour s'y assembler, délibérer & convenir
des secours à leur rendre: & seront les
Etats sollicités, tenus de paroître au tems
& lieu fixé, sans pouvoir alléguer excuse
ou prétexte quelconque, ou par eux-mê-
me, ou, si c'est un Prince, par un de ses

Conseillers entendu & expérimenté dans les affaires de guerre, afin de pouvoir délibérer & convenir conjointement avec le Colonel du Cercle appellant, sur la qualité des secours & aides, ainsi que sur la maniere & le tems qu'il faudra les rendre.

§. XXX. Et si les secours fournis par le Cercle appellant, ensemble ceux des Cercles sollicités, ne suffiroient pas pour s'opposer, rompre & détourner les susdits soulévemens, rendez-vous & attroupemens, ils se mettront néanmoins sous les armes & feront des tentatives autant que possible, contre ces violateurs & ravageurs de pays, & auront en outre plein pouvoir d'appeller à leur secours les Colonels & Adjoints de deux autres Cercles, qui ne seroient point les plus éloignés des trois précédents, & de les convoquer ensuite, afin de délibérer & convenir avec eux, comment & de quelles manieres ils pourroient avec leurs secours se défendre & se défaire des susdits ravageurs; & feront de même les Colonels & Adjoints de ces deux derniers Cercles, à la réquisition de ceux des trois précédens, obligés de paroître, traiter, consulter & convenir avec eux, sans pouvoir alléguer pour excuse, que d'autres Cercles sont plus proches, ni autre prétexte quelconque.

§. XXXI. Et dans les cas rapportés ci-dessus: savoir, si les secours & assistances d'un, de trois ou de cinq Cercles, se trouvent conformément à cette ordonnance sous les armes & en campagne, leurs Colonels & Adjoints instruiront aussi-tôt Sa Majesté Impériale, ou Nous en son absen-

ce, de leurs deſſeins ainſi que des raiſons & motifs qui les ont contraint à ce
faire; & ne laiſſeront cependant point de
continuer leur défenſe.

§. XXXII. Si les affaires devenoient encore plus dangeureuſes & que l'émeute
montoit à un tel point, que les troupes
du Cercle envahi & moleſté, conjointement
avec celles des autres quatre Cercles, ne
ſeroient point en état de faire une aſſez
forte réſiſtance; & qu'en conſequence leurs
Colonels & Adjoints reſpectifs jugeroient
être néceſſaire d'appeler au ſecours les
troupes de tous les Cercles: alors les Colonels & Adjoints des dits cinq Cercles
avertiront & inſtruiront ſans délai & par
écrit Notre Neveu, l'Electeur & Archévê-
que de Mayence, de toutes les circonſtances, dangers & périls, auxquels ils ſe trouvent; auquel Notre Amé, Nous, tant au
nom de Sa Majeſté Impériale, qu'en Notre propre nom, comme Roi des Romains,
ordonnons, ſtatuons & voulons: que Notre Amé, comme Archi-Chancelier de
l'Empire, au nom & de la part de Sa Majeſté Impériale, & en ſon abſence hors de
l'Empire, de Notre part & en Notre nom
& place, convoque à Franckfort ſur
le Mein pour un certain jour déterminé &
ſpécifié par les lettres d'invitation, les autres
Electeurs; & un des Princes, ſavoir Nous,
comme Duc d'Autriche, Melchior Evêque
de Würtzbourg, Guillaume Evêque de
Munſter, le Duc Albert de Bavière &c.
le Duc Guillaume de Juliers &c. & Philippe Landgrave de Heſſe &c. &c. un des

Prélats : favoir Gervic Abbé de Weingarten
& d'Ochfenhaufen ; un des Comtes & Seigneurs, fçavoir Frédéric Comte de Für-
ftenberg ; deux villes Impériales, fçavoir
Cologne & Nürnberg, & d'envoyer auffi-
tôt & en même tems toutes les inftru-
ctions, telles que fon Amé les aura reçu
des Colonels & Adjoints des cinq Cercles, avec la convocation & fixation
du jour pour comparoître audit Franckfort, le tout par écrit, à Sa Majefté Impériale, & en fon abfence hors de l'Empire, à Nous, afin que Nous puiffions auffi y
envoyer Nos Commiffaires, & feront tenus
les Electeurs, Princes, Prélats, Comtes
ou villes de comparoître en perfonnes,
ou par leurs Ambaffadeurs & Députés : &
de bien pefer & examiner les circonftan-
& befoins des fufdits Cercles, & enfin
déterminer & décider, quel fecours les cinq
autres Cercles feront obligés de fournir.

§. XXXIII. Et en cas que Sa Majefté Impériale y envoye fes Commiffaires, ou
Nous les Notres, alors les Electeurs, Princes
& villes ou Députés feront chaque fois part
de leurs délibérations & avis aux Commiffaires de fon Amé & de Sa Majefté Impériale ou
aux Nôtres ; fur lefquels Nos Commiffaires refpectifs, au lieu & place de Sa Majefté Impériale & de Nous, comme Chefs, felon qu'il eft
d'ufage & d'obfervance, tâcheront de convenir, & lorfqu'il à été conclu, qu'il faut appeller au fecours les troupes des cinq autres Cercles, foit en tout, foit en partie ; alors les Cercles appellés & fommés feront tenus de fournir fans réfiftance & fans délai les fecours
déterminés.

§. XXXIV. Si les Electeurs, Députés, Princes & Etats, conjointement avec les Commiſſaires de Sa Majeſté Impériale où les Nôtres jugeoient, que les troupes même de tous les Cercles ne ſuffiſent point; ils doivent en inſtruire Sa Majeſté & Nous, afin que ſon Amé, Sa Majeſté Impériale & Nous, comme Roi des Romains, conformément à Nos hautes charges, Nous puiſſions aider les Etats d'Empire par Nos conſeils & avis, & au cas que les Electeurs le jugeroient à propos & néceſſaire, propoſer & convoquer une Diéte générale.

§. XXXV. Et feront tenus les Electeurs, Députés, Princes & Etats, ou leurs Plénipotentiaires préſents, de traiter, examiner, décider & conclure ce que les circonſtances & les beſoins où l'on ſe trouve leur paroîtront exiger, non-obſtant & ſans prendre garde à ce que quelques-uns des Députés ne ſoient point comparus, ni par eux-mêmes, ni par Procureur ayant pleinpouvoir.

§. XXXVI. Et afin que les Colonels & leurs Adjoints puiſſent d'autant plus facilement accomplir leurs ordres & fonctions: Nous voulons, que ſi l'un ou pluſieurs deſdits Colonels & Adjoints pour raiſon d'empêchemens légitimes ne comparoiſſoient point, l'autre ou les autres Colonels puiſſent néanmoins commencer & continuer leurs propoſitions, délibérations & diſcuſſions des affaires néceſſaires à traiter, avec les Députés préſens, (pourvu qu'il y en ait trois de chaque Cercle) & ce qui ſera ainſi par les préſens Colonels & Adjoints décidé &

conclu à la pluralité des voix, doit être
auffi fidélement gardé & obfervé, que fi
tous avoient été préfens.

§. XXXVII. De plus le Colonel & fes
Adjoints devront non feulement dans le
cas, qu'un Etat du Cercle feroit déja at-
taqué, affiegé, couvert ou autrement léfé, entremettre & prêter leurs fonctions,
mais auffi lorfqu'ils ont connoiffance d'une
levée de troupes & d'un foulévement,
qui vife contre un Etat, quoique l'attaque
ne foit pas encore faite, pour & afin de
chercher les moyens de la prévenir & de
la détourner, ainfi que d'empêcher qu'a-
près que de pareilles troupes auront été
diffipées, elles ne fe rejoignent plus; &
tout ce qu'ils eftimeront & jugeront néceffaire, fera fait & accompli, pourvu que cela n'excede les fecours déterminés plus bas.
Et en outre le Colonel du Cercle mo-
lefté ou menacé de l'être, & fes Adjoints
pourront en pareils cas, tout au commen-
cnment de l'affaire, appeller & convoquer
les Colonels & Adjoints des Cercles les
plus proches, & de faire & diriger le tout
avec leurs avis & confeils.

§. XXXVIII. D'autant que pour le maintient & entier accompliffement de cette
ordonnance, il eft néceffaire, que les Colonels & leurs Adjoints exercent leurs ordres & fonctions non feulement aux cas &
felon les manieres fufdites, mais encore
pour exécuter la profcription ainfi que
d'autres peines & punitions duement ordonnées & prononcées contre les infracteurs de paix, felon la voie d'exécution

telle qu'elle se trouve dans l'Ordonnance de la Chambre Impériale sous les titres 57. & 58. *de l'exécution & accomplissement des Arrêts.*

§. XXXIX. Si le Colonel & ses Adjoints jugent & estiment, que vu les circonstances il seroit expédient pour la paix générale, ainsi que pour prévenir de plus grands maux, de faire une trêve, ou de conclure & d'accepter une paix : dans ces cas ils auront plein pouvoir de traiter de paix ou de trêve, même de les conclure, mais cependant pas autrement, qu'avec l'agrément & consentement des parties lésées.

§. XL. Et quoique (comme il a été dit) les Colonels doivent être élus par les Etats des Cercles, selon les circonstances d'un chacun, avec les pouvoirs & ordres sus-mentionnés, cependant les Electeurs, Princes & Etats, qui auront été choisis pour cette charge, ne s'arrogeront par-là aucune supériorité sur les autres Etats, & ne tacheront point, sous prétexte de l'administration d'icelle, de dominer sur eux, & n'useront à leur égard que du pouvoir que la présente ordonnance leur accorde.

§. XLI. En outre il sera loisible aux Etats du Cercle, de démettre & congédier le Colonel de leur Cercle, de lui en substituer un autre, selon les circonstances où ils se trouvent. Et au contraire, celui qui aura été élu Colonel, ne sera obligé d'en faire les fonctions qu'un an, au bout duquel il pourra demander sa démission.

§. XLII. Et en cas qu'un quelqu'un ne voudroit pas exercer sa charge plus long-tems, il doit en instruire le Directeur du Cercle six mois d'avance, afin de pouvoir convoquer les Etats à tems; & si le Directeur lui même étoit Colonel, il seroit également tenu de convoquer les Etats six mois auparavant de se démettre, pour leur communiquer ses intentions, & se voir substituer un autre en sa place

§. XLIII. Et si l'un des Adjoints venoit à mourir, ou pour raison de légitimes empêchemens ne pouvoit attendre la fin de sa charge, ou si en se démettant, il ne commettoit personne autre en sa place: alors le Cercle, qui l'aura commis, en nommera sans délai & dans le tems ci-dessus préscrit, un autre, en le faisant connoître au Colonel; lequel sera tenu d'entrer aussi-tôt en fonctions, comme il a été dit, & de remplir ses devoirs de façon que rien n'y manque. Néanmoins si, ainsi que dit est, l'un ou plusieurs des Adjoints venoient à mourir, ou ne pouvoient attendre la fin de leurs charges, le Colonel conjointement avec les autres Adjoints auront plein pouvoir de faire & agir dans l'intervalle de la création des autres, tout ce que le bien du Cercle exige, comme il a été ordonné ci-dessus.

§. XLIV. S'il arrivoit, que dans un Cercle un Colonel commettroit lui-même des voies de fait contre un autre Etat du même Cercle, ou contre un Etat d'un autre Cercle, ou s'il s'avisoit d'attrouper ou d'assembler des gens de guerre à cheval

ou à pied, ou s'il agiſſoit de façon quelconque contre la paix générale , ou s'il
étoit négligent à faire ſes fonctions , ou
ſi à la réquiſition & ſollicitation des Etats
il ne voudroit point ſe charger de leur
défenſe, ou ſi dans les cas de ſa charge il
ne voudroit paroître , s'en iroit, ou mour-
roit ; & que par - là ceux, qui cherchent
à faire tort & d'enfreindre la paix , trouveroient tems & place d'exécuter leurs
mauvais deſſins ; dans tous ces cas d'empêchement ou de négligence de la part
du Colonel, dans chaque Cercle un des
Adjoints aura ordre , lorsque le Colonel
ſur les indications & ſollicitations des
Etats ne voudroit ou ne pourroit remplir
ſes fonctions , (& ſera un des Adjoints
du même Cercle lors de leur récep-
tion à ce ſpécialement nommé), de ſe ſai-
ſir , étant ſollicité d'un Etat du Cercle,
du pouvoir du Colonel négligent, de ſe
mettre en ſa place & de gérer les affaires
comme ſon Lieutenant & Subſtitut.

§. XLV. De plus étant indiſpenſable,
ſur - tout en affaires de guerre, & pour ſe
ſervir d'une troupe de gens de guerre en
campagne, que pour prévenir tout déſor-
dre, il y ait un Prépoſé, auquel les autres doivent prêter attention : Nous ſommes convenus avec les Conſeillers - Electeurs , Princes comparoiſſans , Etats,
Ambaſſadeurs & Députés, & eux ſont réciproquement convenus avec Nous , que
dans les cas, ou les Colonels & Adjoints
de trois ou de cinq Cercles s'aſſemblent
pour délibérer ſur les moyens de détour-

ner les griefs, de mettre les troupes auxiliaires en marche, ainſi que d'attaquer,
combattre, ou de ſe défendre contre l'ennemi, pour qu'il y ait plus d'ordre; le Colonel
du Cercle qui aura follicité les autres,
doit être regardé parmi les Colonels comme Colonel Principal, qui fera la propoſi-
tion des affaires ſur leſquelles il faudra
délibérer, qui recueillera les voix, &
donnera le dernier la ſienne, & dirigera
l'aſſemblée; & ſera en même tems Colonel-
Général-Commandant en affaires militaires,
lorſqu'il s'agira de réunir les troupes dans
un même corps, d'attaquer & de combattre l'ennemi en campagne ou de ſe défendre contre lui, de façon cependant qu'il
faſſe le tout du ſu, avis & conſeil des
autres Colonels & Adjoints, tant qu'il y
en aura, tous leſquels obſerveront ſes ordres & le reconnoîtront pour le Colonel
Principal.

§. XLVI. Mais lorſqu'à la demande des
Colonels de cinq Cercles aſſemblés; les
Electeurs, Princes, Députés & Etats convoqués auront dans leurs délibérations
trouvé bon d'ajouter aux troupes des cinq
Cercles, celles des autres Cercles, & de
les mettre en campagne, alors les Electeurs, Princes, Députes & Etats, s'accorderont & conviendront entre eux, à qui
ils donneront le commandement général
de toutes ces troupes, & de quelle ſolde
& appointemens ils le gratifieront.

§. XLVII. De plus, comme il a été
ci-deſſus fort ſouvent fait mention des
ſecours, que chaque Cercle eſt obligé de

fournir en pareils cas: il a été jugé utile
& néceffaire de les fixer & déterminer
dans cette préfente Diète. Ainfi ces fecours
feront felon la taxe & la Matricule du St.
Empire fournis dans chaque Cercle, de façon que chaque Etat du Cercle livre
le nombre de cavaliers & de piétons conformément à fa taxe, à la premiere réquifition du Colonel de fon Cercle, fans
aucune difficulté ou temporifation, au lieu
& tems qui lui ont été fixés, & ne fera
tenu aucun Etat de livrer au delà du nombre d'une cote fimple, à moins que par
une convention fpéciale des Electeurs,
Princes, Députés & Etats, ou par une
Diéte générale il ait été ordonné autrement.

§. XLVIII. Et puifque les troupes militaires pour l'expédition de leurs projets
ont indifpenfablement befoin, tant au camp
qu'ailleurs felon les circonftances & leur
nombre, de différens inftruments de guerre, d'artillerie & de munition, ainfi les
Etats de chaque Cercle s'en pourvoiront
dans une certaine quantité pour l'ufage
commun, ou conviendront entre eux,
chez qui on pourra les avoir en cas de befoin, afin de ne pas en manquer dans le
tems. Seront auffi tenus les Cercles de
fe les prêter mutuellement lors de la néceffité.

§. XLIX. Or comme ce fecours a été propofé pour le maintien & exécution de la fûreté & du repos, & afin qu'un chacun garde
& jouiffe du fien avec d'autant plus de confo-
lation; & enfin pourque les Etats de l'Em-

pire & les Magiſtrats s'attachent plus fermement à ce deſſein ſalutaire, & obtiennent plus aiſément ce qui pourroit faire
leur bien commun & le bien d'un chacun en particulier : Nous ſommes convenus avec les Etats & Plénipotentiaires,
ainſi qu'eux avec Nous, & avons conclu,
que pour ces raiſons chaque Seigneur en
droit ſoit & ait le pouvoir de mettre ſur
ſes ſujets, eccléſiaſtiques ou laïques, exempts
ou non exempts, privilégiés ou non, une
impoſition, qui cependant ne peut ni ne
doit excéder la taxe de la cote-part que
le Seigneur ſera obligé de fournir ; & ſeront les ſujets obligés de s'y ſoumettre,
après qu'on leur aura fait connoître en
düe forme le contingent de leur Seigneur ;
& que le fiſcal Impérial procédera & agira
par devant la Chambre Impériale contre
les déſobéiſſans, afin de les contraindre
au payement.

§. L. Et afin que dans chaque Cercle
les taxes de l'Empire ſelon la Matricule,
ſoient livrées d'autant plus complettes, &
que ces ſecours ainſi ordonnés & fixés
ſoient d'autant plus valeureux, conſidéra-
bles & avantageux : les Etats, qui auront
été extraits & exemptés par d'autres, &
qui ne ſont point en poſſeſſion ou quaſi-
poſſeſſion de franchiſe, payeront chacuns
leur cote ſelon les taxes de l'Empire ; ou les
Etats extrayans & exemptans ſeront obligés
ſans remiſe de payer pour eux ; ſauf aux
Etats extrayans leur droit dans d'autres
occaſions.

§. LI. Et pour que l'état de ladite paix

ainfi que la paix générale, & tout ce qui
a déja été ftatué & ordonné par la prefente pour l'entretien d'une fûreté générale, foit d'autant plus conftamment, &
d'autant plus fermément & plus fûrement
maintenu & accompli : chaque Cercle en
général tâchera de s'affûrer, outre fes Colonels & Adjoints , de certains militaires, propres & expérimentés dans les
affaires, afin de pouvoir s'en fervir en cas
de néceffité ; puifque chaque Cercle eft
obligé de pourvoir à fes befoins felon les
circonftances, outre les taxes qu'il eft tenu de fournir.

§. LII. Pour cette raifon Nous faifons,
avec les avis & agrémens des Etats &
Plénipotentiaires, établir & dreffer une
Matricule Imperiale & des lettres articulées
felon les anciennes & générales coutumes
de l'Empire, qui conftateront comment &
de quoi il faudra lever & entretenir en cas
de befoin des troupes à cheval & à pied.
Et feront tenus les cavaliers & piétons,
après avoir été par leurs Cercles affignés
au Colonel du Cercle, de prêter ferment
de la part du Cercle & de fes Etats en
général à leur Colonel.

§. LIII. Et puifque pour l'exécution de
ce que deffus, il faut une caiffe & dépôt
de deniers, tant pour chaque Cercle en
particulier, ainfi que pour tous en commun;
les Etats de chaque Cercle feront tenus de
fupporter la dépenfe qu'il faudra faire, tant
pour les appointemens des Officiers commandans, que pour les différentes affemblées des Colonels & Adjoints, & autres

chofes néceffaires, & conviendront enfuite entre eux de la cote qu'un chacun aura à payer, vu les biens & les facultés d'un
chacun.

§. LIV. Mais puifque chaque Electeur,
Prince & Etat eft obligé de tenir fon Electorat, Principauté, terres, & domaines,
de même les chauffées fûres, & d'avoir
à cet effet des gens armés, allant de côtés & d'autres, afin de prévenir les attroupemens des mal-intentionnés dans
fon territoire: les frais que de pareilles
précautions exigent ne peuvent point être
repartis fur les Etats du Cercle en général, mais chaque Electeur, Prince & Etat
fupportera les fiens féparément.

§. LV. Ainfi fi dans un Cercle il arrivoit des attroupemens, foulévements &
concours de gens armés, ou d'autres voies
de fait, qui tendroient à troubler la paix
& à faire tort à quelqu'un, de façon que
le Colonel & fes Adjoints demanderoient
au Cercle des troupes auxiliaires, pour fe
mettre en marche, conformément à leur
devoir & aux ordres ci-deffus mentionn-
nés, alors chaque Etat du Cercle, enverra le nombre de cavaliers & de piétons, auquel il a été fixé vu les taxes du
Cercle, & fera tenu de les entretenir;
mais les autres frais qu'il faudra faire en
commun dans de pareils cas, foit pour
appointer les Officiers commandans, foit
pour l'artillerie, munitions, efpions &
autres chofes néceffaires, feront faits par
les Etats du Cercle en commun, cependant à proportion & conformément
aux

aux taxes & cotes matriculaires d'un chacun, & afin que de pareils débourſemens
neſouffrent point de dangeureux délais, ils
tâcheront d'être toujours prêts à les faire,
ſur quoi les Etats du Cercle conviendront entre eux.

§. LVI. Mais lorsque pour prévenir ou
diſſiper un malheur, un incendie, ou autre accident, les Colonels & Adjoints du
Cercle menacé, auront appellé à leurs ſecours deux, trois ou cinq autres Cercles, tous les membres & habitans du
Cercle malheureux feront obligés d'en
faire les frais conjointement.

§. LVII. Mais afin que l'impoſſibilité
d'avoir en de pareils cas l'argent néceſſaire pour l'entretien des troupes tout prêt,
ainſi que de le répartir auſſi-tôt ſur chacun
des Cercles ſelon leurs taxes, n'arrête
point l'expédition de l'affaire; les Etats
des Cercles appellés au ſecours font tenus
chacun d'envoyer le nombre de cavaliers
& de piétons que porte ſa cote matricula-
re, ainſi que de les ſolder & entretenir de
ſa bourſe & d'avance. Et ce qui aura été
ainſi débourſé, ſoit par les Etats des trois ou
cinq Cercles en commun, ſoit par chaque
Etat des Cercles appellés au ſecours ſépare-
ment, ſera porté par chaque Cercle en particulier durant ou après l'affaire finie, ſelon
que les circonſtances le permettront, à
une même ſomme, laquelle ſera enſuite
répartie par les Colonels. & Adjoints
ſur les Cercles & leurs Etats, cependant ſelon les taxes d'un chacun:
& feront tenus les Etats, chacun

felon fa cote, de payer leur part au tems
& lieux défignés.

§. LVIII. De plus , fi le danger deve-
noit fi grand dans le St. Empire, qu'à la
réquifition des Colonels & Adjoints des
cinq Cercles déja impofés , on convoque-
roit les Electeurs , Envoyés , Princes &
Etats , & que fur leurs avis on appelleroit
les fecours des autres Cercles ; en ce cas
feront de même tenus les Etats de chaque
Cercle , de fournir chacun de fa bourfe
le nombre de cavaliers & de piétons ,
comme il a été dit ci - deffus , ainfi que
de les folder & entretenir. Mais ce que
l'on doit débourfer en commun , doit être
réparti fur tous les Cercles , chacun pour
fa part felon les taxes , & doit être payé
de la part & portion d'un chacun , déduction faite , de ce qu'il aura avancé.

§. LIX. En cas que l'on aura appellé
les fecours de plus de cinq Cercles , mais
cependant pas de tous : il faudra obferver la même maniere de faire & de répartir la dépenfe , que Nous avons apporté touchant les cinq Cercles.

§. LX. Et pour qu'en tous les cas fufdits on obferve une égale répartition entre les Cercles & leurs Etats , on ne fera
point de diftinction entre les Etats des
Cercles qui auront envoyé leurs fecours
plus promptement , d'avec ceux qui auront été plus tardifs ; mais tous feront impofés en même tems.

§. LXI. Et afin qu'il ne naiffe aucun
doute , dans quelles occafions & pour
quelles affaires , les Etats d'un ou de plu-

fieurs Cercles feront tenus d'envoyer leurs
fecours à la réquifition d'un Etat ou d'un
Cercle, cette prefente Ordonnance, comme on l'à remarqué ci-devant, fera fuivie & obfervée dans toutes fortes d'attroupemens, foulévemens & affemblées de
cavaliers & de piétons, & contre toutes
les voies de fait de ceux, qui ne voudront
point fe foumettre aux Tribunaux de Juftice du St. Empire pour leur être fait droit.

§. LXII. Sauf cependant les droits à
ceux, qui avant ou après la préfente auront été grêvés contre la paix générale,
ou qui auront été dépouillés de leurs biens,
en tout ce que la ci-devant établie paix
générale, ou les droits communs & écrits
leur accordent.

§. LXIII. La préfente Ordonnance &
maintenue de l'état de paix, ainfi que celle
de la paix générale, fera auffi-bien obfervée
& exécutée contre ceux qui trament & our-
diffent dans le St. Empire de la Nation
Allemande, des attroupements, affemblées,
foulévemens & conjurations de gens de
guerre à cheval ou à pied, que contre
ceux qui attaquent de main armée, com-
battent, oppriment & dépouillent de leurs
biens les Etats de l'Empire, qui foumis à Sa
Majefté Impériale & fe conformant à la
teneur de la paix générale du St. Empire,
s'adreffent dans les cas d'infraction de
paix à la Chambre Impériale, pour y faire
donner & recevoir droit & juftice.

§. LXIV. De plus, comme il feroit fort
inutile d'établir de bonnes & équitables ordonnances, conftitutions & ftatuts, fi l'on

C 2

ne les maintient, ni ne les accomplit & de
même si l'on n'y aftreint févérement les
défobéiffans & les négligens; & fi enfin l'on
n'emploie d'autant plus de fermeté pour
leurs maintien & exécution, qu'il eft facile de les enfreindre: ainfi Nous fommes convenus avec les Confeillers - Electeurs, Princes & Etats comparoiffans,
& les Ambaffadeurs & Envoyés des autres, que fi l'un ou plufieurs Electeurs,
Princes ou Etats à la réquifition des Colonels & Adjoints de fon Cercle n'envoyoit
point fon nombre de cavaliers & de piétons au tems & lieux défignés, ou s'il ne
livroit par fon contingent pour d'autres dépenfes communes, (comme en vertu de
la préfente conftitution il eft obligé de faire;) mais au contraire fe montreroit défobéiffant ou négligent; alors le Colonel
& Adjoint dudit Cercle, inviteront & exhorteront le défobéiffant derechef de fatisfaire à fes devoirs, & de fournir fon
contingent, afin d'éviter les défagrémens qui
pourroient lui réfulter de fon refus; mais
en cas que lui ou eux perfiftent dans leur
défobéiffance, & négligence, alors le Colonel formera fes plaintes contre lui à la
Chambre Impériale au nom & pour l'intérêt du Cercle; de même l'Etat, auquel
une telle défobéiffance ou négligence aura caufé du tort, pourra intenter & pourfuivre fon action contre lui en réparation
de dommage; & ce qui leur fera adjugé, fera exécuté par le Colonel felon l'a-
vis des Adjoints, lequel pourra même
appeller les fecours d'autres Cercles, pour

en mieux faire l'exécution , le tout felon les voies & manieres comme ci-deffus.

§. LXV. Ordonnons en conféquence aux Juges & Affeffeurs de la Chambre Impériale ; de procéder en ces cas à la requête & plainte desdites parties fommairement & fans écouter aucune exception inutile , ainfi que de prononcer & faire exécuter l'Arrêt fans délai.

§. LXVI. De même, fi un Colonel ou Adjoint étoit négligent , ou s'il refufoit de faire fes fonctions & d'accomplir fes ordres , alors les autres Adjoints du même Cercle , les requerront & exhorteront à faire leurs fonctions fans retard : & au cas que malgré toutes admonitions & follicitations ils perfiftent dans leurs négligence & dans leurs refus & défobéiffance, on agira contre eux de la même maniere, que nous venons de le dire d'un Etat défobéiffant.

§. LXVII. A l'égard de tout un Cercle, au cas qu'il foit défobéiffant ou négligent, les Electeurs , Princes, Etats & Envoyés, délibéreront & aviferont ce qu'il y aura chaque fois à faire contre lui, vu les tems & les circonftances; & ce qu'ils auront eftimé & conclu, fera pleinement exécuté.

§. LXVIII. Et perfonne, de quelle dignité, état ou condition qu'elle foit, ne pourra dorénavant alléguer , fe prévaloir ni s'excufer fur aucune grace , privilege , immunité , obfervance , obligations & devoirs , émanés de Sa Majefté Impériale, de Nous, ou de quiconque autre, en ce

qui feroit contraire de maniere quelconque à la préfente Ordonnance, de
quelles paroles, claufes & conditions ils
feroient conçus & obligatoires.

§. LXIX. Ainſi afin que tout ce que
l'Ordonnance & les réglemens ci-deſſus
convenus & arrêtés enjoignent aux Cercles, foit auſſi mis en exécution fans retard, & pour que chaque Cercle ſe tienne prêt en toutes chofes néceſſaires, qu'on
vient de leur impofer; les Electeurs &
Princes Directeurs des Cercles accompli-
ront fans délai, & dans l'intervalle de
deux mois depuis la date du préfent Récès d'Empire, tout ce que la précédente
Ordonnance & Statuts leur impofent; ils
éliront des Colonels & Adjoints, commet-
tront des Capitaines & Commandans, ordonneront & conviendront, fur quoi, à
quelle fomme & comment chacun fera
impofé pour fubvenir aux befoins de chaque Cercle, & en feront une maſſe, &
feront en outre attentifs & examineront
à quel point les troupes à cheval & à pied
des Etats de leurs Cercles pourroient encore à préfent ſe monter nettement &
effectivement.

§. LXX. Enfuite les Cercles s'inſtruiront
réciproquement des perfonnes qu'ils auront
choifis pour leurs Colonels & Adjoints, &
à quel nombre s'étendent leurs troupes
auxiliaires à cheval & à pied, felon la taxe de l'Empire; en outre en quelles chofes, & de qui un chacun devra demander
des fecours en cas de befoin, & combien
un chacun fera obligé de fournir en pareil
cas.

TRAITÉ DE PAIX,

Signé à Münster en Westphalie le 24. Octobre 1648. par les Ambassadeurs Plénipotentiaires de Leurs Majestés Impériale & Très-Chrétienne, & par les autres Députés Plénipotentiaires des Electeurs, Princes & Etats du Saint Empire Romain.

Au nom de la Très-Sainte & Indivisible Trinité. *Ainsi soit-il.*

Qu'il soit notoire à tous & à chacun à qui il appartiendra, ou en quelque maniere que ce soit il pourra appartenir ; qu'après que les divisions & les troubles qui avoient commencé depuis plusieurs années dans l'Empire Romain, eurent crû jusqu'au point, que non seulement toute l'Allemagne, mais aussi quelques Royaumes voisins, & principalement la France, s'y seroient trouvés tellement enveloppés, qu'il seroit née de-là une longue & rude guerre, premiérement entre le Sérénissime & très-puissant Prince & Seigneur, le Seigneur Ferdinand II. élu Empereur des Romains, toujours Auguste, Roi d'Allemagne, de Hongrie, de Bohème, de Dalmatie, de

C 4

Croatie, d'Efclavonie, Archiduc d'Autriche, Duc de Bourgogne, de Brabant, de Stirie, de Carinthie, de Carniole, Marggrave de Moravie. Duc de Luxembourg, de la haute & baffe Siléfie, de Wirtemberg & de Teck, Prince de Suabe, Comte de Habsbourg, de Tirol, de Kibourg, de Goritie, Marggrave du Saint Empire, de Burgau, de la haute & baffe Luface, Seigneur de la Marche Efclavonne, de Port-Maon & de Salins, d'illuftre mémoire, avec fes Alliés & Adhérans d'une part; & le Séréniffime & très-puiffant Prince & Seigneur, le Seigneur Louis XIII. Roi Très-Chrétien de France & de Navarre, d'illuftre mémoire, & fes Alliés & Adhérens d'autre part; & puis après leur décès, entre le Séréniffime & très-puiffant Prince & Seigneur, le Seigneur Ferdinand III. élu Empereur des Romains, toujours Augufte, Roi de Germanie, de Hongrie, de Bohème, de Dalmatie, de Croatie, d'Efclavonie, Archiduc d'Antriche, Duc de Bourgogne, de Brabant, de Stirie, de Carinthie, de Carniole, Marggrave de Moravie, Duc de Luxembourg, de la haute & baffe Siléfie, de Wirtemberg & de Teck, Prince de Suabe, Comte de Habsbourg, de Tirol, de Kybourg, & de Goritie, Marggrave du Saint Empire, de Burgau, de la haute & baffe Luface, Seigneur de la Marche Efclavonne, de Port-Maon & de Salins, avec fes Alliés & Adhérens d'une part; & le Séréniffime & très-puiffant Prince & Seigneur, le Seigneur Louis XIV, Roi Très-Chrétien de

France & de Navarre, avec ſes Alliés &
Adhérens d'autre part; d'où s'eſt enſuivie
une grande effuſion de ſang Chrétien, &
la déſolation de pluſieurs provinces ; enfin il feroit arrivé par un effet de la bonté divine, que par les ſoins & les offices
de la Séréniſſime République de Veniſe,
qui dans ces tems fâcheux, où toute la
Chrétienneté a été en trouble, n'a ceſſé
de contribuer ſes conſeils pour le ſalut &
le repos public, on feroit entré de part
& d'autre dans des penſées d'une paix générale; & à cette fin par une convention
mutuelle des parties faite à Hambourg le
25. Décembre (ſtyle nouveaux) ou le 15.
(ſtyle ancien) 1641. on auroit arrêté le
jour pour tenir une Aſſemblée de Plénipotentiaires à Münſter & à Oſnabrück à
l'onzieme (ſtyle nouveau) ou au premier
(ſtyle ancien) du mois de Juillet 1643; enſuite de quoi les Ambaſſadeurs Plénipotentiaires duement établis de part & d'autre,
ayant comparu aux tems & lieux nommés, ſavoir de la part de l'Empereur,
les très-illuſtres & très-excellens Seigneurs,
Maximilien Comte de Trautmanſdorf &
Weinſperg, Baron de Gleichenberg, Neu-
ſtadt ſur le Kocher, Negau, Burgau &
Totzenbach, Seigneur de Teinitz, Chevalier de la Toiſon d'Or, Conſeiller au
Conſeil ſecret, & Chambellan de Sa Majeſté Impériale, & Grand-Maréchal de ſa
Cour; Jean-Louis Comte de Naſſau, Ca-
tzenelenbogen, Vianden & Dietz, Seigneur
de Beilſtein, Conſeiller au Conſeil ſecret
de l'Empereur, & Chevalier de la Toiſon

C 5

d'Or; & le Sieur Isaac Volmar, Docteur
ès Droits, Conseiller du Sérénissime Seigneur Archiduc Ferdinand-Charles, &
Président de sa Chambre: & de la part
du Roi Très-Chrétien, le très haut Prince &
Seigneur Henri d'Orléans, Duc de Lon-
gueville & d'Estouteville, Prince & Souverain Comte de Neufchâtel, Comte
de Dunois & de Tancarville, Connétable
héréditaire de Normandie, Gouverneur
& Lieutenant Général de la même Province, Capitaine de cent hommes d'armes
des Ordonnances de Sa Majesté, & Chevalier de ses Ordres, &c. & les très-illustres & très-excellens Seigneurs Claude de
Mesmes, Comte d'Avaux, Commandant des
dits Ordres, l'un des Sur-Intendans des Fi-
nances, & Ministre d'Etat; & Abel Ser-
vien, Comte de la Roche-des-Aubiers, aussi
un des Ministres d'Etat &c. Ils ont par
l'entremise & les soins du très-illustre
& très-excellent Ambassadeur & Sénateur
de Venise, le Seigneur Aloysio Contarini,
Chevalier, lequel pendant l'espace de
cinq années, s'est exactement acquitté de
la fonction de Médiateur, avec un esprit
éloigné de partialité, après l'invocation
du secours divin, & l'échange réciproque
des pouvoirs de tous les Plénipotentiaires,
dont les copies sont insérées mot à mot à la
fin de ce Traité, en présence & avec approbation & consentement des Electeurs, Princes & Etats du Saint Empire Romain, pour
la gloire de Dieu, & le salut de République
Chrétienne, consenti unanimement, &
atrêté les loix mutuelles de paix & d'amitié en la teneur suivante:

I. Qu'il y ait une paix Chrétienne, universelle & perpétuelle, & une amitié vraie & sincere entre la sacrée Majesté Impériale, & la sacrée Majesté Très - Chrétienne; comme auffi entre tous & chacun des Alliés & Adhérens de Sadite Majesté Impériale, la Maison d'Autriche, & leurs héritiers & fucceffeurs, & principalement les Electeurs, les Princes & Etats de l'Empire, d'une part; & tous & un chacun des Alliés de Sadite Majesté Très - Chrétienne, & leurs héritiers & fucceffeurs, principalement la Séréniffime Reine, & le Royaume de Suede, & respectivement les Electeurs, Princes & Etats de l'Empire, d'autre part: & que cette Paix & amitié s'obferve & fe cultive fincérement & férieufement, enforte que les Parties procurent l'utilité, l'honneur & l'avantage l'une de l'autre; & qu'ainfi de tous côtés on voie renaitre & refleurir les biens de cette Paix & de cette amitié par l'entretien fûr & réciproque d'un bon & fidele voifinage de tout l'Empire Romain avec le Royaume de France, & du Royaume de France avec l'Empire Romain.

II. Qu'il y ait de part d'autre un oubli perpétuel & une amniftie générale de tout ce qui a été fait depuis le commencement de ces troubles, en quelque lieu ou en quelque maniere que les hoftilités aient été exercées par l'une ou par l'autre Partie; de forte que ni pour aucune de ces chofes, ni fous aucune autre caufe ou prétexte, l'on exerce ou faffe exercer, ni l'on ne fouffre plus qu'il foit fait ci - après de l'un contre l'autre aucun acte d'hostilité ou inimitié, vexation ou empêchement, ni quant aux personnes, ni quant aux biens ou à la fûreté, foit par foi-même ou par autrui, en cachette ou bien ouvertement, directement ou indirectement, fous prétexte de droit, ni par voie de fait, ni au dedans, ni en quelqu'autre lieu hors de l'Empire, nonobftant tous pactes contraires faits auparavant; mais que toutes les injures, violences, hoftilités, dommages & dépenfes, qui ont été faites & caufées de part & d'autre, tant avant que pendant la guerre, de fait, de parole ou par écrit, fans aucun égard aux perfonnes ou aux chofes, foient entiérement abolies; fi bien que tout ce que l'un pourra demander & prétendre fur l'autre pour ce fujet, foit enfeveli dans un éternel oubli.

III. Et afin que l'amitié réciproque entre l'Empereur & le Roi Très-Chrétien, les Electeurs, Princes & Etats de l'Empire fe conferve d'autant plus ferme & fincere (fauf l'article d'affurance mis ci-deffous); l'un n'affiftera jamais les ennemis préfens ou à venir de l'autre, fous quelque titre & prétexte que ce foit, ou pour raifon d'aucune difpute ou guerre contre un autre, ni d'armes, ni d'argent, ni de foldats, ni d'aucune forte de munitions, ni autrement; ni ne recevra, logera, ou laiffera paffer par fes terres aucunes troupes, qui pourroient être conduites par qui que ce foit contre quelqu'unes des Parties comprifes dans cette pacification.

IV. Que le Cercle de Bourgogne foit &

demeure membre de l'Empire après que les différens d'entre la France & l'Espagne compris dans ce Traité seront assoupis ; que toutefois ni l'Empereur, ni aucun des Etats de l'Empire, ne se mêlent point dans les guerres qui s'y font à présent ; mais si à l'avenir il arrive des différens entre ces Royaumes, que nonobstant cela la nécessité de la susdite obligation réciproque, qui est de ne point aider les ennemis l'un de l'autre, demeure toujours ferme entre l'Empire & les Rois & le Royaume de France ; qu'il soit pourtant libre à chacun des Etats de secourir hors des bornes de l'Empire l'un ou l'autre Royaume, non toutefois autrement que selon les constitutions de l'Empire.

V. Que le différend touchant la Lorraine ou soit soumis à des arbitres nommés de part & d'autre, ou qu'il se termine par le Traité entre la France & l'Espagne, ou par quelqu'autre voie amiable ; & qu'il soit libre tant à l'Empereur qu'aux Electeurs, Princes & Etats de l'Empire, d'aider & d'avancer cet accord, par une amiable interposition & autres offices pacifiques, sans user de la force des armes ou d'autres moyens de guerre.

VI. Selon ce fondement d'une amitié réciproque & d'une amnistie générale, tous les Electeurs du saint Empire Romain, les Princes & Etats, (y compris la Noblesse, qui releve immédiatement de l'Empire) leurs Vassaux, Sujets, Citoyens, Habitans, auxquels, à l'occasion des troubles de la Bohème & de l'Allemagne, ou des alliances contractées çà & là, il a été fait de l'une &

de l'autre part quelque préjudice & dommage, en quelque façon & fous quelque prétexte que ce puiffe étre, tant en leurs domaines, biens féodaux, fous-féodaux & allodiaux, qu'en leurs Dignités, Immunités, Droits & Privileges, foient pleinement rétablis de part & d'autre en l'état pour le fpirituel & le temporel, duquel ils jouiffoient & pouvoient jouir de droit avant la deftitution, nonobftant tous les changemens faits au contraire, qui demeureront annullés.

VII. Que fi les poffeffeurs des biens & des droits qui doivent être reftitués, eftiment qu'ils ont de légitimes exceptions, elles n'en empêcheront pas pourtant la reftitution, mais lorfqu'elle fera faite, leurs raifons & exceptions pourront être examinées & difcutées pardevant les Juges compétens. Et bien que par cette précédente regle générale on puiffe juger aifément, qui font ceux lefquels & jufqu'à quel point il faut reftituer; toutefois à l'inftance de quelques-uns, il a été trouvé bon de faire fpécialement mention de quelques caufes de la plus grande importance, ainfi qu'il s'enfuit, enforte néanmoins que ceux qui ne font pas expreffément nommés, & ne font pas déclarés inadmiffibles, ne foient pas pour cela réputés pour omis ou pour exclus.

VIII. Comme la faifie, que l'Empereur a fait mettre ci-devant par le Confeil Provincial fur les biens appartenans au Prince Electeur de Treves, qui ont été tranfportés dans le Duché de Luxembourg, a été renouvellée à l'inftance de quelques-uns, demeure membre de l'Empire après que les différens d'entre la France & l'Espagne compris dans ce Traité seront assoupis ; que toutefois ni l'Empereur, ni aucun des Etats de l'Empire, ne se mêlent point dans les guerres qui s'y font à présent; mais si à l'avenir il arrive des différens entre ces Royaumes, que nonobstant cela la nécessité de la susdite obligation réciproque, qui est de ne point aider les ennemis l'un de l'autre, demeure toujours ferme entre l'Empire & les Rois & le Royaume de France ; qu'il soit pourtant libre à chacun des Etats de secourir hors des bornes de l'Empire l'un ou l'autre Royaume, non toutefois autrement que selon les constitutions de l'Empire.

V. Que le différend touchant la Lorraine ou soit soumis à des arbitres nommés de part & d'autre, ou qu'il se termine par le Traité entre la France & l'Espagne, ou par quelqu'autre voie amiable ; & qu'il soit libre tant à l'Empereur qu'aux Electeurs, Princes & Etats de l'Empire, d'aider & d'avancer cet accord, par une amiable interposition & autres offices pacifiques, sans user de la force des armes ou d'autres moyens de guerre.

VI. Selon ce fondement d'une amitié réciproque & d'une amnistie générale, tous les Electeurs du saint Empire Romain, les Princes & Etats, (y compris la Noblesse, qui releve immédiatement de l'Empire) leurs Vassaux, Sujets, Citoyens, Habitans, auxquels, à l'occasion des troubles de la Bohème & de l'Allemagne, ou des alliances contractées çà & là, il a été fait de l'une &

de l'autre part quelque préjudice & dommage, en quelque façon & sous quelque prétexte que ce puisse être, tant en leurs domaines, biens féodaux, sous-féodaux & allodiaux, qu'en leurs Dignités, Immunités, Droits & Privileges, soient pleinement rétablis de part & d'autre en l'état pour le spirituel & le temporel, duquel ils jouissoient & pouvoient jouir de droit avant la destitution, nonobstant tous les changemens faits au contraire, qui demeureront annullés.

VII. Que si les possesseurs des biens & des droits qui doivent être restitués, estiment qu'ils ont de légitimes exceptions, elles n'en empêcheront pas pourtant la restitution, mais lorsqu'elle sera faite, leurs raisons & exceptions pourront être examinées & discutées pardevant les Juges compétens. Et bien que par cette précédente regle générale on puisse juger aisément, qui sont ceux lesquels & jusqu'à quel point il faut restituer; toutefois à l'instance de quelques-uns, il a été trouvé bon de faire spécialement mention de quelques causes de la plus grande importance, ainsi qu'il s'ensuit, enforte néanmoins que ceux qui ne sont pas expressément nommés, & ne sont pas déclarés inadmissibles, ne soient pas pour cela réputés pour omis ou pour exclus.

VIII. Comme la saisie, que l'Empereur a fait mettre ci-devant par le Conseil Provincial sur les biens appartenans au Prince Electeur de Treves, qui ont été transportés dans le Duché de Luxembourg, a été renouvellée à l'instance de quelques-uns,

quoiqu'elle eût été levée & annullée ; &
de plus que le fequeftre , qui a été ordonné
par ladite Affemblée Provinciale de la Préfecture de Bruch dépendante de l'Archevêché , & de la médiateté du domaine de
faint Jean appartenant à Jean Reinard de
Sœteren , répugne aux Concordats arrêtés
à Augsbourg l'an 1548 , par l'entremife de
tout l'Empire , entre l'Electeur de Treves
& le Duché de Bourgogne : on eft tombé
d'accord que ladite faifie & ledit fequeftre
foient levés au plutôt par le Confeil Provincial de Luxembourg. Que cette Préfecture
& ce domaine , & tous les biens , tant
Electoraux que Patrimoniaux , foient re-
lâchés & rendus au Seigneur Electeur avec
les fruits fequeftrés ; & que fi par hafard
quelque chofe en avoit été détournée , elle
foit rapportée , & pleinement & entiérement
reftituée : ceux qui les avoient impétré ,
étant renvoyés au Juge du Prince Electeur
compétent dans l'Empire, pour leur être
fait droit & juftice.

IX. Quant à ce qui regarde les Châteaux d'Ehrenbreitftein & de Hammerftein,
l'Empereur en retirera ou en fera retirer
les garnifons au tems & en la maniere dé-
finie ci-deffous en l'article de l'exécution,
& remettra ces Châteaux entre les mains
du Seigneur Electeur de Treves, & de
fon Chapitre Métropolitain, pour être par
eux, avec pareil pouvoir, gardés pour
l'Empire & l'Electorat ; & à cette fin le
Capitaine & la nouvelle garnifon, qui y
feront établis par l'Electeur, s'obligeront
également par leur ferment de fidélité
envers lui & envers fon Chapitre.

Enfuite l'Affemblée de Münfter & d'Ofnabrück a amené la caufe Palatine à ce
point, que le différend qui en a duré fi
long-tems, a été terminé en la maniere qui
fuit :

X. Premierement, quant à ce qui regarde
la Maifon de Baviere, la Dignité Electorale
que les Electeurs Palatins ont ci-devant
eue avec tous droits régaliens, Offices, préféances & droits quelconques appartenans
à cette Dignité, fans en excepter aucun,
commeauffi tout le haut Palatinat & le Comté de Cham avec toutes leurs appartenances,
droits régaliens & autres droits, demeureront, comme par le paffé ainfi qu'à l'avenir,
au Seigneur Maximilien, Comte Palatin du
Rhin, Duc de Baviere, à fes enfans, & à la ligne Guillelmine, tant quil y aura des mâles
dans cette ligne. Réciproquement le Seigneur
Electeur de Baviere renoncera entiérement
pour lui, fes héritiers & fes fucceffeurs, à la
dette de treize millions de Florins, & à
toute prétention fur la haute Autriche ;
& incontinent après la publication de la
Paix, il remettra à Sa Majefté Impériale
les actes obtenus fur cela pour être caffés
& annullés.

XI. Et pour ce qui concerne la Maifon
Palatine, l'Empereur avec l'Empire confent par le motif de la tranquillité publique,
qu'en vertu de la préfente convention il foit
établi un huitieme Electorat, dont le Seigneur Charles-Louis, Comte Palatin du
Rhin, & fes héritiers, & tous les defcendans de la ligne Rodolphine jouiront à l'avenir, fuivant l'ordre de fuccéder exprimé
dans

dans la Bulle d'or, sans que le Seigneur Charles-Louis, ni ses Successeurs puissent avoir d'autres droits que l'investiture simultanée sur ce qui a été attribué avec la Dignité Electorale au Seigneur Electeur de Baviere & à toute la branche Guillelmine.

XII. En second lieu, Que tout le bas Palatinat avec tous & chacuns les biens Ecclésiastique & Séculiers, droits & appartenances, dont les Electeurs & Princes Palatins ont joui avant les troubles de Bohéme, comme aussi tous les Documens, Registres, Comptes & autres actes qui le concernent, lui seront entiérement rendus, au moyen de quoi tout ce qui a été fait au contraire; fera cassé ce qui sortira son effet d'autorité Impériale; ensorte que ni le Roi Catholique, ni aucun autre, qui en occupe quelque chose, ne puisse s'opposer en aucune façon à cette restitution.

XII. Mais puisque certains Baillages de la Bergstrasse, qui appartenoient anciennement à l'Electeur de Mayence, furent engagés en l'an 1463 aux Comtes Palatins pour une certaine somme d'argent, à condition de rachat perpétuel; on est pour cette raison convenu que ces mêmes Baillages retourneront & demeureront au Seigneur Electeur de Mayence, qui occupe à présent le Siége, & à ses Successeurs en l'Archevêché de Mayence; pourvû que le prix de l'engagement offert de bon gré soit payé argent comptant dans le terme préfix de l'exécution de la Paix concluë, & qu'ils satisfassent aux autres conditions ausquelles il est obligé par la teneur de l'acte d'engagement.

Qu'il soit aussi libre à l'Electeur de Treves, en qualité d'Evêque de Spire, & à l'Evêque de Wormes de poursuivre pardevant des Juges compétens, les droits qu'ils prétendent sur certains biens Ecclésiastiques situés dans le territoire du bas Palatinat; si ce n'est que ces Princes s'en accommodent entr'eux à l'amiable.

XIV. S'il arrivoit que la ligne Guillelmine masculine vint à défaillir entiérement, la Palatine subsistant encore; non seulement le haut Palatinat, mais aussi la Dignité Electorale, dont les Ducs de Baviere font en possession, retourneront ausdits Comtes Palatins survivans, qui cependant jouiront de l'investiture simultanée; & alors le huitieme Electorat demeatera tout à fait éteint & suprimé: mais le haut Palatinat retournant en ce cas aux Comtes Palatins survivans, les actions & les Bénéfices, qui de droit y appartiennent aux héritiers allodiaux de l'Electeur de Baviere leur seront conservés.

Les pactes de famille faits entre la Maison Electorale de Heidelberg, & celle de Neubourg, confirmés par les précédens Empereurs touchant la succession Electorale comme aussi les droits de toute la ligne Rodolphine, en tant qu'ils ne sont point contraires à cette disposition, seront conservés & maintenus en leur entier.

De plus, si l'on justifie que par la voie compétente de droit, quelques fiefs du pays de Juliers se trouvent ouverts, ils seront évacués au profits des Comtes Palatins.

XV. Davantage, pour décharger en quelque façon le Seigneur Charles-Louis de ce qu'il est obligé de fournir à ses freres pour appanage, Sa Majesté Impériale ordonnera qu'il soit payé à sesdits freres quatre cent mille écus d'Empire dans le terme de quatre ans, à compter du commencement de l'année prochaine 1649. C'est à sçavoir cent mille écus d'Empire par an avec les intérêts à cinq pour cent : En outre que la Maison Palatine avec tous & chacun de ceux qui lui sont, ou ont été en quelque sorte que ce soit attachés, mais principalement les Ministres qui ont été employés pour elle en cette Assemblée ou en d'autres tems, comme aussi ceux qui sont ou ont été exilés du Palatinat, jouissent de l'amnistie générale ci-dessus mentionnée, avec pareil droit, & aussi pleinement que les autres qui sont compris dans ladite amnistie & particuliérement dans cette transaction même pour ce qui regarde le point des griefs.

Réciproquement le Seigneur Charles-Louis avec ses freres rendra obéissance, & gardera fidélité à Sa Majesté Impériale, de même que les autres Electeurs & Princes de l'Empire; & tant lui que ses freres renonceront pour eux & pour leurs héritiers, au haut Palatinat, pour tout le tems qu'il restera des héritiers mâles & legitimes de la branche Guillelmine.

XVI. Comme il a aussi été proposé de pourvoir à la subsistance de la Douairiere mere dudit Prince, & d'assurer la dot des sœurs du même Prince ; Sa Majesté Impériale , pour marque de son affection envers la Maison Palatine, a promis de payer un fois pour toutes vingt mille écus d'Empire pour la subsistance de la dite Dame Dounairiere mere , & dix mille écus d'Empire à chacune des sœurs dudit Seigneur Charles-Louis lorsqu'elles se marieront, & pour le surplus le même Prince Charles-Louis sera tenu d'y satisfaire.

XVII. Que ledit Seigneur Charles-Louis & ses Successeurs au bas Palatinat , ne troublent en aucune chose les Comtes de Linange & de Dagsbourg: mais les laissent jouir & user tranquillement & pacifiquement de leurs droits obtenus depuis plusieurs siécles , & confirmés par les Empereurs.

Il laissera inviolablement la Noblesse libre de l'Empire, qui est dans la Franconie , la Suabe , & le long du Rhin , ensemble les Pays qui lui appartiennent en leur état immédiat.

Les fiefs conferés par l'Empereur au Baron Gerard de Waldembourg , dit Schenckern , à Nicolas-Georges Rigersberg Chancelier de Mayence , & à Henry Brömbser Baron de Rüdesheim , comme aussi par l'Electeur de Baviere , au Baron Jean Adolphe Wolff , dit Metternich , leur demeureront ; toute fois ces Vassaux seront tenus de prêter le serment de fidélité au Seigneur Charles-Louis, comme au Seigneur direct, & à ses Successeurs , de lui demander le renuvellement de leurs fiefs.

XVIII. Ceux de la Confession d'Augsbourg , qui avoient été en possession des Eglises , & entr'autres les Bourgeois &

Habitans d'Oppenheim , feront confervés dans l'Etat Eccléfiaftique de l'année 1624. & il ferat libre aux autres qui défireront embraffer le même exercice de la Confef fion d'Augsbourg , de le pratiquer tant en public dans les Eglifes aux heures arrétées, qu'en particulier dans leurs propres mai fons , ou autres 'à ce deftinées par leurs Miniftres de la parole Divine , ou par ceux de leurs voifins.

XIX. Les paragraphes. *Le Prince Louis-Philipes* , &c. *Le Prince Frideric* , &c. *Le Prince Leopold Louis* , &c. feront regardés comme inferés ici, en la même maniere qu'ils font contenus dans le Traité de l'Empire avec la Suede.

XX. Le différend qui eft refpecti vement entre les Evêques de Bamberg & de Wirtzbourg , & le Marggrave de Bran debourg , Culmbach & Anfpach touchant le Château, la Ville, le Bailliage & le Mo naftere de Kitzingen en Franconie fur le Mein fe terminera, ou à l'amiable, ou par les voiesde droit fommairement dans deux ans, fous peine au refufant de perdre fa préten tion; cependant la forterefte de Wiltzbourg fera rendue aufdits Seigneurs Marggraves au même état qu'elle fut trouvée, lorfqu'el le fut livrée par accord & ftipulation.

XXI. Que la convention faite touchant l'entretenement du Seigneur Chriftian Guillaume Marggrave de Brandebourg , foit tenue pour réiterée en cet endroit, ainfi qu'elle eft contenue dans l'Article XVI. du Traité entre l'empire & la Suede.

XXII. Le Roi très-Chrétien reftituera

D 3

au Duc de Wirtemberg au tems & en la
maniere ci-après prescrits pour ce qui touche la sortie des garnisons, les Villes &
Forteresses de Hohenwiel, Schorendorff,
Tübingen, & tous les autres lieux sans aucune réserve qu'il occupe par ses garnisons,
dans le Duché de Wirtemberg. Quant au
reste le paragraphe, *La Maison de Wirtemberg*, &c. soit tenu pour inféré en cet
endroit de la même façon qu'il est inféré
dans le Traité de l'Empire & de la Suéde.

XXIII. Les Princes de Wirtemberg
de la branche de Montbelliard seront aussi
rétablis en tous leurs domaines situés en
Alsace, ou par tout ailleurs, & nommément dans les deux fiefs de Bourgogne,
Clerval & Passavant; & ils seront de part &
d'autre réintégrés en l'état, droits & prérogatives dont ils ont joui avant le commencement de ces guerres.

XXIV Frideric Marggrave de Baden
& de Hochberg, & ses fils & héritiers,
avec tous ceux qui les ont servis en quelque
façon que ce soit, ou qui les servent encore, de quelque nom ou condition qu'ils
puissent être, jouiront de l'amnistie spéci-
fiée ci-dessus dans les articles deuxieme &
troisieme, avec toutes ses clauses & avantages; & en vertu d'icelle ils seront pleinement rétablis au même état, tant pour le
spirituel que pour le temporel, où étoit
avant le commencement des troubles de
Boheme le Seigneur Georges Frideric
Marggrave de Baden & de Hochberg, tant
en ce qui regarde le bas Marggraviat de Baden appellé vulgairement Baden Dourlach,

qu'en ce qui concerne le Marggraviat
d'Hochberg, les Seigneuries de Rötelen,
Badenweiler & Saufenberg, nonobſtant
tous changemens ſurvenus au contraire,
leſquels demeurent pour cet effet nuls &
de nulle valeur. De plus les Bailliages
de Stein, & de Renchingen qui avoient
été cédés au Marggrave Guillaume de Baden avec tous les droits, titres, papiers &
autres appartenances, ſoient reſtitués au
Marggrave Frideric, ſans aucune charge
de dettes contractées ci-devant par ledit
Marggrave Guillaume à raiſon des fruits,
& dépens portés par la Tranſaction paſſée
à Ettlingen l'an 1629. de ſorte que toute
cette action concernant les dépens & les
fruits perçûs & à percevoir, avec tous dommages & intérêts, à compter du tems de la
première occupation, ſoit abolie & entiérement éteinte.

La penſion annuelle que le bas Marggraviat, avoit accoutumé de payer au haut
Marggraviat, ſera en vertu du préſent
Traité entiérement ſupprimée, abolie & annullée, ſans que dorénavant on puiſſe prétendre ou exiger pour ce ſujet aucune choſe,
ni pour le paſſé, ni pour l'avenir.

A l'avenir auſſi le pas & la préféance
dans les Dietes & dans les Aſſemblées du
Cercle de Suabe, & dans toutes les Aſſemblées générales ou particuliéres de l'Empire, ou autres quelconques, ſeront alternatifs dans l'une & l'autre branche de Baden;
ſavoir celle du haut & celle du bas Marggraviat; toute fois pour le préſent cette

préféance demeurera au Marggrave Friderie
fa vie durant.

Touchant la Baronie de Hohengeroltz-
zegk, on eft tombé d'accord que fi la Dame
Princeffe de Baden prouve fuffifamment par
titres autenthiques les droits par elle prétendus fur ladite Baronie, la reftitution lui en
fera faite auffi-tôt après que la Sentence
aura été rendue avec tout le contenu au
procès, & tout le droit qui lui peut appartenir en vertu defdits titres. Toutefois ce
procès ferat terminé dans l'efpace de deux
ans, à compter du jour de la publication de
la Paix; enfin aucunes actions, tranfactions ou exceptions générales, ou claufes
fpéciales comprifes dans ce Traité de Paix
(à toutes lefquelles on déroge expreffement
& à perpétuité en vertu du même Traité)
ne feront en aucun tems alleguées, ni ad-
mifes de part ni d'autre contre cette convention fpéciale.

XXV. Les paragraphes: *Le Duc de
Croy*, &c. *Quant au différent de Naffau
Siegen*, &c. *Seront reftitués au Comte de
Naffau-Sarbruck*; &c. *La Maifon de
Hanau*, &c. *Jean Albert Comte de Solms*,
&c. *feront auffi reftitués à la Maifon de
Solms*, &c. *Hohenfolms*, *Les Comtes
d'Iffembourg*, &c. *Les Rhingraves*, &c.
La veuve du Comte Erneft de Sain, &c.
Le Château & Comté de Falckenftein, &c.
*La Maifon de Waldeck fera pareillement
rétablie*, &c. *Joachim Erneft Comte d'Oet-
tingen*, &c. *de même la Maifon de Hohen-
loe*, &c. *Frideric Louis*, &c. *Ferdinand
Charles*, &c. *La Maifon d'Erbach*, *La*

Veuve & les héritiers du Comte de Brandeftein, &c. *Le Baron Paul Keven-hüller*, &c. feront entendus inférés en ce lieu de mot à mot, comme ils font couchés dans le Ttaité entre l'empire & la Suede.

XXVI. Les contrats, échanges, tranf-actions, obligations & promeffes illici-tement extorqués par force ou par menaces des Etats ou des Sujets, comme fpéciale-ment s'en plaignent Spire, Weiffenbourg fur le Rhin, Landau, Reitlingen, Heilbron, & autres ; comme auffi les actions rachetées & cedées feront abolies & annullées; enforte qu'il ne fera permis à perfonne d'intenter au-cun procès ou action pour ce fujet. Que fi les débiteurs ont extorqué des créanciers, par force ou par crainte, les actes de leurs obligations, tous ces actes feront reftitués ; les actions fur ce demeurant en leur entier.

Si l'une ou l'autre des parties qui font en guerre, ont extorqué par violence en hai-ne des créanciers, des dettes caufées pour achat, pour vente, pour revenus annuels, ou pour quelqu'autre caufe que ce foit, il ne fera décerné aucune exécution contre les débiteurs qui allé"gueront, & s'offriront de prouver qu'on leur a véritablement fait vio-lence, & qu'ils ont payé réellement & de fait, finon après que ces exceptions auront été décidées en pleine connoiffance de cau-fe. Le procès qui fera fur ce commen-cé, fera fini dans l'efpace de deux ans à compter de la publication de la paix ; faute de quoi il fera impofé perpétuel filence aux débiteurs contumaces. Mais les procès qui ont été jufques-ici intentés contr'eux

de cette forte , enfemble les tranfactions ;
& les promeffes faites pour la reftitution
future des créanciers , feront abolies & annullés ; à la réferve toutefois des fommes
de deniers , qui, durant la guerre ont été
fournies de bon cœur & à bonne intention
pour d'autres , afin de détourner les plus
grands périls & dommages dont ils étoient
ménacés.

XXVII. Les Sentences prononcées pendant la guerre fur des matiéres purement féculiéres , ne feront pas tenues pour
entiérement nulles , à moins que le vice
ou le défaut de la procédure ne foit tout
manifefte , ou ne puiffe être incontinent dé-
montré ; mais quelles foient fufpendues &
fans effet de la chofe jugée , jufques à ce que
les piéces du procès , fi l'une ou l'autre partie en demande la révifion , dans l'éfpace de
fix mois depuis la Paix publiée , foient re-
vües , & juridiquement examinées par le
Juge compétent , felon les formes ordinaires
ou extraordinaires ufitées dans l'Empire ; &
qu'ainfi lefdites Sentences foient confirmées
ou corrigées , ou , en cas de nullité , totalement mifes au néant.

XXVIII. Pareillement fi quelques fiefs
d'Empire ou autres n'avoient pas été renouvellés depuis l'année 1618 , ni cependant les
devoirs rendus en leur nom , que cela ne
tourne au préjudice de qui que ce foit ; mais
que le tems pour en redemander l'inveftiture
commence à être ouvert du jour de la Paix
faite.

XXIV. Enfin que tous & chacun tant les
Officiers de guerre & foldats, que les Con-

feillers & Miniftres de robe, Séculiers & Eccléfiaftiques, de quelque nom ou condition
qu'ils foient, qui ont été au fervice & à la fol-
de de l'un ou de l'autre parti, & de leurs
alliés ou adhérens, foit dans la robe, foit
dans le militaire depuis le plus grand jufques
au plus petit, & depuis le plus petit jufques
au plus grand, fans différence ou exception
aucune, avec leurs femmes, enfans, héritiers, fucceffeurs, ferviteurs, foient reftitués de part & d'autres, quant aux perfonnes & aux biens en l'état de vie, de renommée, d'honneur, de confcience, de liberté, de droit & de privilége, dont ils ont
joui ou dû jouir de droit avant lefdits troubles ; qu'on n'apporte aucun préjudice
à leurs perfonnes & à leurs biens ; qu'on ne
leur intente aucune action ou accufation, &
qu'encore moins, fous aucun prétexte, il
leur foit impofé aucune peine, ni fait aucun
dommage. Et tout cela aura fon plein &
entier effet, à l'égard de ceux qui ne font
point fujets & vaffaux de Sa Majefté Impériale, ni de la Maifon d'Autriche ; mais
pour ceux qui font fujets & vaffaux héréditaires de l'Empereur & de la Maifon d'Autriche, ils jouiront pareillement de la même
amniftie, quant à leurs perfonnes, vie, renommée & honneurs, & pourront retourner en fûreté en leur ancienne patrie, en
forte toutefois qu'ils feront tenus de s'accommoder aux loix particulieres des Royaumes & des Provinces.

Pour ce qui concerne leurs biens, s'ils
ont été perdus par confifcation ou autrement
avant que leurs perfonnes paffaffent dans le

parti de la Couronne de France, ou dans celui de la Couronne de Suede, quoique les Plénipotentiaires de Suede ayent long-tems & fortement infifté à ce qu'ils leur fuffent auffi rendus; toutefois comme il n'a pû être rien prefcrit fur cela à Sa Majefté Imp. ni tranfigé autrement, à caufe de la conftante contradiction des Impériaux, & que les Etats de l'Empire n'ont pas jugé que pour un tel fujet il fut de l'intérêt de l'Empire que la guerre fut continuée; ces biens demeureront ainfi perdus pour eux, & acquis à ceux qui en font préfentement les poffeffeurs. Mais les biens qui leur ont été ôtés, après avoir pris les armes pour la France ou pour la Suede, contre l'Empereur & la Maifon d'Autriche, leur feront reftitués tels qu'ils fe trouvent à préfent, fans toutefois aucuns dépens, dommages, ni reftitution de fruits perçûs.

XXX. Au refte, fi en Boheme & en toutes les autres Provinces héréditaires de l'Empereur, des créanciers ou leurs héritiers & autres Sujets profeffans la Confeffion d'Augsbourg, intentent & pourfuivent quelques actions pour des prétentions particuliéres, s'ils en ont quelques-unes, il leur fera fait droit & juftice fans aucune exception, de même qu'aux Catholiques.

XXXI. On excepte toutefois de cette reftitution générale les chofes qui ne peuvent être reftituées ni reprifes, les chofes qui fe meuvent, les fruits perçûs, les chofes diverties de l'autorité des parties qui font en guerre; comme auffi les édifices publics & particuliers, facrés & profanes, détruits ou

convertis en d'autres ufages pour la fûreté
publique, & les dépôts publics ou partieu-
liers, qui en vûe d'hoftilité ont été confifqués, légitimement vendus, ou volontairement donnés.

XXXII. Et d'autant que l'affaire concernant la fucceffion de Juliers pourroit à
l'avenir exciter entre les intéreffés de grands
troubles dans l'Empire, fi on ne les prévenoit; on eft pour cela convenu, qu'elle fera
terminée fans retardement après la Paix
faite, foit par une procédure ordinaire devant Sa Majefté Impériale, ou par un accommodement à l'amiable, ou par quelqu'autre moyen légitime.

XXXIII. Comme pour rétablir une plus
grande tranquillité dans l'Empire, il s'eft
fait dans ces mêmes Affemblées de paix un
certain accord entre l'Empereur, les Electeurs, les Princes & les Etats de l'Empire,
qui a été inféré dans le Traité de Paix dreffé
avec les Plénipotentiaires de la Reine &
Couronne de Suede, fur les différens touchant les biens Eccléfiaftiques, & la liberté
de l'exercice de la Religion, on a trouvé
bon de confirmer & ratifier par ce préfent
Traité le même accord, comme auffi celui
dont on eft convenu entre les mêmes à
l'égard de ceux qu'on nomme Reformés,
tout de même que fi de mot à mot ils étoient
inférés en ce préfent Traité.

Touchant l'affaire de Heffe Caffel on demeure d'accord de ce qui s'enfuit.

XXXIV. En premier lieu la Maifon de
Heffe Caffel, & tous fes Princes, fur tout
Madame Amelie Elifabeth Landgrave de

Hesse & le Prince Guillaume son fils, & leurs héritiers, leurs Ministres, Officiers, Vassaux, Sujets, Soldats & autres qui sont attachés à leur service, en quelque façon que ce soit sans exception aucune, nonobstant tous contrats, procès, prescriptions, déclarations, sentences, exécutions, transactions contraires, qui tous, de même que les actions ou prétentions pour cause de dommages & injures, tant des neutres que ceux qui portoient les armes, demeureront annullés, seront pleinement participans de l'amnistie générale ci-devant établie, avec une entiére restitution, à avoir lieu du commencement de la guerre de Boheme, (excepté les Vassaux & Sujets héréditaires de Sa Majeeé Impériale, & de la Maison d'Autriche, ainsi qu'il en est ordonné par le paragraphe, *Enfin tous*, &c.) Comme aussi de tous les avantages provenans de cette Amnistie & Paix de Religion, avec pareil droit dont jouissent les autres Etats, ainsi qu'il en est ordonné dans l'article qui commence, *Du consentement aussi unanime*, &c.

En second lieu la Maison de Hesse Cassel & ses successeurs retiendront l'Abbaye de Hirschfeld avec toutes ses appartenances Séculiéres & Ecclésiastiques situées dedans ou dehors de son territoire, (comme la Prévôté de Gellingen) sauf toutefois les droits que la Maison de Saxe y posséde de tems immémorial; & à cette fin ils en demanderont l'investiture de Sa Majesté Impériale, toutes les fois que le cas y échera, & en prêteront foi & hommage

En troisième lieu le droit de Seigneurie directe & utile sur les Baillages de Schaumbourg, Buckenburg, Saxenhagen & Statthagen, attribué ci-devant & ajugé à l'Evêché de Minden, appartiendra dorénavant au Seigneur Guillaume Landgrave de Hesse, & à ses successeurs pleinement & à perpetuité, sans que ledit Evêché ni aucun autre le lui puisse disputer ni l'y troubler; sauf néamoins la transaction passée entre Christian Louis Duc de Brunswic, Luneburg, la Landgrave de Hesse, & Philipes Comte de la Lippe, la convention aussi passée entre ladite Landgrave & le dit Comte demeurant pareillement en sa force & vertu.

De plus on est demeuré d'accord que pour la restitution des places occupées pendant cette guerre, & par forme d'indemnité il soit payé à Madame la Landgrave de Hesse tutrice, & à son fils ou à ses successeurs Princes de Hesse par les Archevêchés de Mayence & de Cologne, les Evêchés de Paterborn & de Munster, & l'Abbaye de Fulde dans la Ville de Cassel aux frais & périls des payeurs, la somme de six cens mille écus d'Empire de la valeur & bonté reglée par les dernieres Constitutions Impériales dans l'espace de neuf mois à compter du tems de la ratification de la Paix, sans qu'il puisse être admis aucune exception ou aucun prétexte pour empêcher le payement promis; & encore moins qu'il puisse être mis aucun arrêt ou saisie sur la somme convenue

XXXV. Et afin que Madame la Land-

grave foit d'autant plus affûrée du payement, elle retiendra aux conditions fuivantes Nuyfs, Coesfed & Neuhaufs, & aura en
ces lieux-là des garnifons qui ne dépendront que d'elle ; mais à cette condition
qu'outre les Officiers & les autres perfonnes neceffaires aux garnifons, celles, des
trois lieux fufnommés enfemble n'excede-
ront pas le nombre de douze cents hommes de pied, & de cent chevaux : laiffant à Madame la Landgrave la difpofition du nombre de Cavallerie & d'Infanterie qu'il lui plaira de mettre en chacun
de ces places, & des Gouverneurs qu'elle
voudra y établir.

Les garnifons feront entretenuës felon
l'ordonnançe obfervée jufqu'àpréfent pour
l'entretien des Officiers & Soldats de Heffe ; & les chofes qui font neceffaires pour
la confervation des fortereffes feront fournies par les Archevêchés & Evêchés dans
lefquels lefdites fortereffes & villes font
fituées, fans diminution de la fomme ci-
deffus mentionnée. Il fera permis aux mêmes garnifons d'exécuter les refufans & les
négligens, non toutesfois au delà de la
fomme dûë. Cependant les droits de fouveraineté, & la Jurifdiction tant Ecclefiaftique que Séculiere, comme auffi les
revenus defdites fortereffes & villes, feront
confervés au Seigneur Archevêque de Cologne.

Mais auffi-tot qu'après la ratification de
la Paix on aura payé trois milles écus d'Empire à Madame la Landgrave, elle rendra
Nuyfs, & retiendra feulement Coesfeld,

&

& Neuhaufs ; en forte néanmoins qu'elle
ne mettra point la garnifon qui fortira de
Nuyfs dans Coesfeld & Neuhaufs, ni ne
demandera rien pour cela ; & la Garnifon
de Coesfeld ne paffera le nombre de fix
cents hommes de pied, & de cinquante
chevaux, ni celle de Neuhaufe le nombre de cent hommes de pied. Que fi dans
le terme de neuf mois toute la fomme
n'étoit pas payée à Madame la Landgrave,
non feulement Coesfeld & Neuhaufs lui demeureront jufqu'à l'entier payement ; mais
auffi pour le refte de la fomme, on lui en
payera l'interêt à raifon de cinq pour cent
jufqu'à ce que ce refte de fomme lui ait
été payé : & les Tréforiers & Recéveurs
des Bailliages appartenans auxdits Archevêchés, Evêchés & Abbaye, & contigus
à la Principeauté de Heffe, qui fuffiront
pour fatisfaire au payement defdits interêts, s'obligeront par ferment à Madame
la Landgrave de lui payer des deniers de
leurs recettes les interêts annuels de la fomme reftante, nonobftant les défenfes de
leurs Maitres. Que fi les Tréforiers & Receveurs différent de payer, ou emploient
les revenus ailleurs, Madame la Landgrave pourra les contraindre au payement par
toutes fortes de voies. Au furplus les autres droits du Seigneur propriétaire demeurant en leur entier. Mais auffi-tôt que
Madame la Landgrave aura reçu toute la
fomme avec les arrerages du tems de la demeure, elle reftituera les lieux fufnommés
par elle retenus par forme d'affurance ;
les interêts cefferont, & les Tréforiers &

Receveurs dont il à été parlé, feront quittes de leur ferment. Quant aux Bailliages
du révenu defquels l'on aura à payer les
interêts en cas de retardement, l'on en conviendra provifionellement avant la ratification de la Paix, laquelle convention ne
fera pas de moindre force que ce préfent Traité de Paix.

XXXVI. Outre les lieux qui feront laiffés à Madame la Landgrave par forme
d'affurance, comme il a été dit; & qui
feront par elle rendu après le payement;
elle reftituera cependant auffi-tôt après la
ratification de la Paix, toutes les Provinces & les Evêchés, comme auffi leurs
Villes, Bailliages, Bourgs, Fortereffes,
Forts, & enfin tous les biens immeubles, & les droits par elle occupés pendant ces guerres; en forte toutesfois
que tant des troits lieux qu'elle retiendra
par forme de gage, que de tous les autres
à réftituer, non feulement Madame la
Landgrave & lefdits fucceffeurs pourront
faire remporter par leur fujets toutes les
provifion de guere & de bouche qu'elle
y aura fait mettre; (car quant à celles
qu'elle n'y aura point apporté, & qu'elle
y aura trouvé en prenant les places; &
qui y font encore, elles y refteront;) mais
auffi les fortification& ramparts qui ont été
élevés durant qu'elle à occupé ces places
pourront par elle & fes heritiers être dé-
triits & démolis; en forte toutefois que
les Villes, Bourgs, Châteaux & Fortereffes
ne foient pas expofés aux invafions & pillages.

Et bien que Madame la Landgrave n'ait exigé aucune chofe de perfone, pour lui tenir lieu de reſtitution & d'indemnité, finon des Archevéchés de Mayence & de Cologne, des Evéchés de Paterborn & de Munſter, & de l'Abbaye de Fulde, & n'ait point voulu abfolument qu'il lui fût rien payé par aucun autre pour ce fujet; toutefois eu égard à l'équité & à l'état des affaires, l'Affemblée a trouvé bon, que fans préjudice de la difpofition du précédent paraphe, qui commence, *De plus on eſt demeuré d'accord*, &c. les autres Etats quels qu'ils foient, qui font en deçà & au delà du Rhin, & qui depuis le premier de Mars de l'année courante ont payé contribution aux Heſſiens, fourniront au *pro rata* de la contribution par eux payée pendant tout ce tems leur cote-part auſdits Archevêchés, Evéchés & Abbaye pour faire la fomme ci-deffus mentionnée, & pour l'entretenement des garnifons. Que fi quelques-uns fouffroient du dommage par le réardement de payement des autres, les retardans feront obligés de le réparer; & les Officiers ou foldats de Sa Majeſté Imperiale, du Roi Très-Chrétien & de la Landgrave de Heſſe, n'empêcheront point qu'on ne les y contraigne. Il ne fera non plus permis aux Heſſiens d'exempter perfonne au préjudice de cette déclaration. Mais ceux qui auront dûement payé leur cote-part feront dès-là exempts de toutes charges.

XXXVII. Quant à ce qui regarde les différens mûs entre les Maifons de Heſſe

Caffel & de Darmftadt touchant la fucceffion de Marpourg, vû que le 14. d'Avril
dernier ils ont été entierement accommodés
à Caffel, du confentement unanime des
parties intereffées, il a été trouvé bon
que cette tranfa&ion avec toutes fes claufes, apparterances & dépendances, telle
qu'elle a été faite & fignée à Caffel par
les parties, & infinuée dans cette Affemblée, ait en vertu du préfent Traité la
même force que fi elle étoit inferée mot
à mot, & qu'elle ne puiffe être enfreinte
par les parties contractantes, ni par qui
que ce foit, fous aucun prétexte, foit de
contrat, foit de ferment, foit d'autre chofe; mais bien plus, qu'elle doit être exa-
&tement obfervée par tous, encore que
peut-être quelqu'un des intereffés refufe
de la confirmer.

Pareillement la tranfaction entre feu
Monfieur Guillaume Landgrave de Heffe,
& Meffieurs Chriftian & Wolrad Comtes
de Waldeck, faite le 11. d'Avril 1635. &
ratifiée par Monfieur le Landgrave George
de Heffe le 14. d'Avril 1648. aura une
pleine & perpétuelle force en vertu de
cette Pacification, & n'obligera pas moins
tous les Princes de Heffe, que tous les
Comtes de Waldeck.

Que le droit d'aineffe introduit dans la
Maifon de Heffe Caffel, & en celle de
Darmftadt, & confirmé par fa Majefté
Impériale, demeure ferme & foit inviola-
blement gardé.

Et comme fa Majefté Impériale fur les
plaintes faites en préfence de fes Plénipo-

tentiaires députés en laprésente Assemblée au nom de la ville de Bâle & de toute la Suisse , touchant quelques procédures & mandemens exécutoires émanés de la Chambre Imperiale contre ladite ville & les autres cantons unis des Suisses , & leurs citoïens & sujets , aïant demandé l'avis & le conseil des Etats de l'Empire, auroit, par un décret particulier du 14. Mai. de l'année derniere , déclaré ladite ville de Bâle & les autres Cantons Suisses être en possession ou quasi - possession d'une pleine liberté & exemption de l'Empire, & ainsi n'être aucunement sujets aux Tribunaux & Jugemens du même Empire; il a été résolu que ce même décret soit tenu pour compris en ce Traité de Paix, qu'il demeure ferme & constant, & partant que toutes les procedures & arrêts donnés sur ce sujet en quelque forme que ç'ait été , doivent être de nulle valeur & effet.

XXXVIII. Et afin de pourvoir à ce que dorénavant il ne naisse plus de différens dans l'Etat politique; Que tous & chacuns les Electeurs , Princes & Etats de l'Empire Romain soient tellement établis & confirmés en leurs anciens droits, prérogatives , libertés, priviléges, libre exercice de droit territorial , tant au spirituel qu'au temporel , seigneuries , droits régaliens , & dans la possession de toutes ces choses en vertu de la présente transaction , qu'ils ne puissent ni ne doivent jamais y être troublés de fait par qui que ce soit, sous aucun prétexte que ce puisse être.

XXXIX. Qu'ils jouissent sans contradiction du droit de suffrage dans toutes les délibérations touchant les affaires de l'Empire, sur-tout où il s'agira de faire ou interpréter des loix, résoudre une guerre, imposer un tribut, ordonner des levées & logemens de soldats, construire au nom du public des forteresses nouvelles dans les terres des Etats, ou renforcer les anciennes garnisons, & où il faudra faire une Paix, ou des alliances, & traiter d'autres semblables affaires, qu'aucune de ces choses ou de semblables ne soit faite ou reçue ci-après sans l'avis & le consentement d'une assemblée libre de tous les Etats de l'Empire; Que sur tout chacun des Etats de l'Empire jouissent librement & à perpétuité du droit de faire entr'eux, & avec les Etrangers des alliances pour la conservation & sûreté d'un chacun, pourvu néanmoins que ces sortes d'alliances ne soient ni contre la Paix publique, ni principalement contre cette transaction, & qu'elles se fassent sans préjudice, en toutes choses, du serment dont chacun est lié à l'Empereur & à l'Empire.

XL. Que les Etats de l'Empire s'assemblent dans l'espace de six moix, à compter de la date des ratifications de la Paix, & delà en avant toutefois que l'utilité ou la nécessité publique le requerra : Que dans la premiere Diete on corrige sur tout les défauts des précédentes Assemblées; & de plus que l'on y traite & ordonne de l'élection des Rois des Romaïns, de la capitulation Impériale qui doit être rédigée en termes qui ne puissent être changés, de la maniere & de

l'ordre qui doit être obſervé pour mettre un
ou pluſieurs Etats au Ban de l'Empire, outre
celui qui a été autrefois expliqué dans les
Conſtitutions Impériales; Que l'on y traite
auſſi du rétabliſſement des Cercles, du
renouvellement de la Matricule, des
moyens d'y remettre ceux qui en ont été
ôtés, de la modération & remiſe des taxes de l'Empire, de la réformation de la
Police & de la Juſtice, & de la taxe des
Epices qui ſe payent à la Chambre Impériale, de la maniere de bien former & inſtruire les Députés ordinaires de ce qui
peut être de l'utilité publique, du vrai
devoir des Directeurs dans les Colleges
de l'Empire, & d'autres ſemblables affaires, qui n'ont pû être ici vuidées.

XLI. Que les villes libres de l'Empire
aïent voix déciſive dans les Dietes générales & particulieres, comme les autres
Etats de l'Empire, & qu'il ne ſoit point
touché à leurs droits régaliens, revenus
annuels, libertés, privileges de confiſquer,
de lever des impôts, ni à ce qui en dépend, non plus qu'aux autres droits qu'ils
ont légitimement obtenu de l'Empereur
& de l'Empire, ou qu'ils ont poſſedé &
exercé par un long uſage avant ces troubles, avec une entiere Juriſdiction dans
l'enclos de leurs murailles, & dans leur
territoire; demeurant à cet effet caſſées,
annullées, & à l'avenir défendues toutes
les choſes qui par repréſailles, arrêts,
empêchemens de paſſages, & autres actes
préjudiciables, ont été faites & attentées au
contraire juſqu'ici par une autorité privée,

durant la guerre , fous quelque prétexte
que ce puiffe être, ou qui dorénavant pourroient être faites ou attentées , fans avoir
préalablement obfervé les voïes de droit
& l'ordre de l'exécution; qu'au refte toutes les louables Coûtumes, Conftitutions
& Loix de l'Empire Romain foient à l'a-
venir étroitement gardées; toutes les confufions qui fe font introduites pendant la
guerre étant otées.

XLII. Quant à la récherche d'un moyen équitable & convenable par lequel
la pourfuite des actions contre le débi-
teur ruinés par les calamités de la guerre,
ou chargés d'un trop grand amas d'inte-
réts puiffe être terminée avec modération,
pour obvier à de plus grands inconvéniens
qui en pourroit naître , & qui feroient nuifibles à la tranquillité publique; Sa Majefté Impériale aura foin de faire prendre &
receuillir les avis & fentimens , tant du
Confeil Aulique que de la Chambre Impériale, afin que dans la Diete prochaine ils
puiffent être propofés , & qu'il en foit formé une Conftitution certaine. Que cependant dans les caufes de cette nature
qui feront portées aux Tribunaux fupe-
rieurs de l'Empire , & aux Tribunaux particuliers des Etats, les raifons & les circonftances qui feront alleguées par les parties,
foient bien pefées , & que perfonne ne
foit lefé par des exécutions immoderées;
mais tout cela, fauf & fans préjudice de
la Conftitution de Holftein.

XLIII. Et d'autant qu'il importe au public que la paix étant faite, le commerce

refleuriffe de toutes parts ; on eft convenu à cette fin que les tributs & péages, comme auffi les abus de la Bulle Braban-tine, & les reprefailles & arrêts qui s'en feront enfuivis , avec les certifications étrangeres, les exactions, les détentions, de même les frais exceffifs des poftes, & toutes les autres charges & empêchemens ínufités du commerce & de la navigation, qui ont été nouvellement introduits à fon préjudice & contre l'utilité publique çà & là dans l'Empire, à l'occafion de la guerre, par une autorité privée, contre tous droits & privileges, fans le confen-tement de l'Empereur & des Electeurs de l'Empire , feront tout-à-fait ôtés ; enforte que l'ancienne fûreté , la jurifdi-ction & l'ufage tels qu'il ont été long-tems avant ces guerres , y foient rétablis & ínviolablement confervés aux Provinces, aux Ports, & aux fleuves.

Les droits & privileges des Territoires arrofés par des fleuves ou autrement, comme auffi les péages concedés par l'Empereur, du confentement des Electeurs, entr'au-tres au Comte d'Oldenbourg fut le Vefer, ou établis par un long ufage, demeurant en leur pleine vigueur & execution ; il y aura une entiere liberté de commerce, & un paffage libre & affuré par toutes fortes de lieux fur mer & fur terrei ; & partant qu'à tous & à chacun des Vaffaux, Sujets, Habitans & ferviteurs des Alliés de part d'autre, la permiffion d'aller & venir, de négocier & de s'en retourner, foit don-née & foit entendue leur être concédée

E 5

en vertu de ces préfentes, ainfi qu'il étoit libre à un chacnn d'en ufer de tous côtés avant les troubles d'Allemagne; & que les Magiftrats de part & d'autres foient tenus de les protéger & défendre contre toute forte d'oppreffions & de violences, de même que les propres fujets des lieux; fans préjudice des autres articles de cette convention, & des Loix & Droits particuliers de chaque lieu.

XLIV. Or afin que ladite peix & amitié entre l'Empereur & le Roi Très-Chrétien s'affermiffe de plus en plus, & qu'on pourvoye d'autant mieux à la fûreté publique; c'eft pour cela que du confentement, confeil & volonté des Electeurs, des Princes & des Etats de l'Empire pour le bien de la paix; on eft demeuré d'accord.

Premierement, que la fuprême Seigneurie, des droits de Souveraineté, & tous autres droits fur les Evéchés de Metz, de Toul & de Verdun, fur les villes de même nom, & fur toute l'étendue de ces Evéchés, nommément fur le Moyenvic, appartiennent à l'avenir à la Couronne de France, & lui foient incorporés perpétuellement & irrévocablement de la même maniere qu'ils appartenoient jufques ici à l'Empire Romain; à la réferve toutefois du droit Métropolitain qui appartient à l'Archevéché de Treves.

XLV. Que Monfieur le Duc François de Lorraine foit remis en la poffeffion de l'Evéché de Verdun, comme en étant l'Evéque légitime; & qu'il puiffe le gouverner & ad-

miniftrer paifiblement ; comme auffi qu'il
en jouiffe & de fes Abbayes (fauf le droit du
Roi & des particuliers) enfemble de fes
biens patrimoniux & autres droits en quelque endroit qu'ils foient fitués (entant qu'ils
ne répugnent pas à la ceffion préfente) privileges , revenus & fruits y appartenans ;
pourvû qn'auparavant il prête le ferment de
fidélité au Roi , & qu'il n'entreprenne rien
contre le bien de l'Etat, & le fervice de Sa
Majefté.

XLVI. En fecond lieu , l'Empereur &
l'Empire cédent & transferent au Roi Très-
Chrétien & à fes fucceffeurs au Royaume , le
droit de Seigneurie directe & de Souveraineté , & tout autre droit qui appartenoit ou
pouvoit appartenir fur Pignerol à l'Empereur & à l'Empire Romain.

XLVII. En troifieme lieu , l'Empereur ,
tant en fon propre nom , qu'en celui de toute la Séréniffime Maifon d'Autriche, comme
auffi l'Empire , cédent tous les droits , pro-
priétés , domaines , poffeffions & jurifdictions qui jufqu'ici ont appartenu tant à lui
qu'à l'Empire , & à la Maifon d'Autriche ,
fur la Ville de Brifac , le Landgraviat de
la haute & baffe Alface , le Suntgau , & la
Préfecture Provinciale de dix Villes Impériales fitués en Alface ; fçavoir , Haguenau ,
Colmar , Seleftadt , Weiffembourg , Landau , Oberenheim , Rosheim , Munfter au
Val S. Grégoire , Kaifersberg , Türckheim ,
& tous les villages & autres droits qui dépendent de ladite Préfecture ; & les trans-
portent tous & un chacun d'i-ceux au Roi
Très - Chrétien , & au Royaume de Fran-

ce ; enforte que la ville de Brifac avec les villages de Hochftat, Niederling, Harten,
& Acharren appartenans à la Communauté de la ville de Brifac avec tout le territoire & la banlieue, felon fon ancienne
étendue, appartiendront a l'avenir à la
Couronne de France, fans préjudice néanmoins des Privileges & Immunités accordés
autrefois à ladite ville par la Maifon d'Autriche. *Item*, ledit Landgraviat de l'une
& de l'autre Alface, & le Suntgau, comme
auffi la Préfecture provinciale fur lefdites
dix villes & lieux en dependans. *Item*, tous
les Vaffaux, Landfafs, Sujets, hommes,
villes, bourgs, châteaux, métairies, fortereffes, bois, forêts, minieres d'or &
d'argent & d'autres métaux, rivieres,
ruiffeaux, pâturages, & tous les droits
régaliens, & autres droits & appartenances fans réferve aucune, appartiendront
dorénavant & à perpétuité au Roi Trés-
Chrétien & à la Couronne de France, &
feront incorporés à ladite Couronne avec
toute forte de Jurifdiction & de Souveraineté, fans que l'Empereur. l'Empire, la
Maifon d'Autriche, ni aucune autre y
puiffent apporter aucune contradiction.
De maniere qu'aucun Empereur ni aucun
Prince de la Maifon d'Autriche ne pourra
ni ne devra jamais ufurper, ni même
prétendre aucun droit & puiffance fur
lefdits Païs, tant au de-là qu'au de-ça
du Rhin. Le Roi Trés-Chrétien fera
toutefois obligé de conferver en tous &
chacun de ces Pays la Religion Catholique,
comme elle y a été maintenue fous les

Princes d'Autriche, & d'en bannir toutes
les nouveautés qui s'y font glissées pendant
la guerre.

XLVIII. En quatrième lieu, par le consentement de l'Empereur & de tout l'Empire, le Roi Très-Chrétien & ses successeurs
àà Royaume, auront un perpétuel droit de
tenir une garnison dans la Forteresse de
Philipsbourg pour cause de protection, laquelle garnison sera limitée à un nombre
de soldats convenable qui ne puisse donner aucune juste cause de soupçon aux
voisins ; & sera entretenue aux dépens
seulement de la Couronne de France; le
passage devra aussi être libre au Roi par
terre & par eau dans l'Empire, toutes
les fois qu'il sera besoin d'y conduire des
soldats, des munitions & autres choses
nécessaires.

XLIX. Toutefois le Roi ne prétendra
rien davantage dans ladite Forteresse de
Philipsbourg que la protection, la garnison, & le passage ; mais la propriété de
la place, toute la Jurisdiction, la possession, tous les émolumens, fruits, revenus, droits regaliens, & autres droits,
servitudes, Hommes, Sujets, Vassaux,
& tout ce qui d'ancienneté a appartenu
ou dû appartenir à l'Evêque & au Chapitre de Spire ; dans toute l'étendue de
l'Evêché de Spire & des Eglises qui lui
sont incorporées, leur demeureront à
l'avenir, & leur seront conservés entiè-
rement & inviolablement ; sauf toutefois
le droit de protection.

L. L'Empereur, l'Empire, & l'Archiduc

d'Infpruck Ferdinand - Charles refpectivement délient les Etats, Magiftrats, Officiers & Sujets defdits Pays & lieux, des
engagemens & fermens par lefquels ils
avoient été jufqu'à préfent liés à eux &
à la Maifon d'Autriche ; & les remettent
& obligent à rendre la fujetion, l'obéiffance, & la fidélité au Roi & au Royaume
de France ; & ainfi ils établiffent la Couronne
de France en une pleine & jufte Souveraineté, propriété & poffeffion fur eux ; renonçant dès maintenant & à perpétuité à
tous droits & prétentions qu'ils y avoient ;
ce que l'Empereur, ledit Archiduc & fon
frere, pour eux & pour leurs defcendans, felon que ladite ceffion les regarde, confirmeront par des lettres particulieres ; & feront auffi que le Roi Catholique d'Efpagne donne la même renonciation en forme authentique, ce qui fe
fera auffi au nom de tout l'Empire le
propre jour qu'on fignera le préfent Traité.

LI. Pour une plus grande validité defdites ceffions & alienations, l'Empereur
& l'Empire en vertu de la préfente Tranfaction dérogent expreffement à tous &
chacuns Decrets, Conftitutions, Statuts
& Coûtumes des Empereurs fes Prédeceffeurs & de l'Empire Romain, confirmés
même par ferment, ou à confirmer à
l'avenir, nommément à la Capitulation
Impériale, en ce qu'elle défend toute
aliénation des terres & droits de l'Empire ; enfemble ils excluront à perpétuité
toutes exceptions & voies de réftitution,
fur quelque droit & titre qu'elles puiffent
être fondées.

De plus on est demeuré d'accord qu'outre la ratification que l'Empereur & les Etats de l'Empire promettent ci-dessous de faire, on ratifiera d'abondant dans la prochaine Diete les aliénations desdites terres & droits ; De sorte que si dans la Capitulation de l'Empereur il se faisoit une convention, ou que dorénavant il se fit dans les Dietes quelque proposition de recouvrer les biens & droits de l'Empire aliénés & distraits, elle ne comprendra point, & ne pourra comprendre les choses ci-dessus exprimées, comme ayant été légitimement, & par le commun avis des Etats pour la tranquilité publique, transferés à la domination d'autrui ; & pour cet effet, on consent que lesdites terres soient rayées de la Matricule de l'Empire.

LII. Incontinent après la réstitution de Benfeld on rasera les fortificarions de cette Place, & du Fort de Rhinau qui est tout proche ; Comme aussi de Saverne en Alsace, du Château de Hohenbart, & de Neubourg sur le Rhin, & il n'y pourra avoir en aucun de ces lieux aucun soldats en garnison.

LIII. Le Magistrat & les Habitans de ladite ville de Saverne garderont exactement la neutralité ; & les Troupes du Roi pourront passer librement & en assurance par-là toutes les fois qu'on le demandera.

LIV. On ne pourra élever aucun Forts sur les bords du Rhin en deçà, depuis Basle jusqu'à Philisbourg, ni détourner ou empê-cher en aucune façon le cours des fleuves d'un côté ni de l'autre.

LV. Quant à ce qui regarde les dettes dont la Chambre d'Enſisheim eſt chargée, l'Archiduc Ferdinand-Charles ſe chargera, en recevant cette partie de Province que le Roi Très-Chrétien lui doit réſtituer, du tiers de toutes ces dettes ſans diſtinction, ſoit qu'elles ſoient chirographaires ou hypotequaires, pourvû que les unes & les autres ſoient en forme authentique, ou qu'elles ayent une hypotheque ſpéciale, ſoit ſur les Provinces qui doivent être cédées, ſoit ſur celles qui doivent être réſtituées; ou que ſi elles n'en ont aucune; elles ayent été employées dans les Livres & Comptes de Recette rendus à la Chambre d'Enſisheim juſqu'à la fin de l'année 1632; & miſes au nombre des dettes & emprunts par elle faits, & dont elle auroit dû payer les intérêts; & il le payera, rendant le Roi exempt & entiérement déchargé de ce tiers de dettes.

Et pour ce qui eſt des dettes dont les Colleges des Etats ſe ſont chargés par la convention particuliére faite avec eux par les Princes d'Autriche dans les Dietes Provinciales, ou que les mêmes Etats ont contractée en commun, & auſquelles ils ſont obligés, on en fera une diſtribution convenable entre ceux qui paſſent ſous la domination du Roi, & ceux qui reſtent ſous celle de la Maiſon d'Autriche, afin que chacun d'eux ſçache ce qui doit acquitter deſdites dettes.

LVI. Le Roi Très-Chrétien réſtituera à la Maiſon d'Autriche, & ſpécialement audit Seigneur Archiduc Ferdinand-Charles fils aîné du feu Archiduc Leopold, les quatres Villes

Villes forestiéres, Rhinfeldt, Seckingen, Lauffenbourg, & Waldshut, avec tous leurs territoires & Bailliages, Métairies, Villages, Moulins, Bois, Forêts, Vaffaux, Sujets, & toutes les appartenances qui font au deçà & au de-là du Rhin. *Item*, le Comté de Hauenftein, la Forêt Noire, tout le haut & bas Brifgau & les Villes qui y font fituées, appartenantes d'ancien droit à la Maifon d'Autriche; fçavoir, Neubourg, Freybourg, Endingen, Kenzingen, Waltkirch, Villingen, Breunlingen, avec tous leurs territoires; comme auffi tous les Monaftéres, Abbayes, Prélatures, Prévôtés, Commanderies d'Ordres Equeftres, avec leurs Baillages, Baronies, Châteaux, Forterefles, Bois, & tous droits régaliens, Jurifdiction, Fiefs & Patronages, & généralement tous autres droits appartenans d'ancienneté dans toute cette contrée au fouverain droit de territoire, & au patrimoine de la Maifon d'Autriche. *Item*, tout l'Ortenau, avec les Villes Impériales d'Offenbourg, Gengenbach, Zell fur l'Hamerfpach, en tant quelles dépendent de la Préfecture de l'Ortenau; de façon qu'aucun Roi de France ne puiffe jamais, ni ne doive prétendre ni ufurper aucun droit ni pouvoir fur lefdites contrées fituées au deçà & au delà du Rhin; enforte toutefois que par la reftitution préfente les Princes d'Autriche n'y acquierent aucun nouveau droit.

Que dorénavant le trafic & les paffages foient libres aux Habitans de l'une & de l'autre rive du Rhin, & des Provinces adjacentes: fur tout que la Navigation du Rhin

foit libre , & qu'il ne foit permis à aucune
des Parties d'empêcher , retenir, arrêter,
ni molefter, fous quelque prétexte que ce
foit , les Batteaux paffans, defcendans ou
montans ; excepté pour la feule infpection
& vifite qu'on a accoûtumé de faire des
marchandifes ; & qu'il ne foit point auffi
permis d'établir fur le Rhin de nouveaux
Impôts , péages , droits de Paffage , Daces
& autres telles exactions ; mais que de part
& d'autres , l'on demeure content des Impôts & Daces ordinaires, que l'on avoit accoutumé de payer avant cette guerre fous le
gouvernement des Princes d'Autriche.

LVII. Que tous les Vaffaux , Landfaff ,
Sujets, Citoyens & Habitans , tant de-là
que deçà du Rhin , qui étoient foumis à la
Maifon d'Autriche , ou immédiatement à
l'Empire , ou qui reconnoiffent pour Supérieurs les autres Etats de l'Empire , feront,
nonobftant toutes confifcations , ceffions ,
donations faites par les Généraux ou Chefs
de la Milice Suedoife ou des Confédérés ,
depuis la prife de la province , & ratifiées
par le Roi Très-Chrétien, ou ordonnées de
propre mouvement, remis auffi - tôt après la
publication de la Paix dans la poffeffion de
leurs biens immeubles & ftables, foit corporels ou non corporels, Métairies, Châteaux,
Villages, Terres, Poffeffions , fans aucune
exception des méliorations , dépenfes &
compenfations de frais que les modernes
poffeffeurs pourroient de quelque façon que
ce foit, alléguer, & fans reftitution des biens
meubles, & qui fe meuvent, & des fruits
perçus.

Quant aux confifcations des chofes qui confiftent en poids, nombre & mefure, & aux exactions, concuffions, & extorfions faites pendant la guerre, la répétition n'en pourra être prétendue, & fera entiérement aboñie de part & d'autre, pour ôter toute matiére de procès.

LVIII Le Roi Très - Chrétien fera tenu de laiffer non feulement les Evéques de Strasbourg & de Bafle, & la Ville de Stra-bourg; mais anffi les autres Etats ou Ordres, qui font dans l'ûne & l'autre Alface, immé-diatement foûmis à l'Empire Romain, les Abbés de Murbach & de Luders, l'Abbeffe d'Andlaw, Munfter au Val S. Gregoire, de l'Ordre de S. Benoit, les Palatins de Lu-zelftein, les Comtes & Barons de Hanau, Fleckenftein, Oberftein, & la Nobleffe de toute l'Alface; *Item*, lefdites dix Villes Impériales qui reconnoiffent la Préfecture d'Haguenau, dans cette liberté de poffef-fion d'immédiateté à l'égard de l'Empire Romain dont elles ont joui jufqu'ici, de maniere qu'il ne puiffe ci-après prétendre fur eux aucune Souveraineté Royale; mais qu'il demeure content des droits quelcon-ques, qui appartenoient à la Maifon d'Au-triche, & qui par ce Traité de pacification font cédés à la Couronne de France; de forte toutefois que par cette préfente Décla-ration on n'entende point qu'il foit rien ôté de tout ce droit de fupréme Seigneurie qui a été cideffus accordé.

LIX. Pareillement le Roi Très-Chrétien pour compenfation des chofes à lui cédées fera payer audit Seigneur Archiduc Ferdi-

nand-Charles trois millions de livres tournois
dans trois années prochàines 1649, 1650,
1651, à la S. Jean-Baptiste, payant chaque
année un tiers de ladite somme à Basle, en
bonne monnie entre les mains dudit Seigneur Archiduc ou de ses Députés.

Outre ladite somme le Roi Très-Chrétien
fera obligé de se charger de deux tiers des
dettes de la Chambre d'Ensisheim sans distinction, soit des Chirographaires, ou des
Hypothequaires; pourvû que les unes & les
autres soient en forme authentique, ou
qu'elles ayent une hypoteque spéciale, soit
sur les Provinces à céder, soit sur celles à
restituer; ou bien s'il n'y a point d'hypoteque, qu'il se voye par les livres & comptes
de recette rendus à la Chambre d'Ensisheim,
qu'elles ayent été reconnues jusqu'à la fin
de l'année 1632, & mises entre les emprunts
& dettes de ladite Chambre, & dont elle
étoit tenue de payer les intérêts; & le Roi
acquittera ces deux tiers de dettes, & en
rendra l'Archiduc quitte & déchargé; Et
afin que cela s'execute équitablement, on
députera aussi-tôt après la signature du
Traité de paix, des Commissaires de part
& d'autre, qui avant qu'on satisfasse au
premier payement, conviendront entr'eux
quelles dettes chacune des parties aura à
payer.

Le Roi Très-Chrétien fera rendre audit Seigneur Archiduc, de bonne foi &
sans aucun délai ni retardement, tous &
chacun les papiers, Titres & Enseigne-
mens, de quelque nature qu'ils soient,
concernant les terres qui lui dovent être

reſtituées , & autant qu'il s'en trouvera
dans la Chancellerie du Gouvernement &
Chambre d'Enſisheim ou de Briſac , ou
dans les Archives ou en la garde des Officiers, villes & châteaux occupés par ſes
armes.

Que ſi tels Tirres & Enſeignemens ſont
publics, concernant auſſi par indivis les
terres concédées, il en ſera donné à l'Archiduc des copies authentiques toutes les
fois qu'il le requerra.

LX. *Item.* De peur que les différends
mûs entre les Seigneurs Ducs de Savoye
& de Mantouë, au ſujet de Montferrat,
reglés & terminés par l'autorité de l'Empereur Ferdinand II. & de Louis XIII.
Peres , de glorieuſe mémoire, de leurs
Majeſtés , ne ſe renouvellent quelque jour
au préjudice de la Chrétienté; on eſt demeuré d'accord que le Traité de Queraſ-
que du 6. Avril 1631. avec l'exécution
qui s'en eſt enſuivie touchant ce même
Duché de Montferrat, demeurera ferme
& ſtable en tous ſes articles à perpétuité;
à l'exception toutefois de Pignerol & de
ſes appartenances, ainſi qu'il en a été
décidé entre Sa Majeſté Très - Chrétienne,
& le Seigneur Duc de Savoye , qu'ils ſont
acquis au Roi Très - Chrétien & au Roïau-
me de France par des Traités particuliers,
qui demeureront de même fermes & ſta-
bles en tout ce qui regarde le tranſport
ou la ceſſion de Pignerol & de ſes appartenances. S'il y a toutefois quelque cho
ſe dans ces Traités particuliers qui puiſſ
troubler la paix de l'Empire, ou excitee

de nouveaux troubles en Italie, après que la guerre préfente qui fe fait maintenant en cette province aura été finie, cela fera nul & fans effet; ladite ceffion néanmoins demeurant en fa force, ainfi que les autres conditions, dont on eft convenu, tant en faveur du Duc de Savoye, que du Roi Très - Chrétien. C'eft pourquoi leurs Majeftés Impériale & Très - Chrétienne promettent réciproquement qu'en toutes les autres chofes concernant ledit Traité de Querafque, & fon exécution, & fpécialement Albe, Trin, leurs territoires, & les autres lieux, ils n'y contreviendront jamais directement ni indirectement fous prétexte de droit ou par voie de fait; & qu'ils ne fecoureront, ni ne favoriferont point les contrevenans; mais plûtot de leur commune autorité ils tâcheront de faire qu'aucun ne le viole fous quelque prétexte que ce foit; d'autant que le Roi Très-Chrétien à déclare qu'il étoit obligé de procurer en toute façons l'exécution du Traité, & même de le maintenir par les armes, fur tout afin que ledit Seigneur Duc de Savoye, nonobftant les claufes précédentes, demeure toujours & foit maintenu en la pafible poffeffion de Trin, d'Albe & des autres lieux qui lui ont été accordés & affignes dans le Duché de Montferrat par ledit Traité, & par l'inveftiture qui s'en eft enfuivie.

LXI. Et pour étouffer entierement toutes les femences de divifion & de conteftation entre ces mêmes Ducs, Sa Majefté Très - Chrétienne fera payer en argent

comptant au Seigneur Duc de Mantouë
quatre cent quatrevingt quatorze mille
écus, que le Très Chrétien Roi Louis XII.
de glorieuse mémoire, avoit promis de
payer audit Duc de Mantouë, à la décharge du Duc de Savoye; & par la il dé-
déchargera entiérement Monsieur le Duc
de Savoye, ses heritiers ou successeurs
de cette Obligation, & les garantira de
toute demande qui leur pourroit être faite
à raison & à l'occasion de ladite somme
par ledit Seigeur Duc de Mantouë ou
ses Successeurs; de sorte qu'à l'avenir,
sous quelques couleur, moyen, raison ou
prétexte que ce soit, ledit Seigneur Duc
de Savoye, ses heritiers & successeurs n'en
recevront de droit ni de fait aucune inqui-
étude ni véxation dudit Seigneur Duc de
Mantouë ni de ses heritiers & successeurs
lesquels de ce jour & des apresent comme
pour lors, de l'autorité & consentement
de Leur Majesté Impériale & Très Chrétienne, en vertu de ce Traité solemnel
de Paix publique, ne pourront absolument
avoir aucune action en toute cette cause,
contre Monsieur le Duc de Savoye & ses
heritiers & successeurs.

LXII. Sa Majesté Impériale en étant
duement requise, accordera à Monsieur
le Duc de Savoye, avec l'investiture des
anciens Fiefs & états, laquell Ferdinand
II. de glorieuse mémoire, avoit octroyée
au Duc de Savoye Victor-Amedée, l'investiture aussi des Places & Seigneuries,
Etats, & tous autres droits du Montferrat, avec leurs appartenances, qui en

F 4

vertu dudit Traité de Querafque, & de l'exécution qui s'en eft enfuivie, lui ont été cédés & remis; comme auffi des Fiefs de Montfort le Neuf, de Sine, de Montchery, & du Catelet, avec leurs appartenances, fuivant la teneur du Traité d'acquifition fait par ledit Duc Victor Amedée le 13 d'Octobre 1634, & conformément aux conceffions, ou permiffions & approbations de fa Majefté Impériale, avec la confirmation auffi de tous les Privileges quelconques, qui jufqu'ici ont été accordés aux Duc de Savoye, toutes les fois que ledit Seigneur Duc de Savoye en fera la réquifition & demande.

LXIII. *Item.* On eft demeuré d'accord, que le Duc de Savoye, fes héritiers & fucceffeurs ne feront en aucune façon troublés ni inquiétés par Sa Majefté Impériale, dans la Souveraineté ou droit de Souveraineté qu'ils ont fur les Fiefs de Rocheveran, d'Olme, & de Cefoles, avec leurs appartenances qui ne dépendent aucunement de l'Empereur, & que toutes donations & inveftitures étant révoquées & annullées, ledit Seigneur Duc fera maintenu en la poffeffion ou quafi poffeffion defdits Fiefs, &, entant que befoin feroit, réintegré; & pareillement fon Vaffal le Comte de Verrue fera rétabli quant aux mêmes Fiefs d'Olme & de Cefoles, & de la quatrieme partie de Rocheveran dans la poffeffion ou quafi poffeffion, & y fera, comme en tous les fruits, pleinement réintegré.

LXIV. *Item.* On eft convenu que Sa Majefté Impériale fera reftituer aux Comtes Clement & Jean Fils du Comte Charles Cacheran, comme auffi aux enfans de fon Fils Octavian, le Fief entier de la Roche d'Arazzo, avec fes appartenances & dépendances, nonobftant toutes chofes quelconques.

LXV Pareillement l'Empereur déclarera que dans l'inveftiture du Duché de Mantouë font compris les Châteaux de Reggiolo, & Luzzara avec leurs territoires & dépendances, la poffeffion defquels le Duc de Guaftalla fera tenu de rendre au Duc de Mantouë, fauf toutefois fes droits, pour fix mille écus qu'il prétend lui être dûs annuellement, touchant lefquels il pourra fe pourvoir en Juftice devant Sa Majefté Impériale contre le Duc de Mantouë.

LXVI. Auffi-tôt que le Traité de Paix aura été figné de Meffieurs les Plénipotentiaires & Ambaffadeurs, toute hoftilité ceffera, & l'on exécutera d'abord de part & d'autre ce dont on fera convenu. Et afin que cela s'accompliffe d'autant mieux & plus promptement le lendemain de la fignature, la publication de la Paix fe fera folemnellement & en la maniere accoûtumée, par les Carrefours des Villes de Munfter & d'Ofnabrück; après toutefois qu'on aura eu la nouvelle que la paix aura été fignée dans ces deux Villes, & incontinent après cette publication faite, divers Couriers feront envoyez aux Generaux d'Armée pour leur porter en toute diligence la nouvelle de la conclufion de la Paix, & avoir foin que ces Généraux conviennent entr'eux d'un jour, pour derechef faire publier daus chaque Armée la Paix, & la ceffation de toutes hoftilités, & qu'il foit fait commandement à tous & chacun des Officiers de guerre & de Juftice, & aux Gouverneurs des villes & forterefles, de s'abftenir dorénavant de toute forte d'actes d'hoftilité, enforte que s'il arrive qu'après la publication l'on attente ou innove quelque chofe par voie de fait, cela foit incontinent réparé, & remis en fon premier état.

LXVII. Les Plénipotentiaires de part & d'autres conviendront, entre le tems de la conclufion & eelui de la ratification de la Paix, de la maniere, du tems & des fûretés qu'il faudra prendre pour la réfti-tution des Places, & pour le licentiement des Troupes; de forte que les deux partis puiffent être affurés, que toutes les chofes dont on eft convenu, feront fidel·lement accomplies.

LXVIII. Sur tout l'Emperereur publiera des Edits par tout l'Empire, & commen-dera expreffément à ceux qui par ces conventions & cette pacification, font obligés de réftituer ou de fatlsfaire à quelque chofe, que dans l'entretems de la conclufion, & de la ratification de la Paix, ils aïent fans tergiverfation ni fraude, à exe-cuter ce dont on fera convenu; enjoignant tant aux Directeurs qu'aux Colonels de la milice des Cercles de procurer en entier la réftitution due à chacun, conformément à ces conventions & à l'ordonnance de l'exébution lorfqu'ils en feront requis ; l'on inferera auffi dans ces Edits cette claufe, que parce que les Directeurs des Cercles, ou les Colonels de la milice des Cercles, quand il s'agit de leur propre caufe ou réftitution , font éftimés moins propres pour cette exécution; en ce cas , & pareillement s'il arrive que les Directeurs & Colonels de la milice des Cercles refufent cette commiffion , les Directeurs du Cercle voifin, ou lés Colonels de la milice du même Cercle feront tenus de fe charger de l'exécution de ces réftitutioos , même à l'égard des autres Cercles, à la réquifition des intereffés.

LXIX. Que fi quelqu'un de ceux qui doivent être réftitués & rétablis, éftime la préfence des Commiffaires de l'Empereur néceffaire à l'acte de quelque réftitutution, ou exécution (ce qu'on laiffe à leur option) il lui en fera donné fans rétardement; auquel cas, afin que l'effet des chofes tranfigées foit moins empêché, il fera permis tant à ceux qui réftitueront, qu'à ceux qui doivent être réftitués, de nommer incontinent après la conclufion & la fignature de la Paix, deux ou trois Commiffaires de part & d'autre, d'entre lefquels Sa Majefté Impériale en choifira un des nommés par celui qui doit être réftitué, & un autre des nommés auffi par celui qui doit réftituer; en forte toutefois qu'ils foient égaux en nombre de chaque Réligion ; aufquels il enjoindra d'exécuter fans rétardement tout ce qui fe doit faire en vertu de la préfente Tranfaction. Que fi les réftituans négligent de nommer des Commiffaires, Sa Majefté Impériale en choifira un de ceux qu'aura nommé celui qui doit être réftitué, auquel il en joindra un autre tel qu'il lui plaira ; obfervant toutefois que de chaque côté il n'y ait pas plus de Commiffaires d'une Réligion, que de l'autre, aufquels il donnera la commiffion de l'exécution, nonobftant toutes exceptions faites au contraire; de plus, ceux qui doivent être réftitués feront auffi-tôt après la conclufion de la Paix, fignifier le contenu de ces Articles aux intereffés qui ont quelque chofe à réftituer.

LXX. Enfin tous & chacun, foit Etats ou Communautés, ou Particuliers, foit Clers ou Séculiers, qui, en vertu de cette Tranfaction & de ces régles générales, ou par quelque autre difpofition fpéciale & expreffe font obligés de réftituer, céder, donner, faire ou exécuter quelqu'autre chofe que ce foit, feront incontinent après la publication des Edits de l'Empereur, & la notification faite, de réftituer, tenus de rendre, céder, donner faire ou exécuter fans aucun délai ni allégation d'exception foit générale ou particuliere, contenue ci-deffus dans l'Amniftie, & fans aucune fraude, ce à quoi ils font obligés.

Qu'aucun Etat ni Soldat particulierement de garnifon, ou quelqu'autre que ce foit, ne s'oppofe à ce qui fera exécuté par les Directeurs & les Colonels de la milice des Cercles, ou par les Commiffaires;

mais plûtôt qu'ils prêtent la main aux
exécuteurs, & qu'il soit permis aux exécuteurs d'user de force contre ceux qui
tâcheront d'empêcher l'exécution en quelque sorte que ce soit.

LXXI. De plus tous & chacun les prisonniers de part & d'autre sans distinction
de robe ou d'épée seront mis en liberté,
en la maniere qu'il a été où sera convenu
entre les Généraux d'armées, avec l'approbation de Sa Majesté Impériale.

LXXII. La restitution étant faite selon
les Articles de l'Amnistie & des Griefs, les
prisonniers étant délivrés, & les ratifications étant échangées, toutes les Garnisons de l'une & de l'autre part, soit de
l'Empereur, & de ses Associés & Confé-
derés, soit du Roi Très - Chrétien, & de
la Landgrave de Hesse, & de leurs Confédérés & Adhérens, ou de qui que ce soit
qu'elles ayent été établies; seront en même tems, sans exception, retardement,
ni dommage, tirées & mises hors des
villes de l'Empire, & de tous les autres
lieux qu'il faut restituer.

LXXIII. Les lieux mêmes, les Villes,
Cités, Bourgs, Citadelles, Châteaux,
Foteresses, & Forts qui ont été occupés
& retenus, tant dans le Royaume de
Boheme & autres terres de l'Empereur,
& héréditaires de la Maison d'Autriche,
que dans les autres Cercles de l'Empire,
par les parties qui étoient en guerre, ou
qui par une Amnistie de l'une ou de l'autre Partie, ou en autre maniere que ce
soit, ont été concedés à d'autres, seront

fans retasdement restitués à leurs premiers
& légitimes Possesseurs & Seigneurs, soit
qu'ils soient médiatement ou immédiatement Etats de l'Empire, tant Ecclésiastiques que Séculiers, y comprise aussi la
Noblesse libre de l'Empire, & seront laissés en leur libre disposition, soit de droit
ou de coûtume, soit en vertu de la présente Transaction, nonobstant toutes donations, inféodations, concessions (si ce
n'est qu'elles eussent été faites à quelqu'un, de la libre & franche volonté de
quelque Etat,) obligations pour payemens
de rançon de Prisonniers, ou pour détourner le pillage & les incendies, & tous
autres Titres quelconques acquis au préjudice des premiers & légitimes Seigneurs
& Possesseurs; cessant aussi tous pactes &
Traités, & autres exceptions quelconques
contraires à ladite restitution; lesquelles
toutes doivent être tenues pour nulles;
sauf néanmoins les choses qui par les Articles précédens concernant la satisfaction
de Sa Majesté Très-Chrétienne, comme
aussi les concessions & compensations équi-
valentes faites à quelques Electeurs & Princes de l'Empire, ont été exceptées, &
dont il a été autrement disposé. De plus
que la mention du Roi Catholique, & la
nomination du Duc de Lorraine faites
dans le Traité entre l'Empereur & la
Suede, & moins encore le titre de Landgrave d'Alsace donné à l'Empereur n'ap-
portent aucun préjudice au Roi Très-Chrétien; ni que ce qui a été accordé touchant la satisfaction des Troupes Suedoi-

fes ait aucun effet à l'égard de Sa Majefté . & que cette réftitution des Places
occupées tant par Sa Majefté Impériale ,
que par le Roi Très-Chrétien , & les Alliés , Confédérés , & Adhérens de l'un &
de l'autre fe faffe réciproquement & de
bonne foi.

LXXIV. Les Archives , Titres & documens , & les autres meubles , comme
auffi les Canons qui ont été trouvés dans
lefdites Places lors de leur prife , & qui
s'y trouvent encore en nature . foient auffi
réftitués : mais qu'il foit permis d'en emporter avec foi , ou faire emporter ce qui
après la prife des Places y a été conduit,
foit ce qui a été pris en guerre , foit ce
qui y a été porté & mis pour la garde
des Places & l'entretien des Garnifons ,
avec tout l'attirail de guerre , & ce qui
en dépend.

LXXV. Les fujets de chaque Place
foient tenus , lorfque les Soldats & Garnifons en fortiront , de leur fournir gra-
tuitement les chariots , cheveaux & batteaux , avec les vivres néceffaires , pour
en pouvoir emporter toutes les chofes néceffaires aux lieux défignés dans l'Empire ; lefquels chariots , cheveaux & batteaux , les Commandans de ces Garnifons
qui fortiront , feront tenus de rendre de
bonne foi. Que les fujets des Etats fe
chargent les uns après les autres de cette
voiture d'un territoire à l'autre , jufques
à ce qu'ils foient parvenus aufdits lieux
défignés dans l'Empire ; & qu'il ne foit
nullement permis aux Commandans des

Garnisons ou autres Officiers des Troupes d'emmener avec eux lesdits sujets, & leurs chariots, cheveaux & batteaux, ni aucune autre chose prêtée à cet usage, hors des terres de leurs Seigneuries, & moins encore hors de celle de l'Empire; pour assurance dequoi lesdits Officiers seront tenus de donner des ôtages.

Que les Places qui auront été rendues, soit maritimes & frontiéres, soit méditerranées, soient dorénavant & à pérpétuité libres de Garnisons introduites pendant ces dernieres guerres, & soient laissées en la libre disposition de leurs Seigneurs; sauf au reste le droit d'un chacun.

Qu'il ne tourne à dommage, ni à préjudice, maintenant ni pour l'avenir à aucune Ville, d'avoir été prise & occupée par l'une ou par l'autre des Parties qui sont en guerre; mais que toutes & chacune de ces Villes, avec tous & chacuns de leurs Citoyens & Habitans jouissent tant du bénéfice de l'Amnistie générale, que des autres avantages de cette Pacification; & qu'au reste tous leurs droits & Privileges en ce qui regarde le spirituel & le temporel, dont ils ont joui avant ces troubles, leur soient conservés; sauf toutefois les droits de souveraineté avec ce qui en dépend pour chacun de ceux qui en sont les Seigneurs.

LXXVI. Qu'enfin les troupes & les armées de toutes les Parties qui sont en guerre dans l'Empire soient licentiées & congédiées; chacun n'en laissant passer dans ses propres Etats qu'autant seulement
qu'il

qu'il jugera être néceffaires pour fa fûreté.

LXXVII. Les Ambaffadeurs & Plénipotentiaires de l'Empereur, du Roi, & des Etats de l'Empire, promettent de faire agréer & ratifier refpectivement par l'Empereur, le Roi Très-Chrétien, & les Electeurs, Princes & Etats de l'Empire Romain la Paix, telle & en la forme & maniere qu'elle a été réciproquement conclue; & faire enforte que les ratifications en foient fournies à Munfter, & échangées réciproquement dans l'efpace de deux mois, à compter du jour de la fignature.

LXXVIII. Pour plus grande force & fûreté de tous & chacun de ces Articles, cette préfente Tranfaction foit déformais une loi perpétuelle, & une Pragmatique fanction de l'Empire, ainfi que les autres Loix & Conftitutions fondamentales de l'Empire, laquelle fera inferée dans le prochain recès de l'Empire, & même dans la Capitulation Impériale; n'obligeant pas moins les abfens que les préfens, les Eccléfiaftiques que les Séculiers, foit qu'ils foient Etats de l'Empire ou non; fi bien que ce fera une regle prefcrite que devront fuivre perpétuellement tant les Confeillers & Officiers Impériaux, que ceux des autres Seigneurs, comme auffi les Juges & Affeffeurs de toutes les Cours de Juftice. Qu'on ne puiffe jamais alléguer, entendre, ni admettre contre cette Tranfaction, ou aucuns de fes Articles & claufes, aucun droit Canonique ou Civil, ni aucuns Décrets communs ou fpéciaux des Conciles, Privileges, Indults,

Edits, Commiffions, Inhibitions, Mandemens, Decrets, Refcrits, Litifpendances,
& Sentences rendues en quelque tems que
ce foit, chofes jugées, Capitulations Impériales, & autres regles où exemptions
d'Ordres Religieux, proteftations précédentes ou futures, contradictions, appellations, inveftiture, Tranfactions, fermens, renonciations, toutes fortes de
pactes, moins encore l'Edit de 1629,
ou la Tranfaction de Prague avec fes dépendances, ou les Concordats avec les
Papes, ou l'*Interim* de l'an 1543, ou
aucuns autres Statuts politiques, ou Décrets Eccléfiaftiques, difpenfes, abfolu-
tions, ou aucunes exceptions qui pourroient être imaginées fous quelque nom
ou prétexte que ce foit ; & qu'il ne foit
intenté en quelque lieu que ce foit aucuns
Procès, ni actions, foit inhibitoires ou
autres au petitoire & au poffeffoire contre
cette Tranfaction.

LXXIX. Celui qui aura contrevenu
par aide ou par confeil à cette Tranfaction,
& paix publique, ou qui aura refifté à
fon exécution, & à la réftitution fufdite,
ou qui après que la réftitution aura été
faite légitimément & fans excès en la maniere dont il a été ci-deffus convenu, aura
tâché fans une légitime connoiffance de
caufe, & hors de l'exécution ordinaire
de la juftice, de molefter de nouveau
ceux qui auront été rétablis, foit Eccléfiaftique, ou Séculier, qu'il encoure de
droit & de fait la peine due aux infracteurs de Paix, & que felon les Conftitutions

de l'Empire il soit décreté contre lui, afin que la réstitution & réparation du tort ait son plein effet.

LXXX. Néanmoins la Paix conclue demeure en sa force & vigueur, & que tous ceux qui ont part à cette Transaction, soient obligés de défendre & protéger toutes & chacunes les Loix ou conditions de cette Paix, contre qui que ce soit sans distinction de Religion; & s'il arrive que quelque point en soit violé, l'offensé tâchera premièrement de détourner l'offensant de la voie de fait en soumettant la cause à une composition amiable, ou aux procédures ordinaires de la Justice; & si dans l'espace de trois ans le différend ne peut être terminé par l'un ou l'autre de ces moyens, que tous & chacun des Intéressés en cette Transaction soient tenus de se joindre à la Partie lesée, & de l'aider de leur conseil & de leurs forces à repousser l'injure, après que l'offensé leur aura fait entendre que les voies de douceur & de justice n'ont servi de rien; sans préjudice toutefois au reste de la Jurisdiction d'un chacun, & de l'administration compétente de la Justice, suivant les Loix & Constitutions de chaque Prince & Etat, & qu'il ne soit permis à aucun Etat de l'Empire de poursuivre son droit par force & par armes; mais s'il est arrivé, ou s'il arrive ci-après quelque démêlé, que chacun tente les voies ordinaires de la justice, & quiconque fera autrement, qu'il soit tenu pour infracteur de la Paix. Mais que ce qui aura été défini par Sentence du Juge foit mis à exécution fans diftinc-tion d'Etats, comme le portent les Loix de l'Empire fur l'exécution des Arrêts & Sentences.

LXXXI. Et afin auffi de mieux affer-mir la Paix publique, que les Cercles foient remis en l'état qu'ils doivent être, & dès qu'on verra de quelque côté que ce foit quelques commencemens de trou-bles & de mouvemens, que l'on obferve ce qui a été arrêté dans les conftitutions de l'Empire touchant l'exécution & la confervation de la Paix publique.

LXXXII. Toutes les fois que quelqu'un voudra, pour quelque occafion ou en quel-que tems que ce foit, faire paffer des Soldats par les terres ou les frontieres des autres, ce paffage s'en fera aux dépens de celui à qui les Soldats appartiendront; & cela fans caufer aucun dégat. domma-ge, ni incommodité, à ceux par les ter-res defquels ils pafferont. Enfin l'on ob-fervera étroitement ce que les Conftitu-tions Impériales déterminent & ordonnent touchant l'exécution & la confervation de la Paix publique.

LXXXIII. Dans ce préfent Traité de Paix font compris ceux qui avant l'echan-ge de la ratification, où qui dans fix mois après feront nommés par l'une ou l'autre Partie, d'un commun accord y eft com-prife la république de Venife, comme Médiatrice de ce Traité.

LXXXIV. Il ne pourra auffi apporter ja-mais aucun préjudice aux Ducs de Savoye & de Modene, fous couleur de la guerre

qu'ils ont faits ou font encore en Italie
pour le Roi Très-Chrétien.

En foi de toutes & chacune de ces
chofes, & pour leur plus grande force,
les Ambaffadeurs de Leurs Majeftés Impériale & Très-Chrétienne, & ceux de tous
les Electeurs, Princes & Etats de l'Empire, fpécialement députés par lui pour cet
Acte en vertu de celui qui a été conclu
le 13. d'Octobre de l'année ci-deffous mar-
quée, & qui a été délivré fous le Sceau
de la Chancellerie de Mayence à l'Ambaffadeur de France le propre jour de la
fignature ; favoir, Nicolas-George de
Reigefperg, Chevalier Chancelier, au
nom de l'Electeur de Mayence ; Jean-
Adolphe Krebs, Confeiller d'Etat, au nom
de l'Electecteur de Baviere; Jean Comte
de Sain & de Witgenftein, Seigneur de
Vallendar, Confeiller d'Etat ; au nom de
l'Electeur de Brandebourg, Georges-Ul-
ric Comte de Wolckenftein, Confeiller
Aulique ; au nom de la Maifon d'Autriche,
Corneille Gobelius, Confeiller de l'Evêque de Bamberg ; Sébaftien-Guillaume
Meel, Confeillers d'Etat de l'Evêque de
Würtzbourg; Jean-Erneft, Confeiller Aulique du Duc de Baviere ; Wolfgang-Con-
rad de Tumbsheim, Confeiller d'Etat de
Saxe-Altembourg & Cobourg ; Augufte
Carpzovius, auffi Confeiller de Saxe Al-
tembourg & Cobourg; Jean Fromhold,
Confeiller d'Etat de la Maifon de Brandebourg Culmbach & Anfpach ; Henri Langenbeck, Confeiller fecret de la Maifon
de Brunfwick-Lunebourg de la ligne de

Zell; Jaque Lampadius, Jurisconsulte, Conseiller d'Etat de la Branche de Calemberg & Vice-Chancelier; Matthieu Wesembec, Jurisconsulte & Conseiller; au nom des Comtes du Banc de Weteravie, & au nom de l'un & l'autre Banc; Marc Otton de Strasbourg, Jean-Jaques Wolff de Ratisbonne, David Gloxinus de Lubec, Louis-Christophe Kres de Kressenstein de Nuremberg, respectivement Syndics, Sénateurs, conseillers & Avocats; tous lesquels Députés ont signé de leur propre main, & muni de leurs cachets ce présent Traité de Paix; ont promis d'en fournir les ratifications de leurs Supérieurs dans le tems préfix, & en la forme dont il a été convenu; laissent la liberté aux autres Plénipotentiaires des Etats de signer, si bon leur semble, & de faire venir les ratifications de leurs Supérieurs; mais à condition que par la souscription des Ambassadeurs & Députés ci-dessus nommés tous & chacun des autres Etats qui différent de signer & ratifier le présent Traité de Paix, ne soient pas moins tenus de maintenir & observer ce qui y est convenu, que s'ils l'avoient réellement signé & ratifié; & aucune protection ou contradiction ne sera reçue par le Directoire de l'Empire Romain, & ne vaudra contre la souscription faite par lesdits Députés.

Fait & conclu à Munster en Westphalie le vingt-quatriéme jour d'Octobre 1648.

TRAITÉ DE PAIX

Conclu entre les Ambassadeurs de Sa Sacrée Majesté Impériale & ceux de Sa Sacrée Majesté Suédoise , comme aussi les Députés extraordinaires du Saint Empire Romain & les Ministres Plénipotentiaires de quelques autres Electeurs , Princes & Etats , & signé à Osnabrück le 24. d'Octobre 1648.

Avec la Ratification Impériale & celle de la Reine de Suede.

Au nom de la Sainte & Indivisible Trinité, Ainsi soit-il.

Qu'il soit notoire à tous & à un chacun à qui il appartient , ou en quelque maniere que ce soit, il pourra appartenir, qu'après que les divisions & les troubles qui avoient commencé depuis plusieurs années dans l'Empire Romain, eurent crû jusqu'au point que non seulement toute l'Allemagne , mais encore quelques Royaumes voisins , principalement la Suede & la

France , s'y feroient trouvés tellement enveloppés , qu'il feroit né de-là une longue & rude guerre : En premier lieu, entre le Séréniflime & très-puiffant Prince & Seigneur le Seigneur Ferdinand II, élû Empereur des Romains, toujours Augufte, Roi d'Allemagne , de Hongrie , de Boheme , de Dalmatie , de Croatie , de Sclavonie , &c. Archiduc d'Autriche , Duc de Bourgogne , Brabant , Stirie , Carinthie, & Carniole , Marggrave de Moravie, Duc de Luxembourg , de la haute & baffe Silefie, de Wirtemberg & Tecke , Prince de Suabe , Comte de Hapsbourg, Tirol, Kibourg & Goritie ; Landgrave d'Alface , Marggrave du faint Empire , de Burgau, de la haute & baffe Luface , Seigneur de la Marche Efclavone, de Port-Mahon & de Salins, de glorieufe mémoire, fes Confédérés & Adhérens, d'une part; & le Séréniffime & très-puiffant Prince & Seigneur le Seigneur Guftave-Adolphe , Roi de Suede, des Goths & des Vandales, Grand Duc de Finlande , Duc d'Eftonie & de Carelie , Seigneur d'Ingrie , auffi de glorieufe mémoire , le Royaume de Suede, fes Alliés & Adhérens, d'autre part ; & après leur décès , entre le Séréniffime & très-puiffant Prince & Seigneur , le Seigneur Ferdinand III. élû Empereur des Romains, (*les titres comme ci-deffus*) avec fes Alliés & Adhérens, d'une part , & la Séréniffime & très-puiffante Princeffe & Dame, Chriftine, Reine de Suéde (*comme ci-deffus*) le Royame de Suéde, fes Alliés & Adhérens, d'autre part : d'où s'eft en-

fuivie une grande effufion de fang Chrétien, & la défolation de plufieurs Provinces : Enfin il eft arrivé par un effet de la
Bonté Divine, que l'on a tourné de part
& d'autre fes penfées au moyen de faire
la Paix générale, & que pour cet effet
par une Convention mutuelle, faite à
Hambourg le 25 (nouveau ftile) ou le 15
de Décembre (vieux ftile) de l'an 1641,
entre les Parties, il a été affigné d'un
commun accord le 11 (nouveau ftile) ou
le premier jour de Juillet (vieux ftile) de
l'an 1643, pour commencer l'affemblée
des Miniftres Plénipotentiaires à Ofnabruck
& à Munfter en Weftphalie, enfuite de
quoi les Ambaffadeurs Plénipotentiaires,
légitimement établis de part & d'autre,
ayant comparu au tems & au lieu nommés, favoir de l'Empereur, les très-Illuftres & très-Excellens Seigneurs, les Seigneurs Maximilien Comte de Trautmanfdorff & de Weinsberg, Baron de Glei-
chemberg, de Neuftadt fur le Cochre, de
Negau, de Burgau & de Torzembach,
Seigneur de Teinitz, Chevalier de la Toifon d'Or, Confeiller Intime & Chambellan de Sa Sacrée & Impériale Majefté, &
Grand-Maître de fa Cour ; comme auffi
le Seigneur Jean Maximilien, Comte de
Lamberg, libre Baron d'Orteneck & d'Ot-
tenftein, Seigneur de Stockaren & d'Am-
merang, Bourggrave de Steyer, &c. & Jean
de Crane, Chambellan de fa dite Sacrée
& Impériale Majefté, Licentié ès Droits,
& Comte Palatin, Confeillers Impériaux
Auliques; & de la part de la Reine de

Suéde, les très Illuftres & très Excellens Seigneurs, le Seigneur Jean Oxenftiern Axelfon, Comte de la Morée Auftrale, Libre Baron de Kymithe & Ninääs, Seigneur de Fyholm, Alhut, Hörningsholm, Suderbö & Lidöö, Sénateur du Royaume de Suéde, & Confeiller de la Chancelerie, & le Seigneur Jean Adler Salvius, Seigneur d'Adlersbourg, Hatfefeld, Willdenbruch & de Tüllingen, Sénateur du Royaume de Suéde, Confeiller privé de Sa Majefté Royale, & Chancelier de fa Cour, après avoir invoqué l'affiftance de Dieu, & réciproquement échangé les Originaux des Pleins-pouvoirs, dont les copies feront inferées, mot à mot à la fin fin du préfent Traité, ils ont tranfigé & accordé entre eux, à la gloire de Dieu, & au falut de la République Chrétienne, en la préfence, & avec l'approbation & le confentement des Electeurs, Princes & Etats du St. Empire Romain, les Articles de Paix & d'Amitié dont la teneur s'enfuit.

ARTICLE I.

Rétabliffement de la Paix.
Il y aura une Paix Chrétienne, univerfelle & perpétuelle, & une Amitié vraie & fincére entre Sa Sacrée Majefté Impériale, la Maifon d'Autriche, & tous fes Alliés & Adhérens, & les Héritiers & Succeffeurs d'un chacun; principalement le Roi Catholique, & les Electeurs, Princes & Etats de l'Empire, d'une part, &

Sa Sacrée Majefté Royale & les Royaume
de Suéde, & tous fes Adhérens & Alliés,
& les Succeffeurs & héritiers d'un chacun, principalement le Roi Très-Chrétien,
& réfpectivement les Electeurs, Princes
& Etats de l'Empire, d'autre part; &
cette Paix fera obfervée & cultivée fi
fincérement & fi férieufement, que chaque partie procure l'utilité, l'honneur &
l'avantage l'une de l'autre : & qu'ainfi de
tous côtés on voye renaître & refleurir le
bon & fidéle voifinage & un attachement
inviolable pour entretenir cette Paix &
Amitié entre tout l'Empire Romain & le
Royaume de Suéde, & réciproquement
entre le Royaume de Suédé & l'Empire
Romain,

ARTICLE II.

Il y aura de part & d'autre un oubli Amniftie
perpétuel & une amniftie générale de tout de touté
ce qui a été fait depuis le commence-hoftilité,
ment de ces troubles, en quelque lieu ou
en quelque maniere que les hoftilités ayent
été exercées par l'une ou l'autre Partié,
de forte que ni pour aucune de ces chofes, ni fous aucune autre caufe ou prétexte, l'on n'exerce ou faffe exercer, ni
ne fouffre qu'il foit fait ci-après de l'une
contre l'autre aucun acte d'hoftilité ou
d'inimitié, de véxation ou d'empêchement, ni quant aux perfonnes, ni quant à
leur état, ni quant à leurs biens ou à
leur fûreté, foit par foi-même ou par

d'autres, en cachette ou ouvertement, directement ou indirectement, fous couleur de droit ou par voie de fait, ni au dedans, ni en quelqu'autre lieu hors de l'Empire, nonobftant tous Pactes contraires, faits auparavat; mais que toutes les injures, violences, hoftilités, dommages & dépenfes, qui ont été faites & caufées de part & d'autre, tant avant que pendant la guerre, de fait, de parole, ou par écrit, fans aucun égard aux perfonnes, ou aux chofes, foient entiérement abolies; fi bien que tout ce que l'un pourroit demander & prétendre fur l'autre pour ce fujet, foit enfeveli dans un perpétuel oubli.

ARTICLE III.

Réftitution géne-rale.

1. Selon ce fondement d'une Amniftie générale & non limitée, tous les Electeurs, Princes & Etats du St. Empire Romain, y compris la Nobleffe, qui reléve immédiatement dudit Empire, leurs Vaffaux, Sujets, Citoyens & Habitans, & chacun d'eux, aufquels à l'occafion des troubles de la Boheme & de l'Allemagne, ou des Alliances contractées çà & là, il a été fait de l'une & de l'autre part quelque préjudice ou dommage en quelque maniere, ou fous quelque prétexte que ce puiffe être, tant en leurs domaines, biens féodaux, fous-féodaux & allodiaux, qu'en leurs dignités, immunités, droits & privileges, foient pleinement rétablis de part & d'autre au même état, pour

le fpirituel & pour le temporel, qu'ils en jouiffoient ou pouvoient en jouïr de droit, avant qu'ils y fuffent troublés, nonobftant tous changemens faits au contraire, lef- quels demeureront annullés.

2. Mais comme telles & femblables ré- ftitutions fe doivent toutes entendre, fauf les Droits quelconques, tant du Domaine direct que de l'utile, qui appartiennent dans les Biens, qui font à réftituer, foit Séculiers ou Eccléfiaftiques, à celui qui les réftitue, ou à celui à qui on les réfti- tue, ou à quelque tierce perfonne; fauf auffi les droits dont il y a procès, pendant à la Cour Impériale, ou en la Chambre Impériale, ou dans les autres Tribunaux immédiats ou médiats de l'Empire; ainfi cette claufe falutaire, ou d'autres plus fpéciales, mentionnées ci-après, ne pour- ront en aucune façon empêcher cette ré- ftitution : mais ces compétens droits, actions, exceptions & procès feront, après la reftitution faite, examinés, difcutés & expédiés pardevant le Juge compétent. Cette réferve ne portera non plus aucun préjudice à l'Amniftie univerfelle & illimi- tée, ni ne s'étendra aux prefcriptions, confifcations, & autres femblables aliéna- tions, & moins encore dérogera-t'elle aux Articles qui feront autrement convenus, & particuliérement à l'accommodement des griefs; car il paroîtra ci-deffous dans l'Article de l'accommodement des griefs Eccléfiaftiques, quel droit ceux, qui font ou feront reftitués, auront dans les Biens Eccléfiaftiques, qui ont été jufqu'à préfent en débat & en conteftation.

ARTICLE IV.

Points fondés sur l'amniftie.

1. Or bien qu'on puiffe facilement juger par la précédente régle générale de ceux, qui font à réftituer, & jufqu'à quel point, ils doivent l'être; on à pourtant voulu fur l'inftance de quelques-uns faire mention de quelques caufes de la plus grande importance, ainfi qu'il en fuit : en forte néanmoins que ceux, qui ne font pas expreffément nommés & ne font pas déclarés inadmiffibles, ne foient point pour cela réputés pour omis ou pour exclus.

2. Sur tout la Caufe de la Maifon Palatine a été portée par l'Affemblée d'Ofnabrück & de Munfter fur le point, que cette conteftation, qui avoit duré fi long-tems, a été terminée en la maniere fuivante.

3. En premier lieu, pour ce qui regarde la Maifon de Baviere, la Dignité Electorale, que les Electeurs Palatins ont eu ci-devant, avec tous les droits régaliens, offices, préféances, ornemens & droits quelconques, appartenans à cette Dignité, fans en excepter aucun, comme auffi le haut Palatinat & le Comté de Cham, avec toutes leurs appartenances, droits régaliens, & autres droits, demeureront comme pour le paffé ainfi qu'à l'avenir au Seigneur Maximilen, Comte Palatin du Rhin, Duc de Baviere, à fes Enfans & à toute la branche Guillelmine, tandis qu'il en reftera des Princes mâles.

4. Réciproquement l'Electeur de Baviere renoncera entiérement pour lui, ſes Héritiers & Succeſſeurs, à la dette de treize millions, & à toute prétention ſur la haute Autriche ; & remettra, auſſi-tôt la Paix conclue, à Sa Majeſté Impériale tous les Actes obtenus ſur cela, pour étre caſſés & annullés.

5. Et pour ce qui concerne la Maiſon Palatine, l'Empereur avec l'Empire conſent par le motif de la tranquillité publique, qu'en vertu de la préſente Convention, il ſoit établi un huitiéme Electorat, dont le Seigneur Charles-Louis, Comte Palatin du Rhin, & ſes Héritiers déſcendans & collatéraux de toute la Ligne Rodolphine, jouiront, ſuivant l'ordre de ſucceſſion exprimé par la Bulle d'Or ; en ſorte néanmoins, que le méme Seigneur Charles-Louis, ni ſes ſucceſſeurs ne puiſſent avoir d'autres droits que l'inveſtiture ſimultanée ſur ce qui a été attribué avec la Dignité Electorale à l'Electeur de Baviére, & à toute la Branche Guillelmine.

6. Outre cela tout le Bas-Palatinat ; avec tous & chacun des biens Eccléſiaſtiques & Séculiers, droits & appartenances, dont les Electeurs & Princes Palatins ont joui avant les troubles de Bohéme, comme auſſi tous les documens, regîtres, comptes & autres actes en dépendans, lui feront entiérement rendus : au moyen de quoi tout ce qui a été fait au contraire ſera caſſé, ce qui ſortira ſon effet d'autorité Impériale : de ſorte que ni le Roi Catholique, ni aucun autre, qui en occupe

quelque chofe , ne puiffe s'oppofer en aucune façon à cette réftitution.

7. Cependant comme certains Bailliages
de la Bergftrafe appartenans d'ancienneté
à l'Electeur de Mayence furent engagés
en l'an 1463 , aux Comtes Palatins pour
une certaine fomme d'argent , à condition
de rachat perpétuel , on eft pour cette
raifon convenu , que ces mêmes Bailliages
demeureront au Seigneur Electeur de
Mayence qui occupe à préfent le Siége &
à fes Succeffeurs en l'Archevêché de
Mayence , pourvû que le prix de l'engagement , qu'il a offert de bon gré , foit
payé argent comptant dans le terme préfix de l'exécution de la Paix conclue , &
& qu'il fatisfaffe aux autres conditions,
auxquelles il eft obligé par la teneur de
l'Acte d'engagement.

8. Il fera auffi libre à l'Electeur de
Trèves, en qualité d'Evêque de Spire, &
à l'Evêque de Worms, de pourfuivre par
devant le Juge compétent les droits, qu'ils
prétendent fur certains Biens Eccléfiaftique fitués dans le territoire dudit Palatinat,
fi ce n'eft que de part & d'autre, ces
Princes s'en accommodent entre eux à
l'amiable.

9. S'il arrivoit, que la Ligne Guillelmine mafculine vint à défaillir entiérement,
la Palatine fubfiftant encore, non feulement le Haut-Palatinat, mais auffi la Dignité Electorale dont les Ducs de Baviere
font en poffeffion , retourneront auxdits
Comtes Palatins furvivans, qui en attendant jouiront de l'Inveftiture fimultanée;
&

& alors le huitième Electorat demeurera entiérement éteint & supprimé; mais le Haut-Palatinat retournant en ce cas aux Comtes Palatins survivans, les actions & les bénéfices, qui de droit appartiennent aux Héritiers allodiaux de l'Electeur de Bavière leur feront conservés.

10. Les Pactes de famille faits entre la Maison Electorale de Heidelberg & celle de Neubourg; confirmés par les Empereurs défunts, touchant la succession Electorale; comme aussi les droits de toute la ligne Rodolphine, en tant qu'ils ne sont pas contraires à la présente disposition; feront conservés & maintenus en leur entier.

11. De plus, si l'on justifie par la voie compétente de droit, que quelques fiefs du Pays de Juliers se trouvent ouverts; ils feront évacués au profit des Comtes Palatins.

12. D'avantage, pour décharger en quelque façon le Seigneur Charles-Louis de ce qu'il est obligé de fournir à ses freres pour appanage, Sa Majesté Impériale ordonnera, qu'il soit payé à ses-dits freres quatre cens mille écus d'Empire dans le terme de quatre ans, à compter du commencement de l'an prochain 1649. à raison de cent mille écus d'Empire par an avec les intérêts à cinq pour cent.

13. En outre toute la Maison Palatine, avec tous & chacun de ceux, qui lui font ou ont été en quelque forte que ce soit attachés, mais principalement les Ministres, qui ont été employés pour elle

en cette Affemblée ou ailleurs, auffi bien
que ceux, qui font ou ont été exilés du
Palatinat, jouiront de l'amniftie générale,
ci-deffus décrite, avec pareils droits comme les autres, qui font compris dans ladite amniftie, & particuliérement dans
cette tranfaction, ce qui fera de la maniere la plus complette, même pour ce qui
regarde le point des griefs.

14. Réciproquement le Seigneur Charles-Louis avec fes freres rendra obéiffan-
& gardera fidélité à Sa Majefté Impériale
tout de même, que les autres Electeurs
& Princes de l'Empire, & tant lui que
fes freres renonceront pour eux & pour
leurs héritiers au Haut-Palatinat pour tout
le tems, qu'il reftera des Héritiers mâles
& légitimes de la Branche Guillelmine.

15. Comme il a auffi été propofé de
pourvoir à la fubfiftance de la Doüairiere
Mere du fufdit Prince, & d'affûrer la dot
aux fœurs du même Prince, Sa Majefté
Impériale, pour marque de fon affection
envers la Maifon Palatine, a promis de
faire payer une fois pour toutes, vingt-
mille écus d'Empire pour la fubfiftance
de ladite Dame Doüairiere Mere, & dix-
mille écus d'Empire à chacune des fœurs
du fufdit Seigneur Charles-Louis, lorfqu'elles fe marieront: mais quant au refte,
le même Prince Charles-Louis fera tenu
d'y fatisfaire.

16. Ledit Seigneur Charles-Louis & fes
Succeffeurs au bas Palatinat, ne troubleront en aucune chofe les Comtes de Leiningen & de Dagsbourg, mais les laifferont

jouir & user tranquillement & paisiblement
de leurs droits, obtenus depuis plusieurs
siécles, & confirmés par les Empereurs.

17. Il laissera inviolablement la Noblesse libre de l'Empire, qui est dans la
Franconie, la Suabe, & le long du Rhin,
ensemble les Districts, qui appartiennent
à ladite Noblesse, en leur état immédiat.

18. Les Fiefs conférés par l'Empereur
au Baron Gerhard de Waldembourg dit
Schenkern, à Nicolas-George Reigersberg,
Chancelier de Mayence, & à Henri
Brombser, Baron de Rudesheim, comme
aussi par l'Electeur de Baviere au Baron
Jean Adolphe Wolff, dit Méternich, leur
demeureront en leur entier; ces Vassaux
feront pourtant tenus de prêter le serment
de fidélité au susdit Seigneur Charles-
Louis, comme à leur Seigneur direct, &
à ses Successeurs, de lui demander le renouvellement de leurs Fiefs.

19. Ceux de la Confession d'Augsbourg,
qui étoient en possession des Eglises, &
entre autres les Bourgeois & Habitans
d'Oppenheim, seront conservés dans l'E-
tat Ecclésiastique de l'année 1624, & il
fera libre aux autres, qui le désireront, de
pratiquer l'exercice de la Confession
d'Augsbourg, tant en public dans des Eglises aux heures arrêtées, qu'en particulier
dans leurs propres maisons, ou autres à
ce destinées, par leurs Ministres de la
Parole Divine, ou par ceux de leurs voisins.

20. Le Prince Louis-Philippe, Comte
Palatin du Rhin, recouvrera tous les Pays,
dignités & droits, tant par rapport aux

chofes facrées qu'à l'égard des profanes,
qui lui font échus de fes Ancêtres avant
cette guerre par fucceffion & partage.

21. Le Prince Frederic, Comte Palatin
du Rhin, recevra & retiendra refpectivement le quart du péage de Viltzbach,
comme auffi le Cloître de Hornbach avec
les appartenances, & tous les droits, que
fon Pere y avoit & poffedoit ci-devant.

22. Le Prince Leopold-Louis, Comte
Palatin du Rhin, fera pleinement rétabli
dans le Comté de Veldentz fur la Mo-
felle, au même état, tant pour les chofes
Eccléfiaftiques que pour les Politiques,
que fon Pere le poffedoit l'an 1624, nonobftant tout ce qui a été jufqu'ici attenté
au contraire.

23. Le différend, qui eft refpectivement
entre les Evêques de Bamberg & de Wirtzbourg, & les Margraves de Brandebourg-
Culmbach & Onoltzbach, touchant le
Château, Ville, Bailliage & Monaftere de
Kitzingen fur le Mein en Francomie, fera
terminé dans l'efpace de deux ans par un
accommodement à l'amiable, ou par la
voie de Droit, moyennant un procès
fommaire, fous peine au refufant de perdre fa prétention; cependant la Forterefle
de Viltzbourg fera rendue aufdits Seigneurs Marggraves au même état, qui fut
décrit, lorfqu'elle fut livrée, fuivant l'accord & la ftipulation.

Reftitu-   24. La Maifon de Wirtemberg fera
tion de la laiffée paifible dans la poffeffion recou-
Maifon de vrée des Bailliages de Weinsberg, Neu-
Wirtem- ftadt, & Meckmühle; comme auffi elle
berg.

fera rétablie en tous les biens & droits
Séculiers & Eccléfiaſtiques, qu'elle poſſédoit, en quelque lieu que ce ſoit, avant
ces troubles; & entre autre autres ſpécialement dans les Bailliages de Blaubeuern,
Achalm & Stauffen, avec leurs apparte-
nançes, & les Biens occupés, fous le
prétexte qu'ils en dépendoient, principalement dans la Ville & le territoire de
Göppingen, & le Village de Pflumeren, de
même que les revenus pieuſement fondés
pour l'entretien de l'Univerfité de Tübingen; Elle recouvrera auſſi les Bailliages
de Heidenhiem & d'Oberkirch, item les
Villes de Balingen, Tutlingen, Ebingen &
Roſenfeld, comme auſſi le Château &
Village de Neidlingen, avec ſes appartenances, de même que Hohentwiel, Ho-
henaſperg, Hahenaurach, Hohentübingen,
Albeck, Hornberg, Schiltach, avec la
Ville de Schorndorff. On lui réſtituera pareillement les Egliſes Collégiales de Stout-
gard, Tübingen, Herrenberg, Göppingen
& Bachnang; comme auſſi les Abbayes,
Prevôtés & Monaſteres de Bebenhaufen,
Maulbron, Anhauſen, Lorch, Adelberg,
Derkendorff, Hirſchau, Blaubeuern, Her-
prechtingen, Murhard, Albersbach, Kœ-
nigsbrun, Herrenalb, de Saint George,
Reichenbach, Pfullingen & Lichtenſtern
ou Mariencron, & ſemblables, avec tous
les documens qui ont été fouftraits; fauf
toutefois & réfervé tous droits, actions,
exceptions, & les remédes & bénéfices
de droit prétendus par la Maiſon d'Autriche & par celle de Wirtemberg ſur les

Baillages de Blaubeuern, Achalm & Stauffen.

25. Les Princes de Wirtemberg, de la
Branche de Montbelliard, feront auffi rétablis en tous leurs Domaines, fitués en
Alface & ailleurs, & nommément aux deux
fiefs de la Haute-Bourgogne, Clerval &
Paffavant, & feront réintégrés par l'une
& l'autre partie dans le même état, droits,
prérogatives, & fpécialement en leur mou-
vance immédiate de l'Empire Romain,
dont ils ont joui avant le commencement
de ces guerres, & dont jouiffent ou doivent jouir les autres Princes & Etats de
l'Empire

Accom-
mode-
ment des
différens
de Baden.

26. Pour l'affaire, qni regarde la Maifon de Baden, il en a été convenu comme il s'enfuit:

27. Frédéric, Marggrave de Baden &
de Hochberg, & fes fils & héritiers,
avec tous ceux qui leur ont rendu ou
rendent encore fervice, de quelque nom
& condition qu'ils foient, jouiront de
l'amniftie décrite ci-deffus és Articles fecond & troifiéme avec toutes fes claufes
& avantages; & en vertu d'icelle ils feront
pleinement rétablis dans le même état,
tant à l'égard des chofes Eccléfiaftiques
que des Séculieres, auquel fe trouvoit le
Seigneur George-Frédéric, Marggrave de
Baden & de Hochberg, avant la naiffan-
ce des troubles de Bohème, tant en ce
qui regarde le Bas-Marggraviat de Baden,
qu'on nomme communément Baden-Dour-
lach, qu'en ce qui concerne le Marggraviat de Hochberg, & les Seigneuries de

Rötelen, Badenweiler, & Sauffemberg, nonobftant tous changemens quelconques furvenus au contraire, lefquels font annullés pour cet effet. Enfuite, les Baillages de Stein & de Renchingen, qui avoient été cédés au Marggrave Guillaume de Baden, feront réftitués au Marggrave Frédéric, avec tous les droits, titres, papiers, & autres appartenances, fans aucune charge de dettes contractées pendant ce tems par ledit Marggrave Guillaume de Baden, ni à raifon des fruits, intérêts & dépens, portés par la Tranfaction paffée à Etlingen l'an 1629. de forte que toute cette action concernant les dépens & les fruits perçus & à percevoir, avec tous dommages & intérêts, à compter du tems de la prémiere occupation, fera entiérement abolie & éteinte. Le fubfide annuel, que l'on avoit accoutumé de payer du Bas-Marggraviat au Haut-Marggraviat, fera auffi entiérement éteint, fupprimé & annullé en vertu des préfentes, fans que pour ce fujet on en puiffe prétendre ou exiger déformais aucune chofe, foit pour le paffé, foit pour l'avenir. Le pas & la préféance feront alternatifs entre les deux Branches de Baden; favoir celle du Bas & celle du Haut-Marggraviat, aux Commices, aux Diétes du Cercle de Suabe, & à toutes les Affemblées générales ou particulieres de l'Empire, ou autres quelconques; toutefois pour le préfent, la préféance demeurera au Marggrave Frédéric tant qu'il vivra.

28. Pour ce qui eft de la Baronnie de Gerols-Hohengerolfeck; il a été convenu, que eck.

fi la Dame Princeſſe de Baden prouve ſu-
fiſamment par piéces & titres authentiques
les droits par Elle prétendus ſur ladite
Baronnie, la reſtitution lui en ſera faite
incontinent après la Sentence ſur ce rendue, avec tout ce qui en dépend & tout
le droit qui lui appartient en vertu deſdits
titres ; ce procès doit être terminé dans
l'eſpace de deux ans, à compter du jour
de la publication de la Paix. Enfin il ne
ſera allegué ni admis en aucun tems, de
part ni d'autre, contre cette Convention
ſpeciale, aucunes actions, transactions ou
exceptions, clauſes générales ou ſpéciales
compriſes dans ce Traité de Paix, auxquelles on a dérogé expreſſément & à perpétuité pour ce regard, & en vertu de
cet article.

29. Le Duc de Croy jouira de l'effet de
l'amniſtie générale, & la protection du
Roi Très-Chrétien ne lui tournera à aucun préjudice pour ſa dignité, ſes privilèges, honneurs & biens, ni pour aucun
autre regard que ce ſoit. Il poſſedera auſſi
paiſiblement ſa part du Domaine de Winſtingen, laquelle ſes Ancêtres ont poſſedée,
comme la poſſéde encore à préſent, à
titre de Doüaire, la Dame ſa mere, ſauf
les droits de l'Empire en l'état qu'ils étoient
avant ces troubles, à l'egard dudit Domaine de Winſtingen.

Naſſau-
Siegen.
30. Quant au différend de Naſſau-Sie-
gen contre Naſſau-Sarbruck, ce différend
ayant été remis par une Commiſſion Imperiale, l'année 1643. à un accommodement à l'amiable, reprendra la meme

commiſſion, & l'affaire ſera entierement terminée à l'amiable, comme dit eſt, ou décidée par Sentence juridique par devant le Juge compétent, & le Comte Jean Maurice de Naſſau & ſes freres demeureront ſans aucun trouble dans la poſſeſſion par eux priſe, ce qui s'entend toutefois ſeulement pour leurs cotes-parts.

31. Il ſera réſtitué aux Comtes de Naſſau-Sarbruck tous leurs Comtés, Bailliages, territoires, hommes & biens, Eccléſiaſtiques & Séculiers, féodaux & allodiaux, nommément les Comtés de Sarbruck & de Sarwerden en entier, avec tout ce qui en dépend ; comme auſſi la forterelle de Hombourg, avec les piéces d'artillerie & les meubles qu'on y a trouvés ; ſauf de part & d'autre réſpectivement les droits, actions, exceptions & bénéfices de droit, qui ſont à déterminer, ſelon les loix de l'Empire, tant à l'égard des choſes adjugées au réviſoire par Sentence du 7. de Juillet 1629. que pour les dommages foufferts, ſi mieux les Parties n'aiment accommoder l'affaire à l'amiable ; ſauf auſſi le droit qui peut appartenir aux Comtes de Leiningen Dagsbourg dans ledit Comté de Sarwerden.

32. La Maiſon de Hanau ſera rétablie *Hanau.* dans les Baillages de Bobenhauſen, de Biſchofsheim am Steeg & de Willſtat.

33. Jean-Albert, Comte de Solms, *Solms.* ſera pareillement rétabli dans la quatrieme partie de la ville de Butzbach, & dans les quatre villages y joignans.

34. Il ſera auſſi réſtitué à la Maiſon de

Solms Hohensolms tous les biens & droits dont elle a été dépouillée l'an 1627. non-obstant la Transaction, qui en fût faite ensuite avec le Seigneur Landgrave George de Hesse.

Isembourg. 35. Les Comtes d'Isembourg jouiront de l'amnistie générale ci-dessus inserée aux Articles II & III, sauf les droits appartenans au Landgrave George de Hesse, ou à quelque autre tiers, par rapport à eux & à l'égard des Comtes de Hohensolms.

Rhingraves. 36. Les Rhingraves seront établis en leurs Bailliages de Troneck & de Wildenbourg, & en la Seigneurie de Morchingen avec leurs appartenances, comme aussi en tous leurs autres droits usurpés par leurs Voisins.

Sayn. 37. La Doüairiere du Comte Ernest de Sayn sera aussi rétablie en la même possession du Château, Ville & Bailliage de Hachembourg avec leurs appartenances, & du Village de Bendorff, en laquelle Elle étoit avant qu'Elle en fût depossedée; sauf toutefois le droit de qui il appartiendra.

Falcken-stein. 38. Le Château & Comté de Falckenstein sera restitué à qui il appartient de droit. De plus tout ce qui appartient aux **Rasbourg.** Comtes de Rasbourg, surnommés Lœwenhaupt, sur le Bailliage de Bretzenheim, Fief de l'Archevêché de Cologne, comme aussi sur la Baronnie de Reipoltzkirch dans le district du Huntsruck, leur sera maintenu & conservé, avec tous les droits & toutes les appartenances.

Waldeck. 39. La Maison de Waldeck sera pareillement rétablie en la possession ou quasi-

poſſeſſion de tous ſes droits en la Seigneurie de Diedinghauſen , & dans les Villages
de Nordenau , Lichtenſcheid , Defeld &
Niederſchleidern , ſur le même pied qu'elle
en jouiſſoit en 1624.

40. Joachim-Erneſt, Comte d'Oettingen, Oettin-
ſera remis en toutes les choſes Eccléſiaſti- gen.
ques & Séculieres , que ſon Pere Louis-
Éberhard poſſédoit avant ces troubles.

41. De même la Maiſon de Hohenloë Hohenloë
ſera rétablie en tout ce qui lui a été ſouſtrait,
principalement en la Seigneurie de Weic-
kersheim & au Cloître de Scheffersheim
ſans aucune exception, principalement celle
de la rétention.

42. Frederic Louis , Comte de Lœwenſtein & Wertheim , ſera rétabli en tous ſes
Comtés & Seigneuries, qui , pendant cette
guerre, ont été ſequeſtrées , confiſquées &
cédées à d'autres, tant aux choſes Séculieres qu'Eccléſiaſtiques.

43. Ferdinand - Charles , Comte de Lœwen-
Lœwenſtein & Wertheim , ſera pareille- ſtein &
ment remis, en tout ce qui a été ſequeſtré Wert-
& confiſqué à ſes Parens défunts George- heim.
Louis & Jean-Caſimir, & cédé à d'autres,
tant aux choſes Séculieres qu'Eccléſiaſtiques ; ſauf toutefois les Biens & les droits,
qui appartiennent à Marie-Chriſtine , Fille
dudit George - Louis de Lœwenſtein , de
l'héritage de ſes Pere & Mere , & dans
leſquels elle ſera rétablie. La Veuve de
Jean-Caſimir de Lœwenſtein ſera pareillement remiſe en ſes Biens dotaux & hypo-
theques , à la reſerve du droit du Comte
Frederic-Louis , s'il en a quelqu'un ſur leſ

dits biens ; lequel droit fera pourfuivi par la voie légitime de la Juftice.

Erbach. 44. La Maifon d'Erbach, & principalement les Héritiers du Comte George-Albert, feront rétablis dans le Château de Breuberg, & en tous les droits qu'ils y ont en commun avec le Comte de Lœwenftein, tant pour ce qui concerne fa garnifon & commandement, que pour les autres droits féculiers.

Brandenftein. 45. La Veuve & les Héritiers du Comte de Brandenftein rentreront en tous les biens & droits, qui leur ont été enlevés au fujet de la guerre.

Kevenhuller. 46. Le Baron Paul Kevenhuller avec fes neveux, du côté de fon frere ; les héritiers du Chancélier Löffler ; les enfans & héritiers de Marc-Conrad de Rhelingen, comme auffi Jérôme de Rhelingen & fon époufe, de même que Marc-Antoine de Rhelingen, feront rétablis entiérement, chacun pour ce qui le regarde, dans tout ce qui leur a été ôté par confifcation.

47. Les contrats, échanges, tranfactions, obligations & promeffes, illicitement extorquées par violence ou par menace, foit des Etats, foit de leurs fujets; ainfi que fpécialement s'en plaignent les villes de Spire, Weiffembourg fur le Rhin, Landau, Reutlingen, Heilbronn & autres, comme auffi les actions rachetées & cédées de cette maniere feront abolies & annullées ; en forte qu'il ne fera permis à perfonne d'intenter aucun procès ou action pour ce fujet : fi de l'autre côté les débiteurs ont extorqué des créanciers par for-

té ou par crainte les Actes de leurs obligations, tous ces Actes feront reftitués,
les actions fur ce demeurant en leur entier.

48. Si les dettes à caufe d'achat, de
vente, de revenus annuels & autres,
quelque nom qu'elles ayent, ont été extorquées avec violence, en haine des créanciers, par l'une ou l'autre des Parties qui
ont été en guerre, il ne fera décerné aucun procès d'exécution contre les débiteurs, qui allégueront & s'offriront de
prouver qu'on leur a fait véritablement
violence, & qu'ils ont payé réellement &
de fait, fi non après que ces exceptions
auront été décidées avec pleine connoiffance de caufe.

49. Le procès, qui fera fur ce intenté,
fera terminé dans l'efpace de deux ans,
à compter du jour de la publication de
la Paix, fous peine de filence perpétuel
à impofer aux débiteurs contumaces;
mais les procès décrétés pour ce fujet
jufqu'ici contre eux, enfemble les tranfactions & promeffes faites pour la réftitution future des créanciers, feront fup-
primées & abolies; fauf toutefois les fommes d'argent, qui ont été de bonne foi
payées pour d'autres durant la guerre pour
détourner de plus grands dangers & dommages, dont ils étoient menacés.

50. Les Sentences prononcées en tems
de guerre touchant des affaires purement
Séculieres, fi le défaut ou la défectuofité
du procès ne paroit évidemment, ou qu'on
ne le puiffe incontinent faire voir, ne

feront pas tout-à-fait nulles, mais feront fufpendues & fans l'effet d'une chofe jugée, jufqu'à ce que les piéces (fi l'une ou l'autre Partie en demande la révifion dans fix mois après la Paix conclue) foient revues & examinées par devant le Juge compétent en la maniere ordinaire ou extraordinaire ufitée dans l'Empire, & ainfi ces Sentences confirmées, ou corrigées, ou en cas de nullité, totalement mifes au néant.

Preftation de foi & hommage à commencer du jour de la conclufion de la Paix.

51. Et fi depuis l'an 1618, quelques Fiefs, foit Régaliens, foit particuliers, n'ont pas été renouvellés, ni dans l'entre-tems les fervices Féodaux prêtés, cela ne tournera au préjudice de qui que ce foit, mais le tems pour en demander l'inveftiture commencera à courir du jour de la Paix conclue,

Reftitution générale.

52. Enfin tous & un chacun, tant les Gens d'épée, Officiers & Soldats, que les Confeillers & autres Gens de Robe, les perfonnes Séculieres & Eccléfiaftiques, de quelque nom & condition qu'ils foient, qui ont fuivi la guerre pour l'un ou l'autre parti, ou pour leurs Alliés & Adhérens, foit avec l'épée, foit avec la plume, depuis le plus grand jufqu'au plus petit, & depuis le plus petit jufqu'au plus grand, fans différence ou exception aucune, avec leurs femmes, enfans héritiers, fucceffeurs, ferviteurs & valets feront rétablis de part & d'autre, quant aux perfonnes & aux biens, dans le même état de vie, renommée, honneur, confcience, liberté, droits & privileges, dont ils ont joui

& ont pû jouir d'une maniere légitime
avant lefdits troubles ; & pour ce fujet
ne fera fait aucun tort à leurs perfonnes,
ni à leurs biens, ni même intenté aucun
procès ou accufation, beaucoup moins
leur fera-t'-il porté aucune peine, ou
caufé du dommage, fous quelque prétexte
que ce foit ; toutes lefquelles chofes fortiront abfolument leur plein & entier effet,
à l'égard de ceux, qui ne font ni Sujets
ni Vaffaux de Sa Majefté Impériale & de
la Maifon d'Autriche.

53. Ceux, qui font Sujets & Vaffaux
héréditaires de l'Empereur & de la Maifon
d'Autriche, jouiront à la vérité de la même amniftie quant à leurs perfonnes, vie,
renommée & honneurs ; & auront leur retour fûr en leur patrie, toutefois à condition qu'ils feront tenus de s'accomoder
aux loix ufitées dans ces Royaumes & Provinces.

54. Mais pour ce qui concerne leurs Limita-
biens, s'ils ont été perdus par confiscation tion.
ou de quelque autre maniere, avant qu'ils
euffent paffé dans le parti de la Couronne de Suede ou de celle de France, quoique les Plénipotentiaires Suédois ayent
fortement & long-tems infifté à ce qu'ils
leur fuffent rendus tout de même, ils
demeureront pourtant perdus & confifqués
au profit de ceux qui les poffedent à
préfent, rien n'ayant pû être en cela prefcrit à Sa Majefté Impériale, ni être autrement tranfigé à caufe de la conftante contradiction des Impériaux, & les Etats de
l'Empire n'ayant pas non plus jugé qu'il

fût convenable à l'Empire de continuer la guerre pour ce seul point.

55. Toutefois les biens, qui leur ont été ôtés par après, pour avoir pris les armes pour les Suedois, ou pour les François contre l'Empereur & contre la Maison d'Autriche, leur seront restitués tels qu'ils sont à présent, sans refusion neanmoins des dépenses & fruits perçus, ou des dommages causés.

56. Au reste, quand des creanciers, comme aussi leurs héritiers, de la Confession d'Ausbourg, Sujets du Royaume de Boheme, ou de quelques autres Provinces héréditaires de l'Empereur, intentent & poursuivent quelque procès pour des pretentions particulières, s'ils en ont quelques-unes, on leur fera droit & justice, sans aucun egard à la Religion, également comme aux Catholiques.

57. Toutefois on exceptera de cette restitution générale ce que l'on ne peut ni restituer, ni représenter, savoir les meubles, les choses mobiliaires, les fruits perçus, les choses détruites par l'autorité des Parties qui sont en guerre, les édifices publics & particuliers, sacrés & profanes, qui ont été abbatus ou convertis à d'autres usages, de même que les dépôts publics & particuliers, qui en vûe d'hostilité ont été confisqués, ou vendus légitimement, ou volontairement donnés.

Succession de Juliers. 58. Et d'autant que l'affaire concernant la Succession de Juliers pourroit à l'avenir exciter dans l'Empire de grands troubles

bles entre les intéreſſés, ſi on ne les prévenoit; on eſt pour cela convenu, qn'elle ſera terminée ſans délai après la Paix
faite, ſoit par la voie ordinaire de juſtice
devant Sa Majeſté Impériale, ſoit par un
accommodement à l'amiable, ou par quelqu'autre moyen légitime.

ARTICLE V.

Les griefs des Electeurs, Princes & Etats
de l'Empire des deux Religions, ayant eu
beaucoup de part à la cauſe & à l'occaſion de la préſente guerre, il en a été
convenu & tranſigé ainſi qu'il ſuit.

Points des griefs Eccléſiaſtiques ou de Religion.

1. La Tranſaction arrêtée à Paſſau l'an
1552. & la Paix de Religion y ſurvenue
l'an 1555. ſelon qu'elle a été confirmée
l'an 1556. à Augsbourg, & depuis en d'autres diverſes Diétes du Saint Empire Romain, ſera maintenue en ſa force & vigueur, & obſervée ſaintement & inviolablement en tous ſes points & articles accordés & conclus du conſentement unanime de l'Empereur & des Electeurs; Princes & Etats des deux Religions. Mais les
choſes, qui ont été arrétées par le préſent
Traité, du conſentement général des Parties, touchant quelques articles en la-dite
Transction, au ſujet du ſens deſquels il
y avoit diſpute, ſeront réputées, une déclaration perpétuelle de la-dite Paix,
pour être obſervées aux Cours de Juſtice
& par tout ailleurs juſqu'à ce que l'on ſoit
convenu, par la grace de Dieu, même

Confirmation de la Pacification de Paſſau & de celle de Religion.

fur les points effentiels de la Religion; &
fans avoir aucun égard à la contradiction
ou proteftation faite ou à faire par qui que
ce foit, Ecclefiaftique ou Séculier, foit au
dedans, foit au dehors de l'Empire, en
quelque tems que ce puiffe être, toutes
lefquelles oppofitions font déclarées nulles
& de nul effet en vertu des préfentes; &
pour toutes les autres chofes il y aura une
égalité exacte & réciproque entre tous les
Electeurs, Princes & Etats de l'une & de
l'autre Religion, & chacun d'eux, felon
qu'elle eft conforme à l'état de la République, aux Conftitutions de l'Empire & à
la préfente Convention; en forte que ce
qui eft jufte à une Partie le foit auffi à l'autre; toute violence & voie de fait étant
pour jemais interdite entre les deux Parties, comme ailleurs ainfi de même à cet
égard.

2. Le terme, duquel ont doit commencer la réftitution dans les chofes Ecclefia-
ftiques, & pour ce qui a été changé à leur
égard dans les Politiques, fera le primier
jour de Janvier 1624. & partant le rétabliffement de tous les Electeurs, Princes
& Etats de l'une & l'autre Religion, y
compris la Nobleffe libre de l'Empire,
comme auffi les Communautés & Villages
immédiats, fe fera pleinement & fans ré-
ftriction; pour lequel effet tous Décrets, Sentences & Arrêts rendus, de même que
toutes Tranfactions, Accords, foit par
Capitulations, foit autrement, & toutes
exécutions, faites depuis ce tems là en
ces fortes d'affaires, feront caffés, & le

bles entre les intéressés, si on ne les prévenoit; on est pour cela convenu, qn'elle fera terminée sans délai après la Paix faite, soit par la voie ordinaire de justice devant Sa Majesté Impériale, soit par un accommodement à l'amiable, ou par quelqu'autre moyen légitime.

ARTICLE V.

Les griefs des Electeurs, Princes & Etats de l'Empire des deux Religions, ayant eu beaucoup de part à la cause & à l'occasion de la présente guerre, il en a été convenu & transigé ainsi qu'il suit.

Points des griefs Ecclésiastiques où de Religion. Confirmation de la Pacification de Passau & de celle de Religion.

1. La Transaction arrêtée à Passau l'an 1552. & la Paix de Religion y survenue l'an 1555. selon qu'elle a été confirmée l'an 1556. à Augsbourg, & depuis en d'autres diverses Diétes du Saint Empire Romain, sera maintenue en sa force & vigueur, & observée saintement & inviolablement en tous ses points & articles accordés & conclus du consentement unanime de l'Empereur & des Electeurs; Princes & Etats des deux Religions. Mais les choses, qui ont été arrêtées par le présent Traité, du consentement général des Parties, touchant quelques articles en la-dite Transaction, au sujet du sens desquels il y avoit dispute, feront réputées, une déclaration perpétuelle de la-dite Paix, pour être observées aux Cours de Justice & par tout ailleurs jusqu'à ce que l'on soit convenu, par la grace de Dieu, même

fur les points effentiels de la Religion ; &
fans avoir aucun égard à la contradiction
ou proteftation faite ou à faire par qui que
ce foit, Ecclefiaftique ou Séculier, foit au
dedans, foit au dehors de l'Empire, en
quelque tems que ce puiffe être, toutes
lefquelles oppofitions font déclarées nulles
& de nul effet en vertu des préfentes ; &
pour toutes les autres chofes il y aura une
égalité exacte & réciproque entre tous les
Electeurs, Princes & Etats de l'une & de
l'autre Religion, & chacun d'eux, felon
qu'elle eft conforme à l'état de la République, aux Conftitutions de l'Empire & à
la préfente Convention ; en forte que ce
qui eft jufte à une Partie le foit auffi à l'autre ; toute violence & voie de fait étant
pour jemais interdite entre les deux Parties, comme ailleurs ainfi de même à cet
égard.

2. Le terme, duquel ont doit commencer la réftitution dans les chofes Ecclefia-
ftiques, & pour ce qui a été changé à leur
égard dans les Politiques, fera le premier
jour de Janvier 1624. & partant le rétabliffement de tous les Electeurs, Princes
& Etats de l'une & l'autre Religion, y
compris la Nobleffe libre de l'Empire,
comme auffi les Communautés & Villages
immédiats, fe fera pleinement & fans ré-
ftriction ; pour lequel effet tous Décrets, Sentences & Arrêts rendus, de même que
toutes Tranfactions, Accords, foit par
Capitulations, foit autrement, & toutes
exécutions, faites depuis ce tems là en
ces fortes d'affaires, feront caffés, & le

tout fera réduit en l'état où il étoit au jour
& an fufdits.

3. Les villes d'Augsbourg, de Dünckelfpiel, de Biberach & de Ravensbourg,
retiendront les biens, les droits & l'exercice de la Religion, qu'elles avoient aufdits an & jour- Mais à l'égard des dignités de Sénateurs & des autres Offices publics, il y aura une égalité & le même
nombre entre ceux de l'une & de l'autre
Religion.

4. Spécialement pour la ville d'Augsbourg, il fera élu des Familles Patricien-
nes fept Sénateurs du Confeil fecret, &
d'entre ceux-ci deux Préfidens de la République, qui fe nomment communément
Stadtpfleger, dont l'un fera Catholique &
l'autre de la Confeffion d'Augsbourg: Des
autres cinq, trois feront Catholiques, &
deux de la fufdite Confeffion d'Augsbourg;
les autres Confeillers du petit Sénat, comme ils l'appellent; & Syndics, les Affeffeurs de la Juftice de la ville, & tous les
Officiers feront en nombre égal de l'une
& de l'autre Religion. Quant aux Receveurs des deniers publics, il y en aura
trois, dont deux feront d'une même Religion, & le troifiéme de l'autre; en forte pourtant que la première année deux
feront Catholiques & un de la Confeffion
d'Augsbourg, & l'année fuivante, deux
feront de ladite Confeffion & le troifiéme
Catholique & ainfi l'alternative y fera
obfervée dans la fuite pour chaque année.

5. Les Intendans de l'Arfenal feront

I 2

auffi trois, avec pereille alternative an-
nuëlle. Il en fera de même de ceux, qui
ont foin des fubfides, des vivres & des
édifices & bâtimens publics, & des autres
dont les Offices font commis à trois : en
forte que fi une année deux Offices, comme font ceux de Receveur & d'Intendant
des vivres ou de bâtimens, font exercés
par deux Catholiques & par un de la Confeffion d'Augsbourg, la même année deux
autres Offices, comme l'Intendance de
l'arfenal & la recette des fubfides, feront
adminiftrées par deux de ladite Confeffion
& par un Catholique ; & que l'année fuivante, à l'égard de ces charges, deux de
la Confeffion d'Augsbourg feront fubrogés
aux deux Catholique, & au feul Catholique un de la fufdite Confeffion.

6. Les Charges, que l'on à accoutumé
de ne commettre qu'à une feule perfonne
pour une ou plufieurs années, felon la
qualité de la chofe, feront alternativement
exercées entre les bourgeois Catholiques
& ceux de ladite Confeffion en la même
maniere que Nous venons de dire touchant
les Charges qui font commifes à trois perfonnes.

7. Toutefois à chacun des deux Partis
fera réfervé le foin entier de leurs Eglifes
ou Temples, & de leurs Ecoles ; mais
quant aux Catholiques, qui fe trouvent en
ce tems de la préfente Pacification dans
quelque Magiftrature ou Office au - delà du
nombre ci - deffus convenu, ils jouiront
en tout & par tout de l'honneur & de
l'avantage, dont ils jouiffoient auparavant;

néanmoins jufqu'à ce que leurs places foient vacantes par mort ou par abdication, ou ils fe tiendront chez eux, ou s'ils veulent affifter quelquefois au Sénat, ils n'y auront point de voix.

8. Aucun des deux Partis n'abufera du pouvoir des adhérens à fa Religion pour opprimer l'autre, & ne s'avifera point directement ou indirectement, d'aggréger un plus grand nombre de perfonnes aux dignités de Préfidens & de Sénateurs, ni aux autres charges publiques, mais tout ce qui a été ou fera entrepris pour ce regard, en quelque tems & maniere que ce foit, demeurera nul. C'eft pourquoi non-feulement la préfente difpofition fera lue publiquement tous les ans, quand il s'agira de la fubrogation de nouveaux Sénateurs & autres Officiers en la place des défunts, mais auffi l'élection du Préfident, ou Stadtpfleger, des membres du Confeil Secret, & des autres Sénateurs, Baillifs, Syndics, Juges & autres Officiers Catholiques, appartiendra à l'avenir aux Catholiques, & celle de ceux de la Confeffion d'Augsbourg auffi à eux-mêmes, fi bien qu'un Catholique fera fubrogé au Catholique défunt, & pareillement un de la Confeffion d'Augsbourg au défunt de la même Confeffion.

9. On ne s'arrêtera nullement à la pluralité de fuffrages dans les affaires, concernant directement ou indirectement la Religion, & elle ne préjudiciera point aux Bourgeois de la Confeffion d'Augsbourg en cette ville là, non-plus qu'aux Electeurs, Princes & Etats de la même Confeffion

dans l'Empire Romain. Et si les Catholiques abusent de la pluralité des voix au préju- dice de ceux de la Confession d'Augsbourg, en ces affaires & en toutes autres, il se- ra permis à ceux-ci, en vertu de la pré- sente Transaction, d'avoir recours à l'al- ternative d'un cinquiéme Sénateur du Conseil Secret, ou à d'autres légitimes remédes.

Dünckel- spiel, Bi- berach & Ravens- bourg.

10. Au reste la Paix de Religion, de même que l'Ordonnance Caroline, ou de Charles V. touchant l'élection des Magi- strats, comme aussi les Transactions des années 1584. & 1591. demeureront en leur entier & inviolables, en tant qu'elles ne font pars directement ou indirectement contraires à cette disposition.

11. Il y aura encore à Dünckelspiel, à Biberach & à Ravensbourg, deux Con- suls, dits Bourguemaîtres, l'un Catholi- que, & l'autre de la Confession d'Augs- bourg, avec quatre Sénateurs du Conseil Secret en nombre égal de l'une & de l'autre Religion. La même égalité sera observée aussi en leur Sénat ordinaire, aux Tribunaux subalternes de Justice, & en l'Intendance du Trésor ou des deniers publics, aussi bien qu'en tous les autres offices, dignités & charges publiques; & pour la charge de Prêteur, celles de Syn- dic & de Sécretaire tant de Sénat que de chaque Justice subalterne, & autres sem- blables Charges, qui ne font conférées qu'à une personne seule, la même alter- native y fera perpétuellement observée ; en sorte qu'à un Catholique mort, il suc-

cédera toujours un de la Confeſſion d'Auſ-
bourg, & un Catholique à un défunt de
la ſuſdite Confeſſion. Quant à la maniere
de l'élection & à la pluralité des ſuffrages,
comme auſſi au ſoin des Egliſes & des
Ecoles, à la lecture annuelle de cette
diſpoſition, l'on y obſervera de même ce
qui a été dit pour la Ville d'Augsbourg.

12. Pour ce qui regarde la ville de Dona-
Donawert, ſi dans la Diete générale prochaine, les Etats de l'Empire tombent
d'accord qu'elle doit être rétablie dans ſon
ancienne liberté, elle jouira du même
droit à l'égard des choſes Eccléſiaſtiques
auſſi bien que Séculieres, dont jouiſſent
les autres villes de l'Empire, en vertu de
la préſente Tranſaction, ſaufs toutefois
quant à cette ville les droits de ceux, qui
y ont intérêt.

13. Le terme de l'an 1624, n'apportera
aucun préjudice à ceux, qui ſeront rétablis du chef de l'amniſtie ou d'ailleurs.

14. Quant aux biens Eccléſiaſtiques immédiats, ſoit Archevêchés, Evêchés, Prélatures, Abbayes, Bailliages, Prévôtés,
Commanderies, ou libres Fondations Séculieres ou autres, avec les revenus, rentes
& toutes autres choſes, quelque nom
qu'elles puiſſent avoir, ſituées dedans ou
dehors les villes, les Etats Catholiques,
ou ceux de la Confeſſion d'Augsbourg, qui
en ont été en poſſeſſion le premier jour
de Janvier 1624, les poſſéderont tous, ſans
en excepter aucun, tranquillement & ſans
trouble, juſqu'à ce qu'on ſoit d'accord (ce
que Dieu veuille bientôt procurer) ſur

Dona-wert.

Biens Ec-cléſiaſti-ques im-médiats.

I 4

les conteſtations qui regardent la Religion; & il ne ſera permis à aucune des Parties d'inquiéter l'autre par les voies de Juſtice ou autrement, & encore moins de lui cauſer aucun trouble ou empêchement. Et en cas que l'on ne pût convenir à l'amiable des différends de la Religion, ce que Dieu ne veuille permettre, la préſente Convention tiendra lieu de loi perpétuelle, & la Paix durera à jamais.

15. Si donc un Catholique, Archevêque, Evêque ou Prélat, ou ſi quelqu'un de la Confeſſion d'Augsbourg, élû ou poſ- tulé pour Archevêque, Evêque ou Prélat; changeoit à l'avenir de Religion, ſeul ou conjointement avec ſes Chanoines Capitu- laires, ſoit en partie ou tous enſemble, & pareillement ſi d'autres Eccléſiaſtiques changoient auſſi à l'avenir de Religion, ils ſeront au même inſtant déchus de leurs droits, ſauf toutefois leur honneur & leur renommée, & vuideront leurs mains des fruits & revenus ſans retardement ni excep- tion quelconque, ſi bien que le Chapitre, ou celui à qui il appartiendra, aura droit d'élire ou de poſtuler une autre perſonne de la même Religion à laquelle ce Béné- fice appartient, en vertu de la préſente Tranſaction, ſans répétition toutefois des fruits & revenus, que l'Archevêque, Evê- que, Prélat, &c. changeant de Religion aura déja perçus & conſommés Si donc quelques Etats Catholiques ou de la Con- feſſion d'Augsbourg ont été privés par voie de Juſtice ou autrement de leurs Archevê- chés, Evêchés, Bénéfices ou Prébendes

immédiates , ou y ont été en aucune maniere troublés depuis le premier jour de
Janvier de l'an 1624 , ils y feront rétablis
tant aux chofes Eccléfiaftiques que Séculieres , en vertu des préfentes , avec abolition de toutes nouveautés ; en forte que
tous les biens Eccléfiaftiques immédiats
qui étoient adminiftrés le premier jour de
Janvier de l'an 1624 , par un Prélat Catholique , reçouvrent un Chef Catholique ;
& réciproquement , les biens , que ceux
de la Confeffion d'Augsbourg poffedoient
ledit Jour & An foient par eux retenus
dorénavant , de la forte néanmoins , qu'il
faudra fe défifter de toutes les prétentions au
fujet des fruits perçus pendant l'entre-tems ,
ou des dépens , dommages & intérêts ,
qu'une Partie auroit à former contre l'autre.

16. Dans tous les Archevêchés, Evêchés
& autres Fondations immédiates , le droit
d'élire & de poftuler fuivant les Coutumes
& les anciens Statuts de chaque Lieu demeurera fans aucune altération , en tant
que ces Coutumes & Statuts font confor-
mes aux Conftitutions de l'Empire , à la
Tranfaction de Paffau , à la Paix de Religion , & principalement à la préfente Déclaration & Tranfaction , & à l'égard des
Archevêchés & Evêchés , qui demeureront
à ceux de la Confeffion d'Augsbourg , ils ne
contiennent rien , qui foit contraire à la
même Confeffion ; comme pareillement
dans les Evêchés & dans les Eglifes , où
les droits mixtes font admis entre les Catholiques & ceux de ladite Confeffion , il
ne fera rien ajouté de nouveau aux Statuts

anciens , qui puiffe bleffer la confcience
ou la caufe des Catholiques , ou de ceux
de la Confeffion d'Augsbourg , à raifon de
la part que chacun y a , ou diminuer leurs
droits.

17. Les poftulés ou les élûs promettront
en leur Capitulation de ne vouloir poffeder nullement par droit héréditaire les
Principautés Eccléfiaftiques , dignités &
bénéfices , qui leur ont été conférés , &
de ne fe donner aucuns mouvemens pour
les rendres héréditaires ; de maniere que
tant l'élection & la poftulation , que l'adminiftration & la régie des droits Epifco-
paux , pendant la vacance du Siége , demeureront en tous lieux libres au Chapitre , & à ceux , auxquels conjointement
avec le Chapitre , l'exercice en appartient
felon l'ufage établi. On aura auffi foin ,
que les Nobles , Patriciens, les Gradués
ès Univerfités & autres perfonnes habiles
n'en foient point exclus, mais plutôt qu'ils
y foient maintenus , quand la chofe ne
fera pas contraire aux Fondations.

Le droit
de pre-
mieres
prieres.

18. Dans les lieux , où Sa Majefté Impériale a de tout tems exercé le droit de
premieres prieres , Elle l'exercera de même
à l'avenir ; pourvû que quelqu'un de la
Confeffion d'Augsbourg venant à décéder
dans les Evéchés de la même Religion ,
un autre de cette confeffion qui fe trouvera admiffible , felon les Statuts & la
Coutume , jouiffe des prieres ; mais dans
les Evéchés ou autres lieux immédiats
mixtes de l'une & de l'autre Religion , celui , qui fera préfenté ne jouira point des

premieres prieres , à moins qu'une perfonne de la même Religion n'ait poffedé
le bénéfice vacant.

19. Si fous le nom d'Annates , de droit
de Pallium , de confirmation , de mois du
Pape , & de femblables droits & réferves,
il étoit prétendu quelque chofe par qui que
ce foit , en quelque tems & maniere que
ce puiffe être , dans les biens Eccléfiaftiques immédiats des Etats de la Confeffion
d'Augsbourg , tout cela ne fortira aucun
effet ni ne pourra être exécuté par le bras
Séculier.

20. Mais dans les Chapitres de ces biens
Eccléfiaftiques immédiats , où les Capitulaires & Chanoines de l'une & de l'autre
Religion font admis en vertu du fufdit
terme en nombre certain, de part & d'autre , & où les mois du Pape étoient alors
en ufage , ils y auront lieu de même &
auront leur exécution quand le cas écherra , fi les Capitulaires & Chanoines décé-
dans font du nombre défini des Catholiques ; pourvû que la Provifion du Pape
foit fignifiée & infinuée aux Chapitres ,
immédiatement de la part de la Cour de
Rome , & dans le tems légitime.

21. Les élûs ou poftulés aux Archevê- Inveftitu-
chés , Evéchés ou Prélatures de la Con- re desPré-
feffion d'Augsbourg , en recevront l'invefti- lats de la
ture par Sa Sacrée Majefté Impériale fans Confef-
aucune exception , après que dans l'efpa- fion
ce d'un an ils auront fait foi de leur d'Augs-
élection ou poftulation & auront prêté les bourg par
fermens accoutumés pour les Fiefs-Royaux, l'Empe-
& payé en outre la fomme de la taxe or- reur.

dinaire, & encore la moitié de la même taxe pour l'inféodation ; lesquels ensuite, ou les Chapitres, quand le Siége est vacant, & ceux auxquels alors, conjointement avec eux, en appartient l'administration, feront par les Lettres ordinaires appellés aux Diétes générales ; aussi bien qu'aux Assemblées particulieres des députations, visitations, révisions & autres, & y jouiront du droit de suffrage, selon que chaque Etat a été participant de ces droits avant les dissensions survenues sur le fait de la Religion ; & pour ce qui est de la qualité & du nombre des personnes, qui seront envoyées à ces Assemblées, il sera libre aux Prélats d'en ordonner avec leurs Chapitres & Communautés.

22. Touchant les Titres des Princes Ecclésiastiques de la Confession d'Augsbourg, on en est ainsi convenu : qu'ils porteront la qualité d'élus ou de postulés Archevêques, Evêques, Abbés, Prévôts, sans préjudice toutefois de leur état & dignité ; Et quant à leur féance, ils la prendront sur le banc, qui sera mis au milieu & en travers entre les Ecclésiastiques & les Séculiers, à côté desquels seront assis en l'Assemblée de tous les trois Colleges de l'Empire, le Directeur de la Chancellerie de Mayence, exerçant, au nom de l'Archevêque de Mayence, la direction générale des Actes de la Diéte, & après lui les Directeurs du College des Princes ; La même chose sera aussi observée au Sénat des Princes collégialement assemblé par les Directeurs seuls des Actes de ce College.

23. Il y aura à perpétuité autant de Capitulaires ou de Chanoines, soit de la Confession d'Augsbourg, soit Catholiques, qu'il y en avoit de l'une & l'autre Religion, en quelque lieu que ce fût, le premier jour de Janvier 1624, & à ceux qui viendront à décéder, il ne sera subrogé que de ceux de la même Religion : Cependant s'il y a, en quelque lieu que ce soit, plus de Capitulaires ou de Chanoines Catholiques ou de la Confession d'Augsbourg possédans Bénéfices, qu'il n'y en avoit le premier jour de l'an 1624, ces surnuméraires retiendront leurs Bénéfices & Prébendes, leur vie durant ; mais après leur décès succéderont aux Catholiques morts, des sujets de la Confession d'Augsbourg, & à ceux-ci des Catholiques, jusqu'à ce que le nombre des Capitulaires ou Chanoines de l'une & de l'autre Religion soit remis au même état où il étoit le premier jour de l'an 1624 ; & pour l'exercice de la Religion dans les Evêchés mixtes, il sera rétabli & demeurera, ainsi qu'il étoit reçu & permis publiquement, l'an 1624, & ne sera rien fait, dont il puisse naître du tort en façon quelconque à aucune de ces choses ci-dessus spécifiées, soit en élisant, soit en présentant, ou autrement.

Parité de Capitulaires.

24. Les Archevêchés, Evêchés & autres Fondations & biens Ecclésiastiques immédiats ou médiats, cédés pour la satisfaction de Sa Royale Majesté & du Royaume de Suede, ou pour la compensation & indemnité équivalente de ses confédérés,

Changement des Fondations Ecclésiastiques.

amis & intéressés, demeureront en tout &
par tout dans les termes des Conventions
& Claufes particulieres ci-après inférées;
mais en toutes les autres chofes, qui n'y
font pas contenues; & entre autres à l'égard
du Paragraphe XVI. le *Droit Diocéfain*,
&c. ci-après inféré; ils demeureront fujets
aux Conftitutions de l'Empire & à cette
Tranfaction.

Régle-
ment tou-
chant la
poffeffion
des biens
d'Eglife.
25. Les Monaftéres, Colleges, Bailliages, Commanderies, Temples, Fondations, Ecoles, Hôpitaux & autres biens
Eccléfiaftiques médiats, ainfi que leurs revenus & droits, de quelque nom qu'ils
foient appellés, lefquels les Electeurs,
Princes & Etats de la Confeffion d'Augf-
bourg poffédoient l'an 1624; le premier
de Janvier, feront tous & un chacun poffédés par les mêmes, foit qu'ils ayent été
réftitués; ou qu'ils les ayent toujours gardés, ou que ces biens foient encore à
réftituer; en vertu de la préfente Tranfaction; jufqu'à ce que les différends fur
la Religion foient terminés par un accommodement général à l'amiable, & ce nonobftant toutes ces exceptions ou alléga-
tions, que ces biens ont été réformés &
occupés avant ou après la Tranfaction de
Paffau, ou la Paix de Religion, ou qu'ils
n'appartiennent pas au territoire des Etats
de la Confeffion d'Augsbourg, ou qu'ils
n'y font point fitués, ou qu'ils en ont
été exemptés, ou qu'ils ont été affectés à
d'autres Etats par droit de Suffraganat,
Diaconat, ou d'une autre maniere quel-
coqnue; l'unique & le feul fondement de

cette Tranfaction , Réftitution & Réglement pour l'avenir , étant la poffeffion,
en laquelle chacun aura été le premier
jour de Janvier de l'an 1624, toutes exceptions & défenfes, que l'on pourroit
tirer de l'exercice introduit en quelque
lieu par *interim*, ou de quelques Pactes
antérieurs ou poftérieurs, de Tranfactions
générales ou fpéciales, de Procès intentés
ou jugés, de Décrets, de Mandemens,
de Refcrits, de Paréatis, de Lettres reverfales, de Caufes pendantes, ou de
tous autres prétextes & raifons quelconques, devant être généralement de nulle
valeur. Ainfi en quelque lieu que l'on ait
altéré ou fouftrait quelque chofe, touchant
lefdits biens, leurs appartenances & fruits,
aux Etats de la Confeffion d'Augsbourg depuis ce tems-là, en quelque maniere &
fous quelque prétexte que ce foit, par la
voie ou hors de la voie de la Juftice, le
tout fera pleinement & entiérement rétabli en fon premier état, fans retardement
& fans diftinction, (& entre autres fpécialement tous les Monafteres, Fondations
& biens Eccléfiaftiques, en général, &
chacun d'eux en particulier, que le Duc
de Wirtemberg poffedoit réellement & de
fait le premier jour de Janvier de l'an
1624,) avec leurs revenus, appartenances & dépendances en quelque part que
les uns ou les autres foient fitués, enfemble tous les titres & documens qui ont
été détournés ; enforte que la Confeffion
d'Augsbourg ne feront troublés dorénavant, en aucune maniere que ce puiffe

être, dans la poffeffion, qu'ils en ont
eue, ou recouvrée, mais feront à couvert
de toutes pourfuites de droit & de fait à
perpétuité, jufqu'à ce que les contefta-
tions fur la Religion aient été terminées
à l'amiable.

26. Les Catholiques poffederont auffi de
la même maniere tous les Monafteres,
Fondations & Colleges médiats, qu'ils poffedoient réellement & de fait le premier
jour de Janvier 1624, quoique fitués dans
les Territoires & Seigneuries des Etats de
la Confeffion d'Augsbourg; cependant ces
biens ne pafferont nullement à d'autres
Ordres de Religieux: mais demeureront à
ceux à l'Ordre desquels ils ont été premiérement dévoués, fi ce n'eft que l'Ordre
de tels Religieux fut totalement éteint:
Car alors il fera libre aux Magiftrats des
Catholiques de fubftituer de nouveaux Religieux d'un autre Ordre, qui ait été en
ufage en Allemagne avant les diffenfions
touchant la Religion. Dans toutes les Fondations, Eglifes Collégiales, Monafteres,
Hopitaux médiats, où les Catholiques &
ceux de la Confeffion d'Augsbourg ont été
reçus les uns & les autres, ils y vivront
de même enfemble au même nombre qui
s'y trouvoit le premier jour de Janvier
1624. l'exercice public de la Religion demeurera auffi de même qu'il étoit, en
quelque lieu que ce foit, ledit jour & an
fans trouble ni empêchement de l'une ou
de l'autre partie. Dans toutes les Fondations médiates, où Sa Majefté Impériale
exerçoit le premier jour de Janvier 1624.

le droit des premieres prieres, Elle l'e-
xercera auffi à l'avenir en la maniere ci-
deffus expliquée pour les biens immédiats.
Et à l'égard des mois du Pape, il en fera ufé de même qu'il en a été difpofé ci-
deffus paragraphe V. Les Archevêques &
ceux, à qui femblable droit appartient,
conféreront auffi les bénéfices des mois
extraordinaires. De plus, fi ceux de la
Confeffion d'Augsbourg avoient audit jour
& an dans des fortes de biens Eccléfiaftiques médiats, poffédés réellement, totalement ou en partie par les Catholiques,
des droits de préfentation, de vifite, d'infpection, de confirmation, de correction,
de protection, d'ouverture, d'hofpice,
de fervices & de corvées; item, s'ils ont
eu alors celui d'y entretenir des Curés ou
autres Prépofés, les mêmes droits leur feront laiffés en entier & à l'abri de toute atteinte.

Et fi les élections pour les Prébendes
vacantes ne fe faifoient dans le tems &
en la maniere duë, en faveur des perfonnes de la même Religion dont étoit le
mort, la diftribution & la collation en
appartiendra à ceux de la-dite Religion
par droit de dévolution, pourvû toutefois
que pour cela il ne foit fait dans ces biens
Eccléfiaftiques médiats aucun préjudice à
la coûtume de la Religion Catholique, &
que les droits appartenans au Magiftrat
Eccléfiaftique des Catholiques par l'inftitution de l'ordre fur les mêmes Eccléfiaftiques,
lui foient confervés en entier & fans aucun
changement; auxquels pareillement, fi

Tom. V. K

les éle&ions & collations des prébendes
vacantes n'étoient pas faites au tems convenable, le droit dévolu demeurera fain
& entier.

Quant aux engagemens Impériaux, d'autant qu'on trouve qu'il a été arrêté dans
la Capitulation Impériale que l'élu Empereur des Romains est tenu de confirmer
ces mêmes engagemens aux Electeurs,
Princes & autres Etats immédiats de l'Empire, & de leur en assûrer & conserver
la possession tranquille & paisible ; on est
convenu que cette disposition sera observée
jusqu'à ce qu'il en soit autrement ordonné du consentement des Electeurs,
Princes & Etats, & que pour ce sujet on
réstituera aussi-tôt pleinement & entiérement à la ville de Lindau & à celle de
Weissembourg en Nordgau, les engagemens Impériaux, qui leur ont été enlevés, en rendant le fort principal.

27. Toutefois pour les biens que les
Etats de l'Empire ont obligé sous le titre
d'engagemens depuis un tems immémorial
les uns aux autres, il ne sera autrement
donné lieu pour ce régard au dégagement,
à moins que les exceptions des possesseurs
& le fond de la cause ne soient suffisam-
ment examinés. Si de semblables biens ont
été occupés pendant cette guerre par quelqu'un, ou sans préalable connoissance de
cause, ou sans payer le fort principal,
ils seront aussi-tôt entiérement réstitués
avec les titres, aux premiers possesseurs :
& si la Sentence donnoit lieu au dégagement & avoit passé pour chose jugée,

en forte que la réstitution s'en fut enfuivie après le payement du fort principal,
il doit être tout-à-fait libre au Seigneur
direct d'introduire publiquement en ces
fortes de terres engagées, qui feront re-
tournées à lui, l'exercice de fa Religion; cependant les habitans & les fujets
ne feront pas contraints d'en fortir, ni de
quitter la Religion qu'ils avoient embraffé
fous le précédent poffeffeur de femblables
terres engagées, mais quant à l'exercice
public de leur Religion il fera tranfigé entre eux & le Seigneur direct, qui aura fait
le dégagement.

28. A l'égard de la Nobleffe libre & Nobleffe
immédiate de l'Empire, & de tous fes immé-
membres & chacun d'eux, avec leurs diate.
fujets & biens féodaux & allodiaux, fi ce
n'eft peut-être qu'on trouve qu'ils foient
fujets en quelques lieux à d'autres Etats,
pour raifon des biens, & par rapport au territoire ou domicile, ils auront en vertu de
la Paix de Religion & de la préfente Convention dans les droits concernans la Religion, & dans les benefices en provenans,
pareil droit que celui qui appartient aux
fufdits Electeurs, Princes & Etats, & n'y
feront aucunement empêchés ni troublés
fous quelque prétexte que ce foit, de plus
tous ceux, qui auront été troublés, feront
réftitués en leur entier fans exception.

29. Les villes libres de l'Empire étant
toutes & chacune fans conteftation conte- Villes li-
nues fous le nom d'Etats de l'Empire, bres de
non-feulement en la Paix de Religion & l'Empire.
en la préfente Déclaration, mais auffi par.

tout ailleurs ; celles d'entre e les où une feule Religion étoit en ufage l'an 16 4. auront en leurs territoires & à l'égard de leurs fujets, auffi bien que dans l'enceinte de leurs murailles &fauxbourgs le même droit qu'ont les autres Etats Supérieurs de l'Empire, tant à raifon du droit de réformer, que par rapport aux autres cas concernans la Réligion ; en forte qu'en général tout ce qui a été réglé & convenu à l'égard de ceux-là, fera tenu pour dit & entendu auffi de ceux-ci, nonobftant que dans les villes, où les Magiftrats & les bourgeois n'auroient, felon la coûtume & les Statuts de chaque lieu, introduit l'an 1624. d'autre exercice de Religion, que celui de la Confeffion d'Augsbourg, il fe trouve quelques Bourgeois Catholiques, ou même que dans quelques Chapitres, Eglifes Collégiales, Monaftéres & Cloîtres y fitués, dépendans médiatement de l'Empire, l'exercice de la Religion Catholique foit en vigueur. fi bien qu'ils feront tout à fait, tant activement que paffivement, laiffés à l'avenir au même état, dans lequel ils étoient au premier jour de Janvier 1 2 . avec le Clergé qui n'a point été introduit depuis ledit terme, & avec les Bourgeois Catholiques qui s'y trouvoient alors. Avant toutes chofes, celles parmi les villes Impériales. foit qu'elles fuffent attac ées à une feule Religion ou à toutes les deux (& entre ces dernieres, principalement la ville d'Augsbourg, comme auffi Dünckelfpiel, Biberach, Ravensbourg & Kauff-

beueren) qui dès l'an 1624. ont été mo-
leftées par la voie ou hors de la voie de la
Juftice, en quelque façon que cela fe foit
fait à caufe de la Religion ou à caufe des
biens Eccléfiaftiques, qu'elles avoient occupé ou réformé avant ou après la Transaction de Paffau & la Paix de Religion qui
fuivit, ne feront pas moins pleinément
rétablies, que les autres Etats Supérieurs
de l'Empire, au même état qu'elles étoient
le premier jour de l'an 1624. tant au fpirituel qu'au temporel, auquel état elles
feront confervées fans aucun trouble, comme celles qui alors les poffédoient, ou en
ont depuis ce tems-là recouvré la poffeffion, & ce jufqu'à un accommodement
amiable des Religions. Conféquemment il
ne fera permis à aucune des Parties de fe
troubler l'une l'autre dans l'exercice de fa
Religion, dans les cérémonies & ufages de
leurs Eglifes; mais les Bourgeois demeureront paifiblement enfemble, fe condui-
ront honnétement les uns envers les autres,
& auront de part & d'autre l'ufage libre
de leur Religion & de leurs Biens: toutes
chofes jugées & tranfigées ou pendantes
aux Tribunaux de la Juftice, & autres
exceptions énnoncées aux paragraphes II.
& IX. devant êtres nulles, fauf toutefois
les chofes qui ont été réglées par le paragraphe II. touchant les affaires féculie-
res dans les villes d'Augsbourg, de Dünckelfpiel, de Biberach & de Ravensbourg.

30. Quant à ce qui regarde les Comtes, Comtes,
Barons, Nobles, Vaffaux, Villes, Fonda- Barons &
tions, Monafteres, Commanderies, Com- Chevaliers.

K 3

munautés & Sujets relevans des Etats immédiats de l'Empire, Ecclésiastiques ou
Séculiers, comme il appartient à ces Etats
immédiats d'avoir avec le droit de territoire & de supériorité, selon la pratique
générale qui a été usitée jusqu'à préfent
par tout l'Empire, le droit aussi de réformer l'exercice de la Religion, & qu'ayant
autrefois été accordé dans la Paix de Religion aux Sujets de tels Etats, qui ne
feroient pas de la Religion du Seigneur
du Territoire, la faculté de changer de
demeure, il auroit été de plus ordonné
pour conferver une plus parfaite harmione
entre les Etats, que perfonne n'entreprit
d'attirer à fa Religion las Sujets d'autrui,
ni de les recevoir pour cette raifon en fa
fauve-garde & protection, ou les fecon-
der, en aucune maniere que ce foit.;
l'on eft auffi tombé d'accord, que la même chofe fera obfervée par les Etats de
l'une & de l'autre Religion, & qu'aucun
Etat immédiat ne fera traverfé dans le
droit qui lui appartient à raifon du territoire & de la fupériorité fur les affaires
de Religion.

31. Nonobftant cela toutefois les Land-
faffes, Vaffaux & Sujets des Etats Catholiques, de quelque condition qu'ils foient,
qui ont eu l'exercice public ou privé de
la Confeffion d'Augsbourg l'an 1624, en
quelque partie de l'année que cela ait
été, foit par quelque accord ou privilege, foit par un long ufage, foit enfin par
la feule pratique de ladite année, le retiendront auffi à l'avenir avec les annexes

ou dépendances, felon qu'ils les ont eues ou pourront prouver les avoir exercées dans ladite année.

Par telles annexes on entend l'Inftitution des Confiftoires & des Miniftres, tant des Ecoles que des Eglifes, le droit de patronage & autres pareils droits; & ils ne demeureront pas moins en poffeffion de tous les Temples, Fondations, Monafteres, Hôpitaux, & de toutes leurs appartenances, revenus & acceffions qui étoient en ce tems-là en leur pouvoir, Toutes lefquelles chofes feront toujours & en tous lieux obfervées, jufqu'à ce qu'on foit autrement convenu fur le fait de la Religion Chrétienne, foit généralement, ou entre les Etats immédiats & leurs Sujets d'un confentement mutuel, afin que perfonne ne foit troublé par qui que ce foit, ni par aucune voie ou maniere que ce puiffe être.

32. Au contraire ceux qui ont été troublés, ou en quelque façon deftitués, feront réftitués fans aucune exception & entiérement en l'état où ils étoient l'an 1624. Et la même chofe fera obfervée par rapport aux Sujets Catholiques des Etats de la Confeffion d'Augsbourg, ès lieux où ils avoient l'an 1624, l'ufage & l'exercice public ou privé de la Religion Catholique.

33. Les Pactes, Tranfactions, Conventions ou Conceffions, qui font ci-devant intervenues, ou ont été accordées & paffées entre de tels Etats immédiats de l'Empire & leurs Etats Provinciaux & Su-

Touchant les Pactes

jets, ci-deffus mentionnés, pour introduire, permettre & conferver l'exercice public ou privé de la Religion, demeureront en leur force & vigueur, en tant
qu'elles ne font pas contraires à l'obfervance de l'an 1624, & il ne fera aucunement permis de s'en éloigner que d'un
confentement mutuel, nonobftant toutes
Sentences, Reverfales, Accords & Tranfactions quelconques, contraires à la fufdite Obfervance de l'an 1624, lefquelles,
attendu qu'elle fert comme de regle, demeureront nulles; & fpécialement ce que
l'Evêque d'Hildesheim & les Ducs de
Brunfvic-Lunebourg ont tranfigé & ftipulé
par certains Pactes en 1643, touchant la
Religion des Etats & des Sujets de l'E-
vêché d'Hildesheim & fon exercice; mais
feront exceptés dudit terme, & réfervés
aux Catholiques les neuf Monafteres fitués
dans l'Evêchés d'Hildesheim, que les Ducs
de Brunfvic leur avoient cédés, la même
année à certaines conditions.

34. Il a été en outre trouvé bon, que
ceux de la Confeffion d'Augsbourg qui
font Sujets des Catholiques, & les Catholiques Sujets des Etats de la Confeffion
d'Augsbourg, qui n'avoient en l'année
1624, en aucun tems de l'année l'exercice
public ou privé de leur Religion, comme
auffi ceux, qui après la Paix publiée pro-
fefferont & embrafferont à l'avenir une
Religion différente de celle du Seigneur
Territorial, feront, en conféquence de
ladite Paix, patiemment foufferts & tolérés, fans qu'on les empêche de vaquer à

leur dévotion dans leurs maisons & en leur
particulier, en toute liberté de conscience
& sans inquisition ou trouble, & même
d'assister dans leur voisinage, toutes les
fois qu'ils voudront, à l'exercice public
de leur Religion, ou d'envoyer leurs enfans à des Ecoles étrangeres de leur Religion, ou de les faire instruire dans la
maison par des Précepteurs particuliers;
à la charge toutefois, que tels Landsasses,
Vassaux & Sujets feront en toutes autres
choses leur devoir, & se tiendront dans
l'obéissance & la sujettion duë, ne don-
nant occasion à aucun trouble ni remue-
ment.

35. Pareillement les Sujets, soit qu'ils
soient Catholiques, soit qu'ils soient de la
Confession d'Augsbourg, ne seront en aucun lieu méprisés à cause de leur Religion, ni ne seront exclus de la Communauté des Marchands, des Artisans & des
Tribus, non plus que privés des Succes-
cessions, Legs, Hôpitaux, Léproseries,
Aumônes & autres Droits ou Commerces,
& moins encore de Cimetieres publics,
ou de l'honneur de la Sépulture, & il ne
sera exigé aucune autre chose pour les frais
de leurs funérailles, que les droits qu'on
a accoûtumé de payer pour les mortuaires
aux Eglises Paroissiales; ensorte qu'en ces
choses & autres semblables, ils soient
traités de même que les Concitoyens, &
sûrs d'une justice & protection égale.

36. S'il arrivoit qu'un Sujet, qui n'a
point eu l'an 1624, l'exercice public ou
particulier de sa Religion, ou qui après

K 5

la Paix publiée changera de Religion ,
voulût de son bon gré changer de demeure, ou qu'il lui fût ordonné par le Seigneur
du Territoire d'en changer, il lui sera libre de le faire , en retenant ou vendant
ses Biens , & les retenant, de les faire
administrer par ses propres gens, de les
aller visiter en toute liberté , & sans aucunes lettres de passeport , & de poursuivre ses procès & le payement de ses dettes
toutes les fois , que la raison le requerra.

37. Il a été aussi convenu , que les Seigneurs des Territoires donneront un terme
non moindre de cinq ans pour se retirer ,
aux Sujets, qui n'avoient point en ladite
année l'exercice de leur Religion ni public , ni particulier , & qui toutefois au
tems de la publication de cette présente
Paix seront trouvés demeurans dans les
domaines des Etats immédiats de l'une
ou de l'autre Religion : parmi lesquels seront aussi compris ceux , qui, pour éviter les miseres de la guerre , & non pas
dans l'intention de transférer leur domicile , se sont retirés en quelque part, &
prétendent après la Paix faite retourner en
leur Pays ; & pour ceux, qui changeront
de Religion après la Paix publiée, il leur
sera donné un terme de trois ans pour se
retirer, s'ils n'en peuvent obtenir un plus
long ; & on ne leur refusera point non
plus , soit qu'ils sortent volontairement
ou par contrainte, des certificats de naif-
sance , d'ingénuité , d'affranchissement,
de métier & d'une honnête conduite ; ils
ne seront pas non plus surchargés d'exac-

tions fous couleur de reverfales inufitées, ou de décimation des Biens qu'ils emporteront, étendues au-delà de l'équité ; & il fera encore moins fait aucun empéchement, fous prétexte de fervitude, ou autre quelconque, à ceux, qui fe retireront volontairement.

38. Les Princes de Siléfie, qui font de la Confeffion d'Augsbourg, favoir, les Ducs de Brieg, Liegnitz, Münfterberg & d'Oels, comme auffi la Ville de Breflau, feront maintenus dans leurs droits & privileges, obtenus avant la guerre, auffi-bien que dans le libre exercice de leur Religion, lequel leur a été concédé par grace Impériale & Royale.

Les Princes & villes Proteftantes de Siléfie.

39. Et pour ce qui touche les Comtes, Barons, Nobles, & leurs Sujets dans les autres Duchés de Siléfie, qui dépendent immédiatement de la Chambre Royale, comme auffi les Comtes, Barons & Nobles demeurans préfentement dans la baffe Autriche, quoique le droit de réformer l'exercice de la Religion n'appartienne pas moins à Sa Majefté Impériale, qu'aux autres Rois & Princes, Elle confent (non pas toutefois à caufe de l'accord, fait felon la difpofition du précédent Article; *les PaEles*, &c. mais en confidération de l'entremife de Sa Majefté Royale de Suede, & en faveur des Etats intercédans de la Confeffion d'Augsbourg) que ces Comtes, Barons, Nobles, & leurs Sujets dans lefdits Duchés de Siléfie, ne foient pas obligés de fortir des lieux où ils demeurent, ni de quitter les Biens qu'ils y pof-

fédent, pour la raifon qu'ils profeffent la
Confeffion d'Augsbourg, ni même qu'ils
foient empêchés de fréquenter pour l'exercice de la fufdite Confeffion les lieux voifins hors du Territoire, pourvû que dans
les autres chofes ils ne troublent point la
tranquillité, & la paix publique, & fe
montrent tels, qu'ils doivent être à l'égard
de leur Prince Souverain. Que fi cependant quelques-uns s'en retiroient volontairement, & qu'ils ne vonluffent ou ne puf-
fent pas vendre leurs Biens immeubles,
ils auront toute liberté d'aller & de venir
pour y avoir l'œil & pour en prendre foin.

40. Outre ce qui a été ordonné ci-deffus, à l'égard defdits Duchés de Siléfie, qui
dépendent immédiatement de la Chambre
Royale, Sa Sacrée Majefté Impériale promet encore de permettre à ceux, qui en
ces Duchés font profeffion de la Confeffion d'Augsbourg, de bâtir pour l'exercice
de cette Confeffion, à leurs propres dépens, trois Eglifes hors des Villes de
Schweidnitz, Jaur & Glogau, près des
murailles & dans des lieux à ce commo-
des, lefquels feront pour cet effet défignés par ordre de Sa Majefté après la Paix
faite, & auffi-tôt qu'ils le demanderont.

41. Et d'autant qu'on a tâché diverfes
fois dans la préfente négociation de faire
accorder dans lefdits Duchés, & dans les
autres Royaumes & Provinces de Sa Majefté Impériale & de la Maifon d'Autriche,
une plus grande liberté & une plus grande
étendue de l'exercice de Religion, & que
toutefois on n'en a pû convenir, à caufe

de la contradiction des Plénipotentiaires
Impériaux, Sa Majesté Royale de Suede
& les Etats de la Confeffion d'Augsbourg
fe réfervent la faculté de s'entremettre
refpectivement à l'amiable, & d'intercé-
der humblement pour ce fujet auprès de
Sa Majefté Impériale par des inftances con-
tinuées en la Diéte prochaine & ailleurs ;
la Paix toutesfois fubfiftant toujours, &
toutes violences & voies de fait demeurant interdites.

42. Le droit de réformer ne dépendra **Droit de**
pas de la feule qualité féodale ou fous- **réformer.**
féodale, foit que les fiefs foient mouvans
du Royaume de Boheme, ou des Electeurs, Princes & Etats de l'Empire, ou
d'ailleurs. Mais ces fiefs & Arriere-fiefs,
Vaffaux, Sujets & Biens Eccléfiaftiques,
& tout ce que le Seigneur de Fief y peut
prétendre, ou y auroit introduit, & fe
feroit arrogé de fait, feront à perpétuité
confidérés, par rapport aux affaires de
Religion, fuivant l'état du premier jour
de Janvier de l'année 1624, & ce qui
aura été innové au contraire, foit par la
voie ou hors de la voie de la Juftice,
fera fupprimé & rétabli en fon premier
état.

43. Si l'on avoit été en conteftation
pour le droit de terriritoire, avant ou après
le terme de l'an 1624. celui, qui en étoit
poffeffeur cette année-là, aura le même
droit jufqu'à ce que l'on ait prononcé fur
le poffeffoire & le pétitoire, ce qui s'entend quant à l'exercice public. Mais on ne
pourra, à caufe du changement de Reli-

gion, qui fera arrivé fur ces entrefaits, contraindre les fujets de fortir du pays pendant la durée du procès touchant le territoire. Dans les lieux, où les Etats Catholiques & ceux de la Confeffion d'Augsbourg jouiffent également du droit de Supériorité, le tout demeurera, tant à l'égard de l'exercice public, que des autres chofes concernant la Religion, au même état, qu'il étoit les jour & l'an fufdits. La feule Jurifdiction criminelle, comme auffi fpécialement la nommée *Cent - Gericht*, & le feul droit de glaive, de retention, de patronage, de filialité, ne donneront, ni conjointement, ni féparément, le droit de réformer : c'eft pourquoi les réformations, qui fe font introduites jufqu'ici fous cette couleur, ou ingérées par des pactes, feront caffées, & les léfés feront réftitués, & on s'abftiendra tout à fait à l'avenir d'en faire de femblables.

Cens, rentes, revenus & dîmes.

44. A l'égard de toutes fortes de revenus, appartenans aux biens Eccléfiaftiques & à leurs poffeffeurs, on obfervera avant toutes chofes ce qui fe trouve avoir été ordonné dans la Paix de Religion au paragraphe, *Pareillement les Etats de la Confeffion d'Augsbourg, &c.* & au paragraphe, *Comme auffi aux Etats qui font de l'ancienne, &c.*

45. Mais les revenus, cens, dîmes, rentes, qui, en vertu de ladite Paix de Religion font dûs des Provinces Catholiques aux Etats de la Confeffion d'Augsbourg, à caufe des Fondations Eccléfiaftiques, immédiates ou médiates, acquifes

avant ou après la Paix de Religion mentionnée, & lefquels ceux de ladite Confeffion ont été en poffeffion ou quafi-
poffeffion de percevoir le premier de
Janvier 1624, leur feront livrés & payés
fans aucune exception.

De même fi les Etats de la Confeffion
d'Augsbourg ont poffédé par ufage légitime, ou par conceffion, quelques droits
de protection, d'avouerie, d'ouverture,
d'hofpitation, de corvées ou autres dans les
domaines & biens des Eccléfiaftiques Catholiques, foit au dedans ou au dehors du
territoire, & pareillement s'il appartient
aux Etats Catholiques quelque droit femblable, à l'égard des Biens Eccléfiaftiques
acquis par les Etats de la Confeffion d'Augf-
bourg, tous retiendront de bonne foi les
droits dont ils ont joui, en forte toutefois, que les revenus des Biens Eccléfiaftiques ne foient, par l'ufage ou la jouiffance de pareils droits, ni trop chargés
ni épuifés.

46. Les revenus, dixmes, cens & rentes, qui font dûs de quelque territoire
étranger aux Etats de la Confeffion d'Augf-
bourg, pour des Fondations, qui fe trouvent préfentement ruinées & démolies,
feront payés auffi à ceux qui le premier de
Janvier 1624, étoient en poffeffion ou
quafi-poffeffion de les percevoir.

Et pour les Fondations, qui depuis
l'année 1624, ont été détruites, ou tom-
beront à l'avenir en ruine, les revenus en
feront payés, même dans les autres territoires, au Seigneur du Monaftere détruit,

ou du lieu, ou le Monaſtere étoit ſitué.

De même les Fondations, qui étoient le premier jour de Janvier 1624, en poſſeſſion ou *quaſi-poſſeſſion* du droit de dimer ſur les terres novales dans un autre territoire, le feront auſſi à l'avenir, mais qu'il ne ſoit demandé aucun nouveau droit. Entre les autres Etats & Sujets de l'Empire, le droit touchant les dimes des terres novales ſera tel que le droit commun, ou la coûtume, ou l'uſage de chaque lieu en ordonnent, ou ainſi qu'il a été convenu par ſtipulation volontaire.

Suſpenſion de la Juriſdiction Eccléſiaſtique.

47. Le Droit Diocéſain & toute Juriſdiction Eccléſiaſtique, de quelque eſpéce qu'elle puiſſe être, contre les Electeurs, Princes & Etats de la Confeſſion d'Augſbourg, y compris la Nobleſſe libre de l'Empire, & contre leurs Sujets, tant entre les Catholiques & ceux de la Confeſſion d'Augsbourg, qu'entre les Etats ſeuls de la Confeſſion d'Augsbourg, demeureront ſuſpendus juſqu'à l'accommodement final du différend de Religion, & le Droit Diocéſain & la Juriſdiction Eccléſiaſtique ſe renfermeront dans les bornes de chaque territoire. Pour percevoir toutefois les revenus, cens, dîmes & rentes, dans les domaines des Etats de la Confeſſion d'Augsbourg, où les Catholiques étoient en l'année 1624, notoirement en poſſeſſion ou *quaſi-poſſeſſion* de l'exercice de la Juriſdiction Eccléſiaſtique, leſdits Catholiques jouiront auſſi dorénavant de ladite Juriſdiction ; mais ce ne ſera ſeulement qu'en exigeant ces mêmes

mes revenus , & il ne fera procédé à aucune excommunication , fi non après la
troifiéme fommation. Les Etats Provinciaux
& fujets des Catholiques de la Confeffion
d'Augsbourg, qui l'an 1624. reconnoiffoient
la Jurifdiction Eccléfiaftique, demeureront
pareillement fujets à ladite jurifdiction
dans les cas, qui ne concernent en aucune maniere la Confeffion d'Augsbourg, &
pourvû qu'on ne leur enjoigne, à l'occafion dés procès , aucune chofe contraire
à cette Confeffion d'Augsbourg ou à la
confcience. Les fujets Catholiques des
Magiftrats de la Confeffion d'Augsbourg
auront auffi le même droit ; & par rapport à ceux-ci , s'ils avoient en l'année
1624. l'exercice public de la Religion Catholique , le droit Diocéfain demeurera
fauf, en tant que les Evêques l'ont exercé paifiblement fur eux en ladite année
1624.

48. Mais dans les villes de l-Empire,
où eft en ufage l'exercice de Religion
mixte, les Evêques Catholiques n'auront
aucune jurifdiction fur les Bourgeois de la
Confeffion d'Augsbourg; toutefois les Catholiques fe ferviront de leur droit, felon
l'ufage de ladite année 1624.

49. Les Magiftrats de l'une & de l'autre Paix de
Religion défendront féverement & rigou- Religion.
reufement , que perfonne n'impugne en aucun endroit, en public ou en particulier,
en prêchant , enfeignant, difputant , écri-
vant, ou confultant, la Tranfaction de
Paffau, la Paix de Religion, & fur-tout
la préfente Déclaration ou Tranfaction,

Tom. V.   L

ni ne les rende douteuſes, ou tâche d'en
tirer des conféquences ou propofitions contraires. Sera auſſi nul tout ce qui a été
juſqu'à préſent produit ou publié au contraire; mais s'il s'élevoit quelques doutes de-
là ou d'ailleurs, ou s'il en réfultoit quelques cas concernant la Paix de Religion, ou cette préſente Tranſaction, le
tout ſera réglé par voie aimable, dans les
Diètes ou autres Aſſemblées de l'Empire,
pas les Etats de l'une & de l'autre Religion,
& pas autrement.

50. Dans les Aſſemblées ordinaires des
Députés de l'Empire, le nombre des Etats
de l'une & de l'autre Religion ſera égal;
& pour les perſonnes ou les Etats de l'Empire, qui leur devront être adjoints, il en
ſera ordonné en la Diète prochaine. Si
dans ces Aſſemblées des Députés, auſſi-
bien que dans les Diètes générales, il s'a-
git de députer, ſoit d'un, ou de deux,
ou des trois Collèges de l'Empire, pour
quelque occaſion ou affaire que ce ſoit,
le nombre des Députés des Etats de l'une
& de l'autre Religion ſera égal. Et ou il
y aura à expédier dans l'Empire quelque
négoce par commiſſion extraordinaire, ſi
l'affaire n'eſt qu'entre les Etats de la Confeſſion d'Augsbourg, on ne députera que
de ceux de cette Religion: que ſi l'affaire
ne regarde que des Catholiques, on ne
députera que des Catholiques, & ſi la
choſe concerne des Etats Catholiques &
ceux de la Confeſſion d'Augsbourg,
on nommera & ordonnera des Commiſſaires en nombre égal de l'une & de l'autre

Religion. Il a été trouvé bon auffi que les Commiffaires faffent leur rapport des affaires par eux maniées, & qu'ils y ajoutent leur avis, mais qu'ils ne décident rien par forme de Sentence.

51. Dans les caufes de Religion, & en toutes les autres affaires, où les Etats ne peuvent être confidérés comme un feul Corps, de même quand les Etats Catholiques & ceux de la Confeffion d'Augsbourg fe divifent en deux partis, la feule voie à l'amiable décidera les différends fans s'arrêter à la pluralité des fuffrages. Pour ce qui regarde pourtant la pluralité des voix dans la matiere des Impofitions, cette affaire n'ayant pû être décidée en l'Affemblée préfente, elle a été renvoyée à la Diéte prochaine.

52. En outre, comme à caufe des changemens arrivés par la préfente guerre, & d'autres raifons, il a été allégué plufieurs chofes pour faire transférer le Tribunal de la Chambre Impériale en quelqu'autre lieu plus commode à tous les Etats de l'Empire, & auffi pour préfenter le Juge, les Préfidens, les Affeffeurs & les autres Officiers de Juftice en nombre égal de l'une & de l'autre Réligion, pour régler pareillement d'autres affaires appartenantes à ladite Chambre Impériale, lefquelles ne pouvant pas être entiérement expédiées en la préfente Affemblée à caufe de l'importence du fait, on eft convenu, que l'on en traitera dans la Diéte prochaine, & que les déliberations touchant la réformation de la Juftice, agitées en

l'Affemblée des Députés à Francfort, auront leur effet, & que s'il fembloit y manquer quelque chofe, on le fuppléra & corrigera.

Cependant, afin que cette affaire ne demeure par tout-à-fait dans l'incertitude, on eft demeuré d'accord, qu'outre le Juge & les quatre Préfidens, dont deux doivent être de la Confeffion d'Augsbourg, & feront établis par Sa Majefté Impériale feule, le nombre des Affeffeurs de la Chambre fera augmenté jufqu'à cinquante en tout; en forte que les Catholiques puiffent & foient tenus de préfenter ving-fix Affeffeurs, y compris les deux Affeffeurs, dont la préfentation eft réfervée à l'Empereur, & les Etats de la Confeffion d'Augsbourg vingt-quatre.; & qu'il foit loifible de prendre & d'élire de chaque Cercle de de Religion mixte non-feulement deux Catholiques, mais encore deux, qui foient de la Confeffion d'Augsbourg; les autres chofes qui regardent ladite Chambre ayant été renvoyées, comme il a été dit, à la prochaine Diéte. Et partant, les Cercles feront exhortés de préfenter à tems les nouveaux Affeffeurs, qui feront à fubftituer en la fufdite Chambre à la place des morts, fuivant la table inférée à la fin de ce paragraphe. Les Catholiques conviendront auffi en leur tems de l'ordre de préfenter, & Sa Majefté Impériale ordonnera, que nonfeulement en cette Juftice de la Chambre, les Caufes Eccléfiaftiques & Politiques débattues enrre des Catholiques & des Etats de la Confeffion d'Augsbourg, ou entre ceux-ci feulement, ou auffi quand les Catholiques plaidans contre les Etats Catholiques, un tiers intervenant fera de la Confeffion d'Augsbourg, & réciproquement quand ceux de la Confeffion d'Augsbourg plaidans contre d'autres de la même Confeffion, un Etat Catholique interviendra, feront difcutées & jugées par des Affeffeurs adjoints en nombre égal de l'une & de l'autre Religion; mais encore que la même chofe fera auffi obfervée au Confeil Aulique; & à cette fin, Sadite Majefté tirera des Cercles, où la Confeffion d'Augsbourg eft feule, ou conjointement avec la Religion Catholique, en vigueur, quelques fujets de la Confeffion d'Augsbourg, doctes & verfés dans les affaires de l'Empire, en tel nombre toutefois, que le cas échéant l'égalité de Juges de l'une & de l'autre Religion y puiffe être obfervée. La même chofe fera auffi obfervée à l'égard de l'égalité des Affeffeurs toutes les fois, qu'il fera intenté un procès à un Etat immédiat de la Confeffion d'Augsbourg par un Etat médiat Catholique, ou qu'à un Etat Catholique immédiat, il le fera par un Etat médiat de la Confeffion d'Augsbourg.

53. Quant à la procédure judiciaire, l'Ordonnance pour la Chambre Impériale fera pareillement obfervée dans le Confeil Aulique en tout & par tout. Et afin que les Parties en y plaidant ne foient pas déftituées de tout remede fufpenfif, au lieu de révifion ufitée en ladite Chambre, il fera loifible à la Partie léfée de s'adreffer à

Sa Majesté Impériale, par une Requête contre la Sentence prononcée au Confeil Aulique, afin que les piéces du procès foient revues de nouveau par d'autres Confeillers en nombre égal de l'une & de l'autre Religion, capables du poids de l'affaire, non prévenus pour l'une ou l'autre des Parties, & qui n'ayent pas affifté à drefler ou à prononcer la premiere Sentence, ou du moins qui n'ayent pas été Rapporteurs ou Co-Rapporteurs du procès; & il fera loifible à Sa Majefté Imperiale dans des caufes de conféquence, & d'où on pourroit craindre qu'il n'arrivat quelque défordre dans l'Empire, de demander l'avis & les fuffrages de quelques Electeurs & Princes de l'une & de l'autre Religion.

54. La vifite du Confeil Aulique fe fera autant de fois, qu'il fera néceffaire, par l'Electeur de Mayence, obfervant ce qni dans la prochaine Diéte fera du confentement commun des Etats, jugé à propos d'être obfervé Mais s'il fe rencontre quelques doutes touchant l'interprétation des Conftitutions & Réfultats de l'Empire, ou que dans les jugemens des caufes Eccléfiaftiques ou Politiques débattues entre les Parties ci-deffus nommées, aprés même qu'en plein Sénat elles auroient été examinées par un nombre de Juges toujours égal de part & d'autre, il naiffe de la parité des Affeffeurs de l'une & de l'autre Religion des opinions contraires, les Affeffeurs Catholiques tenans pour l'une & ceux de la Confeffion d'Augsbourg pour

l'autre, alors l'affaire sera renvoyée à une Diéte générale de l'Empire. Cependant si deux ou plusieurs Catholiques, avec un ou deux Assesseurs de la Confession d'Augsbourg, embrassoient une opinion ' ce qui s'entend d'une maniere réciproque, & que les autres en nombre égal, quoiqu'inégaux de Religion, en maintinssent une autre, & que delà il naisse une contrariété, en ce cas elle sera terminée suivant l'Ordonnance pour la Chambre Impériale, & le renvoi n'en sera point fait à la Diéte. Toutes lesquelles choses seront observées dans les causes ou procès des Etats, y compris la Noblesse immédiate de l'Empire, soit que lesdits Etats fussent demandeurs, soit qu'ils fussent défendeurs ou intervenans. Mais si entre des Etats médiats, le demandeur, ou le défendeur, ou le tiers intervenant est de la Confession d'Augsbourg, & qu'il ait demandé un nombre egal de Juges d'entre les Assesseurs de l'une & de l'autre Religion, cette parité lui sera accordée; cependant s'il arrive alors égalité de voix, le renvoi à la Diéte n'aura pas lieu, & le procès sera terminé selon l'Ordonnance pour la Chambre Impériale.

§6. Au reste, tant dans le Conseil Aulique qu'en la Chambre Impériale, seront laissés en leur entier aux Etats de l'Empire le privilége de premiere instance, celui des Austrégues, & les droits & priviléges contre les Appels, *de non appellando*; & ils n'y seront point troublés ni par mandement, ni par commissions ou évocation, ni par aucune autre voie. En-

fin comme il a été auffi fait mention d'a
bolir la Cour Impériale de Rotweil , &
les Siéges Provinciaux de Juftice en Suabe,
& autres établis en plufieurs lieux de
l'Empire , la chofe ayant été jugée de
grande importance , la poutfuite de cette
délibération a été renvoyée de même à
la Diéte prochaine.

57. Les Affeffeurs de la Confeffion
d'Augsbourg feront préfentés.

Par l'Electeur de Saxe. - - 2 ⎫
Par l'Electeur de Brandebourg. 2 ⎬ 6.
Par l'Electeur Palatin. - - 2 ⎭

Par le haut Cercle de ⎫ & encore 1, en
Saxe. - - - - - 4. ⎬ alternant , par
Par le bas Cercle de ⎱ ces deux Cer-
Saxe. - - - - - 4. ⎰ cles.

Par les Etats du Cercle de ⎫ & encore
Franconie de la Confeffion ⎮ 1 , en al-
d'Augsbourg. - - - - 2. ⎮ ternant ,
Par ceux du Cercle de Sua- ⎮ par ces
be. - - - - - - 2. ⎬ quatre
Par les Etats du Cercle du ⎮ Cercles.
haut Rhin. - - - - 2. ⎮
Par le Cercle de Weftpha- ⎭
lie. - - - - - 2.

58. Et quoique l'on ne faffe en cette
table aucune mention des Etats de l'Empire de la Confeffion d'Augsbourg qui font
compris fous le Cercle de Baviere ; cela
ne leur tournera pourtant à aucun préjudice ; mais leurs droits, libertés & privileges demeureront en leur entier.

ARTICLE VI.

Comme Sa Majeſté Impériale, ſur les plaintes adreſſées à Ses Miniſtres Plénipo-tentiaires en ce Congrès au nom de la Ville de Bâle & de toute la Suiſſe, tou-chant quelques procédures & mandemens exécutoires émanés de la chambre Impé-riale contre ladite Ville & les autres Can-tons unis de la Suiſſe, & leurs Citoyens & Sujets, ayant demandé l'avis & le conſeil des Etats de l'Empire, auroit par un Décret particulier du 14 de Mai de l'année derniere déclaré ladite Ville de Bâle & les autres cantons Suiſſes être en poſſeſſion ou quaſi-poſſeſſion, d'une pleine liberté & exemption de l'Empire, & ainſi n'être aucunement ſujets aux tribunaux & jugemens du même Empire; il a été réſolu, que ce même Décret ſoit tenu pour compris en ce Traité de Paix, qu'il demeure ferme & conſtant, & partant que ces ſortes de Procédures & les Dé-crets de Saiſie, occaſionnés par ces pro-cédures, en quelque tems que ç'ait été, doivent être de nulle valeur & effet.

Touchant les Cantons Suiſ-ſes.

ARTICLE VII.

1. Du conſentement auſſi unanime de Sa Majeſté Impériale & de tous les Etats de l'Empire, il a été trouvé bon, que le même droit ou avantage, que toutes les autres Conſtitutions de l'Empire, la Paix

Touchant ceux de la Religion Proteſtan-te, qui

s'appellent Réformés.

de Religion , cette présente Transaction publique & la décision y contenue des griefs , accordent en général & en particulier aux Etats & aux Sujets Catholiques, & à ceux de la Confession d'Augsbourg, doit aussi être accordé à ceux , qui s'appellent entr'eux Réformés ; sauf toutefois à jamais les Pactes, Priviléges, Reversales , & autres dispositions, que les Etats, qui se nomment protestans, ont stipulés entre eux & avec leurs Sujets, par lesquels il a été pourvû jusqu'à présent aux Etats & Sujets de chaque lieu, touchant la Religion & son exercice, & les choses qui en dépendent, sauf aussi la liberté de conscience d'un chacun. Et d'autant que les différends de Religion, qui sont entre lesdits Protestans, n'ont pas été terminés jusqu'à présent, étant réservés à un accommodement futur, & que pour cette raison ils forment deux partis, il a été pour ces causes convenu entre l'un & l'autre parti, touchant le droit de Réformation, que si quelque Prince ou autre Seigneur Territorial, ou Patron de quelque Eglise, passoit ci-après à la Religion d'un autre parti, ou s'il avoit acquis ou recouvré par droit de Succession, ou en vertu de la présente Transaction, ou par quelque autre titre, une Principauté ou une Seigneurie, où la Religion de l'autre parti s'exerce à présent publiquement, il lui sera sans contredit permis d'avoir près de lui & en sa résidence des Prédicateurs particuliers de sa Confession pour sa Cour, sans néanmoins que cela puiffe être à la charge & au préjudice de fes Sujets ; mais il ne lui fera pas loifible de changer l'exercice public de la Religion, ni les Loix ou Conftitutions Eccléfiaftiques, qui auront été reçues ci-devant, non plus que d'ôter aux premiers les Temples, Ecoles, Hôpitaux, ou les revenus, penfions & falaires y appartenans, & les appliquer aux gens de fa Religion, encore moins d'obliger fes Sujets, fous prétexte de droit de Territoire, de droit Epifcopal, & de Patronage ou autre, de recevoir pour Miniftres ceux de cette autre Confeffion, ou de donner directement ou indirectement à leur Religion aucune autre atteinte ou empêchement : & afin que cette Convention foit obfervée d'autant plus exactement, il fera permis, en cas d'une telle mutation, aux Communautés mêmes de préfenter, ou fi elle n'ont pas droit de préfenter, de nommer des Miniftres capables, tant pour les Ecoles que pour les Eglifes, lefquels feront examinés & ordonnés par le Confiftoire & le Corps public des Miniftres d'Eglife du lieu, fi tant eft qu'ils foient de la même Religion que les Communautés, qui les préfenteront ou nommeront ; & au défaut de ce, ils feront examinés & ordonnés dans tel endroit, que ces Communautés auront choifi elles-même, & feront enfuite confirmés, fans aucun refus, par le Prince ou par le Seigneur.

2. Si pourtant quelque Communauté, le cas de changement arrivant, avoit embraffé la Religion de fon Seigneur, & en

demandoit à ſes dépens le même exercice
que celui qu'auroit le Prince ou Seigneur,
il ſera loiſible audit Prince ou Seigneur de
le lui accorder, ſans préjudice des autres,
& cela, ſans que ſes Succeſſeurs le lui
puiſſent ôter. Mais pour les Membres du
Conſiſtoire, les Viſiteurs d'Egliſe, les Pro-
feſſeurs des Ecoles & des Univerſités, en
Théologie & en Philoſophie, ils ne ſeront
d'autre Religion, que de celle, qui en ce
tems-là ſera pratiquée publiquement dans
chaque lieu. Et d'autant que toutes choſes ci-deſſus mentionnées ſe doivent entendre des changemens, qui pourront arriver à l'avenir, elles n'apporteront aucun
préjudice aux droits, qui appartiennent,
à cet égard aux Princes d'Anhalt & à
d'autres dans le cas ſemblable. Mais à
l'exception des Religions ci-deſſus déſi-
gnées, il n'en ſera reçu ni toléré aucune
autre dans le Saint Empire Romain.

ARTICLE VIII.

Touchant
le Réta-
bliſſement
des Etats
de l'Empi-
re en leurs
anciens
droits.

1. Et afin de pourvoir à ce que dorénavant il ne naiſſe plus de différends dans
l'état politique, tous & chacun des Electeurs, Princes & Etats de l'Empire Romain ſeront tellement établis & confirmés
en leurs anciens droits, prérogatives, libertés, privileges, libre exercice du Droit
Territorial, tant au Spirituel qu'au Temporel, Seigneuries, Droits régaliens, &
dans la poſſeſſion de toutes ces choſes,
en vertu de la préſente Tranſaction, qu'ils

ne puissent jamais y être troublés de fait
par qui que ce soit, sous quelque prétexte
que ce puisse être.

2. Qu'ils jouissent sans contradiction du
droit de suffrage dans toutes les délibérations touchant les affaires de l'Empire,
sur-tout où il s'agira de faire ou interpréter les loix, résoudre une guerre, imposer un tribut, ordonner des levées & logemens de Soldats, construire au nom du
Public des Forteresses nouvelles dans les
terres des Etats, ou mettre dans les anciennes des garnisons, comme aussi quand
il s'agira de faire une Paix ou des Alliances, & de traiter d'autres semblables affaires, aucune de ces choses, ou de semblables, ne sera faite ou reçue ci-après,
sans l'avis & le consentement libre de tous
les Etats de l'Empire assemblés en Diéte :
sur-tout le droit de faire entre eux & avec
les Etrangers des alliances pour la conservation & sûreté d'un chacun, sera exercé
librement & à perpétuité par les uns &
les autres des Etats, pourvû néanmoins
que ces sortes d'alliances ne soient ni contre l'Empereur & l'Empire, ni contre la
Paix publique dudit Empire, ni aucunement contre cette Transaction, & qu'elles
se fassent sans préjudice, en toutes choses, du serment, dont chacun est lié à
l'Empereur & l'Empire.

3. Que les Etats de l'Empire s'assemblent
en Diéte dans l'espace de six mois, à
compter de la date des ratifications de la
présente, & dorénavant toutes les fois, que
l'utilité ou la nécessité publique le réques-

ra ; que dans la premiere Diéte on corrige
fur - tout les défauts des précédentes Affemblées ; & de plus que l'on y traite &
ordonne de l'Election des Rois des Romains, de la Capitulaion Impériale à ré-
diger en termes qui puiffent être d'un ufage conftant & perpétuél , de la maniere
& de l'ordre qui doit être obfervé pour
mettre un ou plufieurs Etats au ban, de
l'Empire, outre celui qui a été autrefois
expliqué dans les Conftitutions, de l'Empire ; que l'on y traite auffi du rétabliffement des Cercles, du renouvellement de
la Matricule, des moyens d'y remettre
ceux, qui en ont été ou fe font exemtés
eux - mêmes, de la modération & remife
des taxes de l'Empire ; de la réformation
de la Police & de la Juftice, & de la taxe des Epices qui fe payent à la Chambre
Impériale, de la maniere de former comme il faut la Députation ordinaire, felon
les régles & l'utilité de la République, de
la fonction légitime des Directeurs dans les
Colléges de l'Empire, & d'autres femblables affaires, qui n'ont pu être vuidées
ici ; & que tout cela foit fait & ftatué du
confentement général des Etats.

4. Que les villes libres de l'Empire ayent
voix décicive dans les Diétes générales
auffi bien que dans les particulieres, comme les autres Etats de l'Empire ; & qu'il
ne foit point touché à leurs droits régaliens, péages, revenus annuels, libertés,
priviléges de confifquer, de lever les impôts, & de ce qui en dépend, non plus
qu'aux autres droits, qu'elles ont légitime-

ment obtenu de quelqu'Empereur & de
l'Empire, ou qu'elles ont acquis par un
long ufage, poffédé & exercé avant ces
troubles, avec une entiere Jurifdiction
dans l'enclos de leurs murailles & dans
leur territoire, étant & demeurant à cet
effet caffées & annullées, & à l'avenir
défendues toutes les chofes, qui par repréfailles, arrêts, empêchemens de paffage & autres Actes préjudiciables, ont été
faites & attentées au contraire jufqu'ici,
par une autorité privée durant la guerre,
fous quelque prétexte que ce puiffe être,
ou qui dorénavant pourroient être faites
& attentées fans procéder par la voie
légitime de droit & du réglément pour
l'exécution. Au refte, toutes les louables
Coutumes, Conftitutions & Loix fondamentales du Saint Empire Romain feront
à l'avenir religieufement obfervées, toutes
les confufions, qui fe font introduites
pendant la guerre, étant abolies.

5. Quant à la recherche d'un moyen
équitable & convenable, par lequel la
pourfuite des actions contre les débiteurs
ruinés, par les calamités de la guerre,
ou chargés d'un trop grand amas d'intérêts, puiffe être terminée avec modération, pour obvier à de plus grands inconvéniens, qui en pourroient naitre, & qui
feroient nuifibles à la tranquilité publique,
Sa Majefté Impériale aura foin de faire
prendre & récueillir les avis & fentimens
tant du Confeil Aulique, que de la Chambre Impériale, afin que dans la Diète prochaine ils puiffent être propofés, & qu'il

en foit formé une Conftitution certaine.
En attendant, dans les caufes de cette
nature, qui feront portées aux Cours Sou-
veraines de l'Empire auffi bien qu'aux Tribunaux particuliers des Etats, les raifons
& les circonftances, qui feront alléguées
par les Parties, ferons bien péfées, &
perfonne ne fera léfé par des exécutions
immodérées, mais tout cela fauf & fans
préjudice de la Conftitution de Holftein.

ARTICLE IX.

Touchant
le Réta-
bliffement
du Com-
merce.

1. Et d'autant qu'il importe au Public,
que, la Paix étant faite, le commerce
refleutiffe de toutes parts, on eft convenu
à cette fin, que les péages, & autres
impôts de cette nature, qui ont été nouvellement introduits çà & là dans l'Empire,
à l'occafion de la guerre, au préjudice
dudit commerce & contre l'utilité publique, par une autorité privée, contre les
droits & priviléges, & fans le confentement de l'Empereur & des Electeurs de
l'Empire, comme auffi les abus de la Bulle
donnée par l'Empereur Charles IV. aux
Ducs & au Duché de Brabant, & les repréfailles & arrêts, qui en ont été occa-
fionnés, avec les certifications étrangéres,
que l'on a mifes en ufage, les exactions,
les détentions, & de même les frais exceffifs des Poftes, & toutes autres charges
& empêchemens inufités, qui font du
tort au commerce & à la Navigation, feront tout-à-fait abolis; enforte que l'ancienne

cienne sûreté, la jurisdiction & l'usage ;
tels qu'ils ont été long-tems avant ces
guerres, soient rétablis & inviolablement
conservés à toutes les Provinces, tous les
ports & toutes les rivieres.

Cependant les droits & priviléges des
territoires situés auprès des rivieres , &
ceux de tous les autres, comme aussi les
péages accordés par l'Empereur, du consentement des Electeurs , entre autres au
Comte d'Oldenbourg sur le Weser , ou établis par un long usage, demeureront en
leur pleine vigueur & seront mis en exécution , afin qu'il y ait une entiere liberté
de commerce, & un passage libre & assuré par toutes sortes de lieux sur mer & sur
terre , & par-tout; qu'à tous & à chacun
des Vassaux, sujets & habitans des Alliés
de part & d'autre, & à ceux qui sont sous
leur protection, la permission d'aller &
de venir, de négocier & de s'en retourner, soit donnée & soit entendue leur
être concédée, en vertu de ces présentes,
ainsi qu'il étoit libre à un chacun d'en user
de tous côtés avant les troubles d'Allemagne , & que les Magistrats de part &
d'autre soient tenus de les proteger & défendre contre toutes sortes d'oppressions
injustes & de violences, sur le même pied ,
que les propres sujets des lieux , bien
entendu que cette Convention , & en
même tems les Loix & Droits particuliers, de chaque lieu, seront sauvés par-
tout.

_____

Tom. V.   M

ARTICLE X.

Satisfa-
ction de la
Suéde.

1. De plus la Séréniſſime Reine de Suéde ayant demandé, qu'on lui donnât ſatisfaction pour la réſtitution, qu'Elle s'eſt obligée de faire des places par elle occupées pendent cette guerre, & que l'on pourvût par des moyens légitimes au rétabliſſement de la paix publique dans l'Empire; Sa Majeſté Impériale pour ce ſujet, du conſentement des Electeurs, Princes & Etats de l'Empire, & particuliérement des interreſſés, céde à ladite Séréniſſime Reine, à ſes futurs héritiers & ſucceſſeurs, les Rois & au Royaume de Suéde, en vertu de la préſente Tranſaction, les Provinces ſuivantes de plein droit en Fief perpétuel & immédiat de l'Empire.

2. Premiérement toute la Poméranie citérieure, communément dite *Vor-Pommern*, enſemble l'Isle de Rugen, contenues dans les limites qu'elles avoient ſous les derniers Ducs de Poméranie; de plus de la Poméranie ultérieure, les villes de Stetin, Gartz, Dam, Golnau, & l'Isle de Wolin, avec la partie entrecourante de la riviere de l'Oder, & le bras de mer, qu'on appelle communément le *Friſchaff*, comme auſſi avec ſes trois embouchures de Peine, de Swine, de Diewenow & le Païs attenant de l'un & de l'autre côté, depuis le commencement du territoire Royal juſqu'à la mer Baltique, en telle largeur du rivage oriental, dont on conviendra amiablement entre les Commiſſaires Royaux & Electo-

cienne sûreté, la jurisdiction & l'usage ;
tels qu'ils ont été long-tems avant ces
guerres, foient rétablis & inviolablement
confervés à toutes les Provinces, tous les
ports & toutes les rivieres.

Cependant les droits & priviléges des
territoires fitués auprès des rivieres, &
ceux de tous les autres, comme aufli les
péages accordés par l'Empereur, du confentement des Electeurs, entre autres au
Comte d'Oldenbourg fur le Wefer, ou établis par un long ufage, demeureront en
leur pleine vigueur & feront mis en exécution, afin qu'il y ait une entiere liberté
de commerce, & un paffage libre & affuré par toutes fortes de lieux fur mer & fur
terre, & par-tout; qu'à tous & à chacun
des Vaffaux, fujets & habitans des Alliés
de part & d'autre, & à ceux qui font fous
leur protection, la permiffion d'aller &
de venir, de négocier & de s'en retourner, foit donnée & foit entendue leur
être concédée, en vertu de ces préfentes,
ainfi qu'il étoit libre à un chacun d'en ufer
de tous côtés avant les troubles d'Allemagne, & que les Magiftrats de part &
d'autre foient tenus de les proteger & défendre contre toutes fortes d'oppreffions
injuftes & de violences, fur le même pied,
que les propres fujets des lieux, bien
entendu que cette Convention, & en
même tems les Loix & Droits particuliers, de chaque lieu, feront fauvés par-
tout.

ARTICLE X.

1. De plus la Séréniſſime Reine de Suéde ayant demandé, qu'on lui donnât ſatisfaction pour la réſtitution, qu'Elle s'eſt obligée de faire des places par elle occupées pendent cette guerre, & que l'on pourvût par des moyens légitimes au rétabliſſement de la paix publique dans l'Empire; Sa Majeſté Impériale pour ce ſujet, du conſentement des Electeurs, Princes & Etats de l'Empire, & particuliérement des interreſſés, cède à ladite Séréniſſime Reine, à ſes futurs héritiers & ſucceſſeurs, les Rois & au Royaume de Suéde, en vertu de la préſente Tranſaction, les Provinces ſuivantes de plein droit en Fief perpétuel & immédiat de l'Empire.

2. Premiérement toute la Pomératie citérieure, communément dite *Vor-Pommern*, enſemble l'Isle de Rugen, contenues dans les limites qu'elles avoient ſous les derniers Ducs de Poméranie; de plus de la Poméranie ultérieure, les villes de Stetin, Gartz, Dam, Golnau, & l'Isle de Wolin, avec la partie entrecourante de la riviere de l'Oder, & le bras de mer, qu'on appelle communément le *Friſchaff*, comme auſſi avec ſes trois embouchures de Peine, de Swine, de Diewenow & le Païs attenant de l'un & de l'autre côté, depuis le commencement du territoire Royal juſqu'à la mer Baltique, en telle largeur du rivage oriental, dont on conviendra amiablement entre les Commiſſaires Royaux & Electo-

taux, qui feront nommés pour le régle‑
ment plus exact des limites & autres par‑
ticularités de moindre importance.

3. Sa Majesté la Reine de Suéde tien‑
dra & possédera dès aujourd'hui, a per‑
pétuité, en fief héréditaire, ce Duché de
Poméranie & la Principauté de Rugen,
& en joüira & usera librement & invio‑
lablement, ensemble des domaines & lieux
annexés, & de tous les territoires, bail‑
liages, villes, châteaux, bourgs, bour‑
gades, villages, hommes, fiefs, rivie‑
res, isles, lacs, rivages, ports, rades,
anciens péages & revenus, & de tous au‑
tres biens quelconques, Ecclésiastiques &
Séculiers, comme aussi des titres, digni‑
tés, prééminences, immunités, préro‑
gatives, & de tous & chacun des autres
droits & priviléges Ecclésiastiques & Sé‑
culiers, ainsi que les prédécesseurs Ducs
de Poméranie les avoient, possédoient &
gouvornoient.

4. Sa Majesté Royale & le Royaume de
Suéde aura aussi à l'avenir à perpétuité
tout le droit, que les Ducs de la Pomé‑
ranie citérieure ont ci‑devant eu à la col‑
lation des Dignités & des Prébendes du
Chapitre de Camin, avec pouvoir de les
éteindre, & d'en incorporer les revenus
au Domaine Ducal après la mort des Cha‑
noines d'à présent; mais pour tout ce qui
en avoit appartenu aux Ducs de la Pomé‑
ranie ultérieure, cela demeurera à l'Ele‑
cteur de Brandebourg avec l'entier Evé‑
ché de Camin, ses terres, droits & di‑

M 2

gnités, comme il fera plus amplement expliqué ci-après.

La Maifon Royale de Suéde & la Maifon Electorale de Brandebourg fe ferviront des titres, qualités & armes de la Poméranie fans différence l'une comme l'autre, de de même que les précedens Ducs de Poméranie en ont ufé; la Royale, a perpétuité, & celle de Brandebourg, tandis qu'il en reftera des défcendans de la branche mafculine: fans toutefois que celle de Brandebourg puiffe prétendre aucune chofe à la Principauté de Rugen, ni à aucun autre droit fur les lieux cédés à la Couronne de Suéde.

Mais la ligne mafculine de la Maifon de Brandebourg venant à manquer, tous autres, hormis la Suéde, s'abftiendront de prendre les titres & armes de Poméranie; & alors auffi toute la Poméranie ultérieure avec la Poméranie citérieure, & tout l'Evêché & le Chapitre entier de Camin, enfemble tous les droits & expectances des prédécefleurs qui y feront réunis, appartiendront à perpétuité aux feuls Rois & Couronne de Suéde; qui en attendant joüiront de l'efpérance de la fucceffion, & de l'inveftiture fimultanée, enforte même qu'ils foient obligés de donner l'affurance accoûtumée aux Etats & fujets de tous lefdits lieux à l'égard de la preftation de l'hommage.

5. L'Electeur de Brandebourg & tous les autres Intéreffés déchargent les Etats, Officiers & fujets de tous lefdits lieux, des liens & fermens, par lefquels ils avoient été jufqu'à préfent engagés à eux & à ceux de leurs Maifons, & les renvoyent

pour rendre dorénavant en la maniere accoûtumée leurs hommages & leurs fervices à Sa Majefté & Couronne de Suéde; &
ainfi ils conftituent, pour cet effet, la
Suéde en pleine & légitime poffeffion des
chofes fufdites, renonçant dès à préfent
pour toujours à toutes les prétentions qu'ils
y ont ; ce qu'ils confirmeront ici pour
eux & leurs défcendans par un Acte particulier.

6. En fecond lieu, l'Empereur, du confentement de tout l'Empire, concéde auffi
à la Reine Séréniffime & à fes héritiers &
fucceffeurs Rois & au Royaume de Suéde,
en fief perpétuel & immédiat de l'Empire, la ville & le port de Wismar, avec
le fort de Wallfifch, comme auffi le
bailliáge de Poël (excepté les villages de
Sehedorf, Weidendorf, Brandenhufen &
Wangern, appartenans à l'hôpital du St.
Efprit de la ville de Lubec) & celui de
de Neuen-Clofter, avec tous les droits
& appartenances, ainfi que les Ducs de
Mecklenbourg les ont poffédés jufqu'à-
préfent, enforte que lefdits lieux, le port
entier & le païs de l'un & de l'autre côté,
depuis la ville jufqu'à la mer Baltique,
foient foûmis à la libre difpofition de Sa
Majefté, pour les pouvoir fortifier & y
mettre garnifon, felon fon bon plaifir
& l'exigence des circonftances, toutefois
à fes propres frais & dépens, & pouvoir
y avoir toujours une retraite & une demeure fûre pour fes navires & pour fa
flotte, & au furplus en jouir & ufer avec
le même droit, qui lui appartient fur fes

autres fiefs de l'Empire ; fauf pourtant les
Priviléges & le commerce de la ville de
Wismar, lesquels même feront de plus en
plus avantagés par la protection & la faveur Royale des Rois de Suéde.

7. En troifieme lieu, l'Empereur, du
confentement de tout l'Empire, concéde
auffi, en vertu de la préfente Tranfaction
à la Séréniffime Reine de Suede, à fes
Héritiers & Succeffeurs Rois, & à la Couronne de Suede, en Fief perpétuel & immédiat de l'Empire, l'Archevêché de Brême & l'Evêché de Verden, avec la Ville
& le Bailliage de Walshufen, & tout le
droit qui avoit appartenu aux derniers
Archevêques de Brême fur le Chapitre & le
Diocéfe de Hambourg ; (fauf toutefois à la
Maifon de Holftein, comme à la Ville &
au Chapitre de Hambourg, chacun refpectivement, leurs Droits, Privileges,
Libertés, Pactes, Poffeffions & état préfent en toutes chofes, enforte que les
quatorze Villages des Baillages de Tritow
& de Rheinbeck en Holftein demeurent
à perpétuité au Duc Frederic de Holftein-
Gottorp & à fa poftérité pour la même
redevance annuelle, qu'il en donne actuellement,) pour être lefdits Archevéché, Evêchés & Bailliages poffédés à perpétuité par ladite Couronne, avec tous
les biens & droits Eccléfiaftiques & Séculiers y appartenans, quelque nom qu'ils
ayent & en quelque lieu qu'ils foient fitués, fur eau & fur terre, avec les armoi-
ries accoutumées, fous le titre néanmoins
de Duché ; les Chapitre & autres Colleges

Eccléfiaftiques demeurans privés à l'avenir de tout droit d'élire & de poftuler, & de tout autre droit, adminiftration & gouvernement des terres appartenantes à ces Duchés.

8. Bien entendu cependant qu'on laiffera fans trouble & empéchement quelconque à la Ville de Brême, à fon Territoire, & à fes Sujets leur préfent état. liberté, droits & privileges, tant à l'égard des chofes Eccléfiaftiques que des Politiques; & s'il avoient ou s'ils arrivoit qu'ils euffent quelque conteftation avec l'Evêché ou le Duché, ou avec les Chapitres, elles feront terminées à l'amiable, ou décidées par la voie de Juftice, fauf cependant à chacune de ces Parties la poffeffion dont elle fe trouve revêtue.

8. En quatrieme lieu, l'Empereur avec l'Empire, pour raifon de toutes lefdites Provinces & Fiefs, reçoit pour Etat immédiat de l'Empire la Reine Séréniffime & fes Succeffeurs au Royaume de Suede, enforte que la fufdite Reine & lefdits Rois feront déformais convoqués aux Diétes Impériales avec les autres Etats de l'Empire, fous le titre de Ducs de Brême, de Verden & de Poméranie, comme auffi fous celui de Princes de Rugen & de Seigneurs de Wifmar, & qu'il leur fera affigné une féance dans les Affemblées Impériales au College des Princes, favoir fur le banc des Séculiers, la cinquieme place, pour la voix de Brême, en ce même lieu & ordre; mais pour celles de Verden & de Poméranie, elles feront réglées

M 4

selon l'ancien ordre des précédens Posseſ
ſeurs.

10. De plus la féance leur compétera
dans le Cercle de la Haute-Saxe, immédiatement avant les Ducs de la Poméranie
ultérieure, & dans les Cercles de Weſtphalie & de la Baſſe-Saxe, en la place &
maniere ordinaire : enſorte toutefois que
le Directoire de la Baſſe-Saxe s'exercera alternativement par les Ducs ou Archevêques
de Magdebourg & de Bréme, ſans préjudice néanmoins du droit de Condirectoire
des Ducs de Brunſwic & de Lunebourg.

11. Pour les Aſſemblées des Députés
de l'Empire, Sa Majeſté de Suéde, & Son
Alteſſe Electorale de Brandebourg, y auront en la maniere accoutumée leurs Députés ; mais parce qu'il n'appartient dans
ces Aſſemblées qu'une ſeule voix aux deux
Poméranies, elle ſera toujours portée par
Sa Majeſté, après en avoir préalablement
concerté l'avis avec l'Electeur de Brandebourg.

12. Enfin l'Empereur & l'Empire con-
cédent & accordent à ladite Reine & Couronne de Suede, en tous & chacun deſdits Fiefs, le privilege contre les appels,
mais à condition qu'Elle établira en un
lieu commode en Allemagne un Tribunal
ſupérieur ou Intendance d'appellation, où
Elle mettra des perſonnes capables pour
adminiſtrer à un chacun le droit & la juſtice, ſelon les Conſtitutions de l'Empire
& les Statuts de chaque lieu, ſans autre
appel ou évocation des cauſes. Et au contraire, s'il arrivoit qu'il fût intenté quel-

que procès aux Rois de Suede, comme
Ducs de Brême, de Verden & de Poméranie, ou comme Princes de Rugen ou
Seigneur de Wifmar, pour caufe concernant ces Provinces, Sa Majefté Impériale
leur laiffe la liberté de choifir chaque fois
entre la Cour Aulique & la Chambre Impériale, celui de ces Tribunaux, qui leur
fera le plus commode pour que la caufe
y foit plaidée. Ils feront pourtant tenus
de déclarer dans trois mois, à compter
du jour de la déclaration du différend, en
qu'elle Juftice ils veulent comparoître.

13. Elle accorde auffi à Sa Majefté de
Suede le droit d'ériger une Académie ou
Univerfité, où & quand il lui fera convenable ; comme auffi Elle lui concéde à
droit perpétuel les Péages modernes, (vulgairement nommés les Licences) fur les
côtes & ports de Poméranie & de Mecklenbourg, à la charge toutefois qu'ils feront
réduits à une taxe fi modique, que le
Commerce n'en tombe point en décadence
dans ces lieux-là.

14. Elle décharge finalement les Etats,
Magiftrats, Officiers & Sujets defdites Provinces, & refpectivement defdits Fiefs,
de tous liens & fermens, dont ils étoient
obligés jufqu'à cette heure aux Seigneurs
& Poffeffeurs précédens ou prétendans,
& les renvoie & oblige à prêter fujettion,
obéiffance & fidélité à Sa Majefté & à la
Couronne de Suede, comme étant dès ce
jour leur Seigneur héréditaire ; & confti-
tue ainfi la Suede en la pleine & légitime
poffeffion de toutes ces chofes ; promettant

M 5

en foi & parole Impériale de prêter &
donner non feuleument à la Reine à préfent régnante ; mais auſſi à tous les Rois
futurs & à la Couronne de Suede , toute
fûreté pour raiſon deſdites Provinces,
biens & droits concédés & accordés , &
de les conſerver & maintenir inviolablement contre qui que ce puiſſe être, comme les autres Etats da l'Empire , en la
poſſeſſion paiſible de ces Provinces , biens
& droits , & de confirmer le tout en la
meilleure forme par des lettres particulieres
d'inveſtiture.

15. Réciproquement la Séréniſſime Reine & les Rois futurs & la Couronne de
Suede reconnoîtront tenir tous & chacun
des ſuſdits Fiefs de Sa Majeſté Impériale
& de l'Empire , & à cauſe de cela demanderont dûement , toutes les fois que le
cas arrivera , le renouvellement des Inveſ-
titures , en prêtant , comme les précédens
Poſſeſſeurs & femblables Vaſſaux de l'Empire , le ferment de fidélité & tout ce qui
y eſt annexé.

16. Au reſte , ils confirmeront en la maniere accoutumée , lors du renouvellement
& de la preſtation de l'hommage , aux Etats
& Sujets deſdites Provinces & Lieux , &
nommément à ceux de Stralſund , leurs
libertés , biens , droits & privileges communs & particuliers , légitimément obtenus ou acquis par un long uſage , avec le
libre exercice de la Religion Evangélique,
pour en joüir à perpétuité , ſelon la pure
& véritable Confeſſion d'Augsbourg. Ils
conſerveront auſſi entiérement aux Villes

Hanséatiques, qui font dans ces Provinces, la même liberté de Navigation & de Commerce, qu'elles ont eu jufqu'à la préfente guerre, tant dans les Royaumes, Républiques & Provinces étrangéres, que dans l'Empire.

ARTICLE XI.

1. Pour donner une compenfation équivalente au Seigneur Frédéric - Guillaume, Electeur de Brandebourg, qui pour avancer la Paix univerfelle a cédé les droits qu'il avoit fur la Poméranie citérieure, fur Rugen & fur les païs & les lieux y annexés; l'Evêché d'Halberftadt, avec tous fes droits, priviléges, droits régaliens, territoires & biens Séculiers & Eccléfiaftiques, de quelque nom qu'ils foient appellés, fans en excepter aucun, fera donné en fief perpétuel & immédiat de l'Empire par Sa Majefté Impériale, du confentement des Etats de l'Empire, & principalement des interreffés, dès que la Paix fera conclue & ratifiée entre les deux Couronnes & les Etats de l'Empire, audit Electeur & pour fes défcendans, fucceffeurs, héritiers, & à fes coufins mâles du côté paternel, principalement au Marggrave Chriftian - Guillaume, autrefois Adminiftrateur de l'Archevêché de Magdebourg, Chriftian de Culmbach & Albert d'Onoltzbach & à leurs fucceffeurs & héritiers mâles, & le fufdit Electeur fera auffi - tôt mis & conftitué en la poffeffion paifible &

Récompenfe de l'Electeur de Brandebourg.

réelle de cet Evéché, & aura, en ce
nom, féance & voix aux Diétes de l'Empire, & au Cercle de la Baſſe-Saxe. Mais
quant à la Religion & aux Biens Eccléſiaſtiques, ils les laiſſera en l'état, qu'ils ont
été réglés par l'Archiduc Leopold-Guillaume, dans la Convention faite avec le
Chapitre de la Cathédrale; enſorte toutefois que nonobſtant cela l'Evêché demeure héréditaire à l'Electeur & à toute la
Maiſon, & à ſes Parens paternels mâles,
ci-deſſus nommés, leurs Succeſſeurs &
Héritiers mâles, en l'ordre qu'ils doivent
ſuccéder les uns aux autres, ſans qu'il
reſte au Chapitre aucun droit d'élection
& de poſtulation, ou au gouvernement
de l'Evêché, & aux choſes qui y appartiennent; mais que ledit Electeur, & ſelon l'ordre de ſucceſſion les autres ci-deſſus nommés, joüiſſent dans cet Evêché
du même droit & de la même puiſſance,
dont joüiſſent les autres Princes de l'Empire en leur territoire, & qu'il leur ſoit
pareillement loiſible d'éteindre la quatrieme
partie des Canonicats (excepté la Prévôté
qui ne ſera pas compriſe dans ce nombre)
à meſure que ceux de la Confeſſion d'Augſbourg, qui les poſſédent à préſent, viendront à mourir, & d'en incorporer les
revenus à la Menſe Epiſcopale; que s'il
n'y avoit pas aſſez de Chanoines de la
Confeſſion d'Augsbourg pour faire la quatrieme partie de tout le Corps, la Prévôté en étant exceptée, le nombre ſera ſup-
pléé par les Bénéfices des Catholiques,
qui viendront à décéder.

2. Comme aussi d'autant que le Comté de Hohenstein, pour la partie dont il est. Fief de l'Evêché d'Halberstadt, consistant aux deux Bailliages de Lora & de Kletten-berg & en quelques Bourgs, avec les biens & droits y appartenans, a été réuni, après la mort du dernier Comte de cette famille ; au même Evêché, & possédé jusqu'à présent par l'Archiduc Leopold-Guillaume, comme Evêque d'Halberstadt, ledit Comté demeurera aussi pour l'avenir irrévocablement uni à cet Evêché, avec libre faculté audit Electeur d'en disposer comme possesseur héréditaire de l'Evêché d'Halberstat, nonobstant toute contradic-tion, par qui que ce soit qu'elle puisse être formée, de sorte qu'il n'en résultera aucun effet.

3. Le même Electeur sera tenu de main-tenir le Comte de Tattembach en la pos-session du Comté de Rheinstein, & de lui renouveller l'investiture, que l'Archiduc lui avoit conféré du consentement du Chapitre.

4. Sera aussi donné par Sa Majesté Im-périale, du consentement des Etats de l'Empire, au susdit Electeur, pour lui & pour ses Successeurs ci-dessus mentionnés, en Fief perpétuel, l'Evêché de Minden, avec tous ses droits & appartenances, & en la même maniere que l'Evêché d'Hal-berstadt l'a été, pour en être le susdit Electeur, lui & ses Successeurs, mis dans la possession paisible & réelle, aussi-tôt après la présente Pacification conclue & ratifiée; & à ce titre, ledit Electeur aura

séance & voix dans les Diétes générales
& particulieres de l'Empire, aussi-bien
que dans celles du Cercle de Westphalie;
sauf toutefois à la Ville de Minden ses
immunités & droits aux choses sacrées &
profanes, & sa Jurisdiction entiere & mixte
aux causes criminelles & civiles, princi-
lement le droit de Banlieue, & l'exercice
de cette Jurisdiction accordé, & pour le
présent accepté, comme aussi les autres
usages, immunités & privileges, qui lui
appartiennent légitimement, par rapport
aux anciens droits, à condition néanmoins,
que les villages, hameaux & maisons appartenans au Prince, Chapitre, & à tout
le Clergé & Ordre des Chevaliers, qui
font respectivement situés dans le territoire & dans l'enclos des murailles de la
Ville, en feront exceptés, & d'ailleurs le
droit du Prince & du Chapitre demeurera entier.

5. Sera pareillement concédé & délaissé
par l'Empereur & l'Empire au susdit Seigneur Electeur & à ses successeurs, l'Evêché de Camin en fief perpétuel, selon le
même droit & en la même maniere, dont
on a disposé ci-dessus des Evêchés d'Halberstadt & de Minden, avec cette différence néanmoins, que dans l'Evêché de
Camin il sera libre au Seigneur Electeur
d'éteindre tous les Canonicats après la
mort des Chanoines d'à-présent, & d'a-
jouter ainsi ou d'incorporer avec le temps
tout l'Evêché à la Poméranie ulterieure.

6. Joüira pareillement le susdit Seigneur
Electeur de l'expectance sur l'Archevêché

de Magdebourg, en telle maniere toutefois, que quand il deviendra vacant, soit
par la mort de l'Administrateur d'à présent,
le Seigneur Auguste, Duc de Saxe, soit
qu'il vint à succéder à l'Electorat, soit
enfin que par quelque autre moyen il fût
porté à s'en démettre volontairement, tout
l'Archevêché, avec tous les territoires y
appartenans, droits régaliens, & autres
droits, selon qu'il a été disposé ci-dessus
de l'Evêché d'Halberstadt, sera conféré &
donné en fief perpétuel au Seigneur Electeur, & à ses déscendans & successeurs,
héritiers & parens paternels mâles, nonobstant toute élection ou postulation qui se
pourroit faire secrettement ou publiquement pendant cet entretems ; & auront
lui ou eux droit d'en prendre de leur propre autorité la possession vacante.

7. En attendant, & d'abord après la
conclusion de la Paix, le Chapitre, avec
les Etats & sujets du susdit Archevêché,
seront tenus de s'obliger pour l'avenir par
serment, à garder fidélité & sujettion au
susdit Seigneur Electeur, & à toute sa
Maison Electorale, & pour lui & pour
tous ses successeurs dans cette Maison ;
héritiers & parens mâles.

8. Sa Majesté Imperiale renouvellera à
la ville de Magdebourg, à l'instant qui
lui en sera par elle très humblement faite,
son ancienne liberté, & le privilége à elle
accordé par Othon 1. en date du 7. de
Juin 940. encore qu'il soit péri par l'injure
des tems, comme aussi le privilége de
munir & fortifier, à elle accordé par l'Em-

pereur Ferdinand II. lequel privilege doit
être étendu jufqu'à un quart de lieu d'Allemagne, avec toute forte de jurifdiction
& de propriété; de même demeureront
fes autres priviléges en leur entier & inviolables, tant pour les chofes Eccléfiaftiques que Politiques, avec la claufe y inférée, qu'on ne rebâtira point les faux-bourgs
au préjudice de la ville.

9. Pour ce qui regarde au refte les quatre Seigneuries ou Bailliages de Querfurt,
Guterbock, Dam & Borck, puifqu'ils ont
déja été cédés ci-devant au Seigneur Electeur de Saxe, ils demeureront auffi en
fon pouvoir, à la referve toutefois que
l'Electeur de Saxe contribuera à l'avenir
aux collectes de l'Empire & du Cercle la
cote-part, qui a été jufqu'à préfent con-
tribuée pour raifon de ces Bailliages; &
l'Archevêché en fera déchargé, & à cela
il fera pourvu exprès dans la Matricule de
l'Empire & du Cercle. Et pour réparer
en quelque façon la diminution des revenus appartenans à la Chambre & à la
Menfe Archiépifcopale, qui en réfulte,
l'on donne & délaiffe à l'Electeur de Brandebourg, & à fes Succeffeurs, non-feulement le Bailliage d'Eglen, qui autrefois
appartenoit au Chapitre, pour le poffédet
& en jouir de plein droit auffi-tôt après
la Paix conclue (le procès, que les Comtes
de Barby en avoient intenté depuis quelques années, étant pour cet effet éteint
& fupprimé;) mais auffi il aura la faculté,
lorfqu'il fera entré en poffeffion de l'Archevêché, d'éteindre la quatrieme partie

des Canonicats de la Cathédrale quand ils deviendront vacans , & d'en appliquer les revenus à la Chambre Archiépifcopale.

10. Les dettes contractées jufqu'ici par le préfent Adminiftrateur, le Seigneur Augufte, Duc de Saxe, ne feront aucunement acquittées des revenus de l'Archevêché, le cas avenant, qu'il foit vacant ou dévolu, en la maniere qu'il à été dit, au Seigneur Electeur de Brandebourg & à fes fucceffeurs; & il ne fera pas permis non-plus au Seigneur Adminiftrateur de charger à l'avenir le fufdit Archevêché de nouvelles dettes, ou de quelques engagemens on même d'en aliener quelque chofe, au préjudice du Seigneur Elécteur, & de fes fucceffeurs, héritiers & parens mâles.

11. Seront auffi confervés aux Etats & fujets des fufdits Archevêchés & Evêchés appartenans audit Seigneur Electeur leurs droits & priviléges compétans ; principalement l'exercice de la Confeffion d'Augsbourg tel qu'ils l'ont à préfent; & les chofes, qui ont été tranfigées & accordées dans le point des griefs entre les Etats de l'Empire de l'une & de l'antre Religion, n'auront pas moins lieu à leur égard, favoir en tant qu'elles ne font point contraires à la difpofition, qui eft contenue ci-deffus en l'Article V. des griefs, Paragraphe VIII. qui commence. *Les Archevêchés, Evêchés & autres fondations & biens Eccléfiaftiques*, &c. & qui finit par ces mots, *& à cette Tranfaction.* lequel paffage doit ici être valable de même que s'il étoit inféré de mot à mot, & les fuf-

dits Archevêchés & Evêchés appartiendront & demeureront au Seigneur Electeur
& à la Maison de Brandebourg, & à tous
ses successeurs, héritiers & parens paternels à perpétuité, avec droit héréditaire
& immuable, de la même maniere qu'ils
ont droit sur leurs autres terres héréditaires; & pour ce qui concerne le titre ou la
qualité, il a été convenu, que le susdit
Seigneur Electeur avec toute la Maison de
Brandebourg, & dans cette Maison tous
& chacun les Marggraves de Brandebourg,
soient appellés & qualifiés Ducs de Magdebourg, & Princes d'Halberstadt & de
Minden.

12. Sa Majesté Royale de Suède resti-
tuera aussi au susdit Seigneur Electeur,
pour lui, ses successeurs, héritiers & parens paternels mâles, en premier lieu, le
reste de la Poméranie ultérieure avec toutes ses appartenances, biens, droits Ecclésiastiques & Séculiers, de plein droit,
tant pour le domaine utile, que pour le
domaine direct.

En second lieu, la ville de Colberg avec
tout l'Evêché de Camin, & tout le droit
que les Ducs de la Poméranie ultérieure ont ci-devant eu en la Collation des
Dignités & Prébendes du Chapitre de Camin; ensorte toutefois, que lesdits droits
ci-dessus cédés à Sa Majesté Royale de
Suède lui demeurent en leur entier, &
que ledit Electeur confirme & conserve,
en la meilleure maniere que faire se pourra, aux Etats & sujets de la partie resti-
tuée de la Poméranie ultérieure, & dans

l'Evêché de Camin lors du renouvellement & de la preſtation de l'hommage,
leur compétente liberté, & leurs biens,
droits & priviléges, pour en joüir perpétuellement ſans aucun trouble, ſelon la
teneur des lettres reverſales, (dont auſſi
les Etats & ſujets dudit Evêché doivent
joüir, comme ſi elles leur avoient été directement accordées) avec l'exercice libre
de la Confeſſion d'Augsbourg, ſavoir de
celle qui n'a point été changée.

13. En troiſiéme lieu, toutes les places,
qui ſont préſentement occupées par des
garniſons Suédoiſes en la Marche de Brandebourg.

14. En quatriéme lieu, toutes les Commanderies & biens appartenans à l'Ordre
des Chevaliers de St. Jean, ſitués hors des
territoires, qui ont été cédés à Sa Majeſté Royale & à la Couronne de Suéde,
enſemble les Actes, Régiſtres & autres
Documens & Papiers originaux, qui concernent ces lieux & ces droits, qui doivent être réſtitués. Et pour les Papiers
communs, qui touchent l'une & l'autre
Poméranie citérieure & ultérieure, & qui
ſe trouvent ou dans les Archives & Car-
tulaires de la Cour de Stétin ou ailleurs,
hors ou dans la Poméranie, il en ſera
donnée des copies authentiques en bonne
& duë forme.

ARTICLE XII.

Compensation de la Maison de Mecklebourg.

1. Pour ce que le Seigneur Adolphe-Frédéric Duc de Mecklebourg-Schwerin va perdre par l'aliénation de la ville & du port de Wismar, il a été convenu, qu'il aura pour lui & pour ses héritiers mâles, en fief perpétuel & immédiat, les Evêchés de Schwerin & de Ratzebourg, (sauf toutefois à la Maison de Saxe-Lauenbourg & à d'autres voisins, comme aussi au Diocéfe, le droit, qui leur compéte de part & d'autre) avec tous les droits, documens, titres, archives, régistres & autres appartenances, & même la faculté d'éteindre les Canonicats des deux Chapitres, après le décès des Chanoines qui y sont à-présent, pour en appliquer tous les revenus à la mense Ducale; & qu'il aura, en ce regard, séance aux Assemblées de l'Empire & du Cercle de la Basse-Saxe, avec double titre & double voix de Prince. Or quoique le Seigneur Gustave-Adolphe, Duc de Mecklebourg Gustrow son neveu, fils de son frere, ait été ci-devant désigné Administrateur de Ratzebourg; toutefois puisque la faveur de la réstitution en leurs Duchés ne le regarde pas moins que son Oncle, il a été trouvé équitable que l'Oncle ayant cédé Wismar, le neveu à son tour lui céde cet Evêché. Mais il sera conféré pour ce sujet audit Duc Gustaphe-Adolphe, par forme de récompense deux bénéfices de Canonicats de ceux qui, selon le présent accommodement des griefs,

font affectés à ceux qui profeſſent la
Confeſſion d'Augsbourg, l'un dans l'Eglife
Cathédrale de Magdebourg , & l'autre dans
celle d'Halberſtad ; des premiers qui viendront à vaquer.

2. Pour ce qui regarde enſuite les deux
Canonicats , que l'on prétend en l'Eglife
Cathédrale de Strasbourg , ſi de cette part
il échéoit quelque choſe aux Etats de la
Confeſſion d'Augsbourg , en vertu de cette préſente Transaction , l'on donnera,
des revenus qui en proviennent, à la famille des Ducs de Mecklelebourg le mon-
tant de deux Canonicats, ſans préjudice
néanmoins des Catholiques. S'il arrivoit,
que la branche des mâles de Schwerin
vint à manquer, celle de Guſtrow ſubſi-
ſtant, alors celle-ci ſuccédera réciproquement à celle-là.

3. Pour plus grande ſatisfaction de ladite Maiſon de Mecklebourg , on lui céde
à perpétuité les deux Commanderies de
l'Ordre des Chevaliers de St. Jean de Jé-
ruſalem , Mirow & Nemeraw , ſituées dans
ce Duché. en vertu de la diſpoſition ex-
primée ci-deſſus en l'Article V. Paragraphe 9. juſqu'à ce que l'on ſoit tombé
d'accord ſur les conteſtations de la Religion dans l'Empire ; ſavoir, Mirow à la
ligne de Schwérin, & Nemeraw à celle
de Guſtrow, fous la condition, quelles ſeront tenues d'obtenir elles mémes le conſentement dudit Ordre, & de lui rendre
auſſi dorénavant, de même qu'à l'Electeur
de Brandebourg, comme Patron d'icelui,

toutes les fois que le cas y écherra, les devoirs accoûtumés jusqu'ici d'être rendus.

4. Sa Majesté Impériale confirmera aussi à ladite Maison pour toujours les péages, sur l'Elbe, ci-devant obtenus, avec exemption des contributions, qui seront à l'avenir levées dans l'Empire, excepté ce qui regarde la satisfaction de la milice Suédoise, jusqu'à ce que la somme de deux cens mille Richsdales ait été compensée, La dette prétenduë de Wingerschin demeurera aussi éteinte, comme contractée à l'occasion de la guerre, de même que les procès & & les décrets qui sont émanés là-dessus, ensorte que ni les Ducs de Mecklebourg, ni la ville de Hambourg, ne puissent plus dorénavant pour ce sujet être recherchés ou inquiétés.

ARTICLE XIII.

Des Ducs de Brunswic.

1. La Maison Ducale de Brunswic-Lunebourg ayant, pour faciliter & établir d'autant mieux la Paix générale, cédé les Coadjutoreries qu'elle avoit obtenues des Archevêchés de Magdebourg & de Bréme, & des Evêchés d'Halberstad & de Ratzebourg, à cette condition, qu'entre autres choses on lui accorderoit la Succession alternative avec les Catholiques en l'Evêché d'Osnabrück : Sa Majesté Impériale, qui ne trouve pas convenable dans l'état présent des affaires de l'Empire de retarder plus long-tems pour ce sujet la Paix générale, consent

& permet, que cette Succeffion alternative en l'Evêché d'Ofnabrück ait lieu dorénavant entre les Evêques Catholiques
& ceux de la Confeffion d'Augsbourg,
qui feront pourtant poftulés de la Famille des Ducs de Brunfwic - Lunebourg,
tant qu'elle fubfiftera, & ce, en la maniere, & aux conditions fuivantes.

2. En premier lieu : D'autant que le
Comte Guftave - Guftavefon, Comte de
Waffabourg, Sénateur du Royaume de
Suede, renonce à tout le droit qu'il avoit
obtenu, à l'occafion de la préfente Guerre, fur l'Evêché d'Ofnabrück, & qu'il
remet aux Etats & Sujets de cet Evêché
l'hommage, qu'ils lui avoient prêté ; à
ces caufes, l'Evêque François - Guillaume
& fes Succeffeurs, comme auffi le Chapitre, les Etats & les Sujets de cet Evêché,
feront obligés, en vertu des préfentes,
de payer & compter audit Sieur Comte
ou, à fon ordre dans Hambourg dans le
cours de quatre années, à commencer
du jour de la Publication de la Paix, la
fomme de quatre vingt mille écus, valeur
d'Empire ; enforte qu'ils foient tenus de
lui en payer & compter, ou à fon ordre,
dans la ville de Hambourg, chacun an
vingt mille, pour l'exécution de quoi, on
employera contre les défaillans les moyens
autorifés par la Loi publique de cette Pacification.

3. En fecond lieu : Ledit Evêché d'Ofnabrück fera reftitué tout entier, & avec
toutes fes appartenances, tant Séculieres
qu'Eccléfiaftiques, au fufdit Evêque d'apré-

Evêché
d'Ofna-
brück.

N 4

sent François-Guillaume, qui le possédera de plein droit, ainsi qu'il sera stipulé par les clauses de la Capitulation invariable & perpétuelle, qui sera bientôt faite sur ce sujet, du consentement commun, tant dudit Prince François-Guillaume, que des Ducs de la Maison de Brunswic-Lunebourg, & des Capitulaires de l'Evéché d'Osnabrück.

4. En troisieme lieu : Pour ce qui est de l'état de la Religion & des Ecclésiastiques, comme aussi de tout le Clergé, de l'une & de l'autre Religion, tant en la même Ville d'Osnabrück que dans les autres Pays, Villes, Bourgs, Villages & tous les autres lieux appartenans à cet Evéché, il demeurera & sera rétabli au même état, qu'il étoit le premier de Janvier 1624, toutefois il sera fait auparavant une désignation particuliere de tout ce qui se trouvera avoir été changé après ladite année 1624, tant à l'égard des Ministres de la Parole de Dieu, que du Culte Divin, laquelle sera insérée, avec les réglemens à faire en conséquence, à la susdite Capitulation : & l'Evéque promettra par lettres reverfales à ses Etats & à ses Sujets, après avoir reçu leurs hommages, selon la forme ancienne, de leur conserver leurs droits & leurs priviléges, & en outre toutes les autres choses, qui seront trouvées nécessaires de part & d'autre pour l'administration future de l'Evéché, & la sûreté des Etats & des Sujets.

5. En quatrieme lieu, Ledit Seigneur Evéque venant à décéder le Seigneur Ernest-

Augufte, Duc de Brunfwic - Lunebourg lui fuccédera en l'Evéché d'Ofnabrück & fera même dès à préfent défi-
gné fon fucceffeur, en vertu de la préfente Paix publique ; enforte que le Chapitre Cathédral d'Ofnabrück, comme
auffi les autres Etats & Sujets de l'Evêché, feront tenus incontinent après la
mort ou la réfignation de l'Evêque d'a-
préfent, de recevoir pour Evêque ledit
Seigneur Erneft - Augufte, & les fufdits
Etats & Sujets feront obligés à cette fin
de lui prêter dans trois mois, à compter
du jour de la conclufion de la Paix, l'hommage accoutumé, ainfi qu'il a été dit ci-
deffus, aux conditions qui feront inférées
dans la Capitulation perpétuelle, qui eft
à faire avec le Chapitre.

6. Si le Duc Erneft ne furvivoit pas à
l'Evêque d'apréfent, le Chapitre fera tenu, après la mort de l'Evêque à préfent
vivant de poftuler un autre Prince des
Defcendans du Seigneur George Duc de
Brunfwic - Lunnebourg, aux conditions qui feront convenues en la Capitulation invariable, qui aura été reçue,
lefquelles feront obfervées à perpétuité ;
& réciproquement, fi celui-ci vient à
mourir ou à réfigner volontairement, le
Chapitre fera tenu d'élire ou de poftuler
un Prélat Catholique, & s'il arrivoit en
cela quelque négligence ou difcorde parmi les Chanoines, la difpofition du Droit
Canon & la Coutume d'Allemagne auront
lieu pour ce regard, fauf pourtant la Capitulation perpétuelle & la préfente Tran-

N 5

faction. Et partant fera à jamais admife la Succeffion alternative entre les Evéques Catholiques choifis du Chapitre, ou poftulés d'ailleurs, & entre ceux de la Confeffion d'Augsbourg, lefquels ne feront autres que des defcendans de la Famille dudit Duc George ; Et s'il y en a plufieurs Princes, on élira ou poftulera un des cadets pour Evêque ; & fi les cadets manquent un des Princes Régnans fera élû : Et ceux-ci manquant auffi, la poftérité du Duc Augufte enfin fuccédera avec l'alternative perpétuelle, comme il a été dit, entre cette Famille & les Catholiques.

7. En cinquieme lieu : Non-feulement le Duc Erneft-Augufte, mais auffi tous & un chacun des Princes de la Maifon des Ducs de Brunfwic-Lunebourg de la Confeffion d'Augsbourg, qui fuccéderont alternativement en cet Evêché, feront tenus de conferver & défendre, comme il a été difpofé ci-deffus en l'Article III, & comme il le fera, en la Capitulation perpétuelle, l'état de la Religion & des Eccléfiaftiques, enfemble de tout le Clergé, tant en la Ville d'Ofnabrück, que dans les autres Pays, Villes, Bourgs, Bourgades, Villages, & tous les autres lieux appartenans à cet Evéché.

8. En fixieme lieu : Et afin que pendant l'adminiftration & le gouvernement des Evêques de la Confeffion d'Augsbourg il n'arrive aucune difficulté ni confufion à l'égard de la cenfure des Eccléfiaftiques Catholiques, ni à l'égard de l'ufage & de l'adminiftration des Sacremens, felon

le Rit de l'Eglife Romaine , comme auffi
des autres chofes touchant les ordres , la
difpofition de tout ceci fera réfervée à
l'Archevêque de Cologne , comme au Métropolitain , toute les fois que la Succeffion alternative tombera fur un Prince de
la Confeffion d'Augsbourg ; mais contre
ceux de cette Confeffion ladite difpofition
fera entiérement abolie. Les autres droits
de fouveraineté & de gouvernement , tant
au Civil qu'au Criminel , demeureront
entiers à l'Evêque de la fufdite Confeffion ,
felon les loix de la future Capitulation ;
mais toutes les fois qu'un Evêque Catholique gouvernera l'Evêché d'Ofnabrück ;
celui-ci ne prétendra ni n'aura aucun droit
fur les chofes Eccléfiaftiques , qui regardent la Confeffion d'Augsbourg.

9. En feptieme lieu : Le Monaftére ou
la Prévôté de Walkeried , dont le Duc
Chriftian - Louis de Brunfwic - Lunebourg eft préfentement Adminiftrateur ,
fera conférée par l'Empereur & l'Empire , avec la Terre de Schawen , à droit
perpétuel de Fief, aux Ducs de Brunfwic-
Lunebourg , avec toutes leurs appartenances & droits , & cela fuivant le
même ordre de fucceffion entre les
branches de Brunfwic - Lunebourg , qui eft
ci-deffus dit ; fi bien que le droit d'avo-
catie ou de protection , & toutes les autres
prétentions de l'Evêché d'Halberfta & du
Comté du Hohenftein , feront entiérement
éteintes & annullées.

10. En huitieme lieu : Le Monaftere de
Groeningen , ci-devant acquis à l'Evêché

d'Halberstadt , sera aussi restitué ausdits
Ducs de Brunswic - Lunebourg , avec la
réserve des droits , qui appartiennent auxdits Ducs sur le Château de Westerbourg ;
comme aussi l'inféodation donnée par les
mêmes Ducs au Comte de Tettenbach ,
& les conventions faites pour ce sujet ,
demeureront en leur entier , aussi bien
que les droits de créance & d'engagement
appartenans sur Westerbourg à Frederic
Schencken de Winterstet , Vicaire du Duc
Christian-Louis.

11. En neuvieme lieu : Quant à la dette
contractée par le Duc Frederic - Ulric de
Brunswic - Lunebourg envers le Roi de
Danemarc , & cédée par celui - ci à Sa
Majesté Impériale dans un Traité de Paix
conclu à Lubec , & de laquelle ensuite
il a été fait un présent au Comte de Til-
ly , Général de l'Armée Impériale , les
Ducs d'à-présent de Brunswic - Lunebourg
ayant représenté que pour plusieurs raisons
ils ne sont pas tenus de payer cette dette,
& les Ambassadeurs & Plénipotentiaires de
la Couronne de Suéde , ayant aussi de
leur part fortement agi pour cette affaire , il a été convenu , pour l'amour de la
Paix que cette dette demeurera éteinte , & que l'obligation en sera remise
auxdits Ducs , à leurs Héritiers & à leurs
états.

12. En dixiéme lieu : les Ducs de
Brunswic - Lunebourg de la Branche de
Zelle , ayant payé jusqu'à présent l'intérêt annuel de la somme de vingt mille
florins au Chapitre de Ratzebourg , com-

me l'alternative ceſſe préſentement, leſdits
intérêts annuels ceſſeront auſſi, avec ſup-
preſſion entiere de la dette, & de toute
autre obligation pour ce regard.

13. En onziéme lieu : aux deux Princes
Antoine-Ulric & Ferdinand-Albert, fils
cadets du Duc Auguſte de Brunſwic-Lunebourg, feront auſſi conférées deux Prébendes dans l'Evêché de Strasbourg, de
celles qui vaqueront les prémieres, à condition néanmoins, que le Duc Auguſte
renoncera aux prétentions qu'il avoit ou
pouvoit avoir ci-devant ſur quelques Canonicats.

14. En douzieme lieu : en échange,
leſdits Ducs renonceront de la maniere la
plus complette aux poſtulations & coadjutoreries ſur les Archevêchés de Magdebourg
& de Brême, comme auſſi ſur les Evêchés d'Halberſtadt & de Ratzebourg; enforte que tout ce qui a été ci-deſſus réglé en ce traité de paix touchant ces Archevêchés & Evêchés, aura ſon plein &
entier effet, ſans aucune contradiction de
leur part; les Chapitres demeurans en tout
& par-tout en l'état, dont il a été ci-deſſus convenu.

_____

ARTICLE XIV.

1. Touchant la ſomme de douze mille Satisfac-
écus d'Empire, qui doit être payée tous tion de
les ans au Seigneur Chriſtian-Guillaume, Chriſtian-
Marggrave de Brandebourg des revenus de Guillau-
l'Archevêché de Magdebourg, il a été me, Marg-

grave de Brandebourg.

convenu, que le cloître & bailliages de Zina & de Lobourg, feront inceffament cédés & transportés audit Seigneur Marggrave de Brandebourg, avec toutes leurs appartenances, & pleine & entiere jurifdiction, excepté le feul droit territorial, & que le fufdit Marggrave joüira de ces bailliages pendant fa vie, fans être obligé d'en rendre aucun compte; à condition toutefois, qu'aucun préjudice ne fera fait aux fujets defdits bailliages, tant au temporel qu'au fpirituel.

2. Et comme ledit cloître & lefdits bailliages, ainfi que tout l'Archevêché, ont été fort ruinés par l'injure des tems, le préfent Adminiftrateur payera fans délai pour ce fujet audit Marggrave, des deniers qui feront impofés à cet effet fur ledit Archevêché, la fomme de trois mille écus d'Empire, defquels ledit Marggrave & fes héritiers ne feront tenus de faire aucune réftitution.

3. Il a été outre cela accordé, qu'après le décès du fufdit Seigneur Marggrave, pour raifon & à l'occafion des alimens qui n'ont pas été fournis, il fera libre & permis à fes défcendans & à leurs héritiers de retenir durant cinq ans lefdits cloîtres & bailliages, avec toutes leurs appartenances, dépendances & droits, & d'en joüir & ufer fans être obligés d'en rendre aucun compte. Mais après l'expiration des cinq années, lefdits bailliages, avec leur jurifdiction, rentes & revenus, retourneront fans aucun retardement à l'Archevêché, & ne pourra être demandé ni pré-

tendu aucune chofe pour raifon de
la fomme ci-deffus mentionnée; &
tout cela aura lieu lors même que ledit
Archevêché de Magdebourg fera poffédé
par le Seigneur Electeur de Brandebourg
pour fa récompenfe équivalente & duë,
& par fes Héritiers & Succeffeurs.

ARTICLE XV.

1. Touchant l'affaire de Heffe-Caffel,
on eft demeuré d'accord de ce qui fuit:

En premier lieu: la Maifon de Heffe-
Caffel & tous fes Princes, fur-tout Madame Amélie Elifabeth, Landgrave de Heffe,
& le Prince Guillaume fon Fils, & leurs
Héritiers, leur Miniftres, Officiers, Vaffaux, Sujets, Soldats & autres qui font attachés à leur fervice, en quelque façon que
ce foit, fans exception aucune, non-obftant tous contrats, procès, prefcriptions
déclarations, fentences, exécutions & tranfactions à ce contraires, (qui toutes enfemble, comme auffi les actions ou prétentions
pour caufer du domage & des injures tant du
côté des parties neutres, que de ceux qui
portoient les armes, demeureront annullées) feront pareilement & entierement
participans de l'amniftie générale ci-deffus
établie, avec une entiere réftitution, à
avoir lieu l'une & l'autre du commencement de la guerre de Bohême, (excepté
les Vaffaux & Sujets héréditaires de Sa
Majefté Impériale & de la Maifon d'Autriche, ainfi qu'il en eft ordonné par le

Satisfac-
tion de la
Maifon de
Heffe.

Paragraphe, *Enfin tous*, &c.) que de tous les avantages provenans de cette Paix & de celle de Religion, avec pareil droit dont jouissent les autres Etats, ainsi qu'il en est ordonné dans l'Article qui commence, *Du consentement aussi unanime*, &c.

2. En second lieu : la Maison de Hesse-Cassel & ses Successeurs retiendront l'Abbaye de Hirschfeld, avec toutes les appartenances Séculieres & Ecclésiastiques, situées dedans ou dehors son territoire (comme la Prévôté de Gellingen) sauf toutefois les Droits que la Maison de Saxe possede de tems immémoriale dans ladite Abbaye, & à cette fin ils en demanderont l'investiture de Sa Majesté Impériale, toutes les fois que le cas y écherra, & en preteront serment de fidelité.

3. En troisieme lieu : le droit de Seigneurie directe & utile sur les Bailliages de Schaumbourg, Bukembourg, Saxenhagen & Statthagen, attribué ci-devant & adjugé à l'Evêché de Minden, appartiendra dorénavant au Seigneur Guillaume, Landgrave de Hesse, & à ses successeurs, pleinement & à perpétuité, sans que ledit Evêché, ni aucun autre, le lui puisse disputer, ni l'y troubler ; sauf neanmoins la Transaction passée entre Christian-Louis, Duc de Brunswic-Lunebourg, & la Landgrave de Hesse, comme aussi le Comte Philippe de la Lippe : la Convention passée de même entre ladite Landgrave & ledit Comte demeurant pareillement en sa force & vertu.

4. De

4. De plus on eſt demeuré d'accord, que pour la réſtitution des places occupées pendant cette guerre & par raiſon d'in-demnité, il ſera payé à Madame la Land-grave de Heſſe, Tutrice, & à ſon fils ou à ſes ſucceſſeurs Princes de Heſſe, par les Archevêchés de Mayence & de Munſter, & l'Abbaye de Eulde, dans la ville de Caſſel, aux frais & perils des payeurs, la ſomme de ſix cents mille écus d'Empire, de la valeur & bonté réglées par les der-nieres Conſtitutions Impériales, dans l'éſ-pace de neuf mois, à compter du tems de la ratification de la paix, ſans qu'il puiſſe être admis aucune exception ou au-cun prétexte pour empêcher le payement promis, & encore moins qu'il puiſſe être fait aucun arrêt ou ſaiſie ſur la ſomme con-venue.

5. Et afin que Madame la Landgrave ſoit d'autant plus aſſurée du payement, elle re-tiendra aux conditions ſuivantes, Neuſs, Coesfeld & Neuhauſs, & aura en ces lieux-là des garniſons, qui ne dépendront que d'elle; mais avec cette modification, qu'outre les Officiers & autres perſonnes néceſſaires aux garniſons, celles des trois lieux ſus-nommés enſemble n'excéderont pas le nombre de douze cents hommes de pied, & de cent chevaux, laiſſant à Ma-dame la Landgrave la diſpoſition du nom-bre de cavalerie & d'infanterie qu'il lui plaira de mettre en chacune de ces pla-ces, & des Gouverneurs qu'elle voudra y établir.

6. Les garniſons ſeront entretenues ſe-

lon le Réglement obfervé jufqu'ici pour l'entretien des Officiers & foldats de Heffe, & les chofes, qui font néceffaires pour la confervation des fortereffes, feront fournies par les Archevêchés & Evêchés, dans lefquels lefdites fortereffes & villes font fituées, fans diminution de la fomme ci-deffus mentionnée. Il fera même permis à ces garnifons de contraindre les refufans & les négligens, par voie d'exécution, toutefois fans paffer au delà de la fomme due. Cependant les droits de Souveraineté & la Jurifdiction, tant Eccléfiaftique que Séculiere, comme auffi les revenus defdites forterereffes & villes feront confervés au Seigneur Archevéque de Cologne.

7. Mais auffi-tôt qu'après la ratification de la paix on aura payé trois cents mille écus d'Empire à Madame la Landgrave, elle rendra Neufs, & retiendra feulement Coesfeld & Neuhaufs; enforte néanmoins qu'Elle ne mettra point la garnifon qui fortira de Neufs dans Coesfeld & Neuhaufs, ni ne demandera rien pour cela, & la garnifon de Coesfeld ne paffera pas le nombre de fix cents hommes de pied, & de cinquante chevaux, ni celle de Neuhaufs le nombre de cent hommes de pied. Et fi dans le tems de neuf mois toute la fomme n'etoit pas payée à Madame la Landgrave, non-feulement Coesfeld & Neuhaufs lui demeureront jufqu'à l'entier payement, mais auffi pour le refte de la fomme on lui payera l'intérêt à cinq pour cent, jufqu'à ce que le refte de la fomme

ait été payé ; & les Tréforiers & Receveurs d'autant de bailliages appartenans
auxdits Archevêchés, Evêchés & Abbaye,
& contigus à la Principauté de Heffe,
qu'il en faut pour fatisfaire au payement
desdits intérêts, s'obligeront fous ferment
à Madame la Landgrave, de lui payer
des deniers de leur recette les intérêts annuels de la fomme reftante, nonobftant les
défenfes de leurs maîtres.

8. Si les Tréforiers & Receveurs différent de payer, ou employent les revenus
ailleurs, Madame la Landgrave pourra les
contraindre au payement par toutes fortes
de voies: au refte, les autres droits du Seigneur propriétaire demeurans fur ces en-
trefaites toujours en leur entier; Mais auffi-tôt que Madame la Landgrave aura reçu toute la fomme, avec les arrérages pour
le tems, que l'on auroit été en retard de payer les intérêts; Elle réftituera fans délai
les lieux fus-nommés, par Elle retenus
dans l'interim pour la fûreté du payement,
les intérêts cefferont, & les Tréforiers &
Receveurs, dont il a été parlé, feront
quittes de leurs fermens.

9. Quant aux bailliages, du revenu defquels l'on aura à payer les intérêts en
cas de retardement, l'on en conviendra
provifionnellement avant la ratificarion de
la paix; laquelle Convention ne fera pas
de moindre force, que le préfent Traité
de paix.

10. Outre les lieux qui feront laiffés à Madame la Landgrave par raifon d'affurance, comme il a été dit, & qui ne feront

par Elle rendus qu'après le payement ci-
deſſus mentiônné , Elle réſtituera cependant auſſi - tôt après la ratification de la
paix toutes les provinces & les Evêchés,
comme auſſi leurs Villes , villages , Bourgs,
Fortereſſes , Forts & enfin tous les Biens
immeubles avec les droits par Elle occupés
pendant ces guerres ; enſorte toutesfois,
que tant des trois lieux , quelle retiendra
par forme de gage , que de tous les autres
à réſtituer , il ſera non - ſeulement permis
à Madame la Landgrave , & aux ſus-dits
Succeſſeurs , de faire remporter par leurs
Sujets toutes les proviſions de guerre & de
bouche , quelle y aura fait mettre ; (car
quant à celles qu'elle ny aura point apporté , & quelle y aura trouvé en prenant
les Places , & qui y ſont encore , elles y
reſteront ;)

11. Mais auſſi les Fortifications & Remparts , qui ont été élevés durant qu'Elle
a occupé ces Places , feront détruits &
démolis ; en y gardant néanmoins des me-
ſures pour que les Villes , Bourgs , Châteaux & Forts ne ſoient pas expoſés aux
invaſions & aux pillages d'un chacun.

12. Et bien - que Madame la Landgrave
n'ait exigé aucune choſe de perſonne pour
lui tenir lieu de réſtitution & d'indemnité,
ſi non des Archevêchés de Mayence & de
Cologne , des Evêchés de Paderborn &
& de Munſter , & de l'abbaye de Fulde,
& n'ait point voulu abſolument qu'il lui fut
rien payé par aucun autre pour ce ſujet,
toutefois eu égard à l'équité & à l'état des
affaires , tout le Congrès a trouvé bon ,

que fans préjudice de la difpofition du précédent Paragraphe , qui commence, *De plus on eft demeuré d'accord* , &c. les autres Etats, quels qu'ils foient, qui font-deçà & au delà du Rhin, & qui, depuis le premier de Mars de l'année courante, ont payé des contributions aux Heffiens, fourniront d'une maniere proportionnée à la contribution, par eux payée pendant tout ce tems, leur cote-part auxdits Archevêchés , Evêchés & Abbaye , pour faire la fomme ci deffus mentionnée, & pour l'entretien des garnifons ; enforte que fi quelques-uns fouffroient du dommage par le retardement du payement des autres, les retardans feront obligés de le réparer : & les Officiers ou foldats de Sa Majefté Impériale, on de Sa Majefté Royale de Suéde, ou ceux de la Landgrave de Heffe, n'empêcheront point qu'on ne les y contraigne. Il ne fera non plus permis aux Heffiens d'exempter perfonne au préjudice de cette Déclaration ; mais ceux qui auront duëment payé leur cote-part, feront dès-là exempts de toutes charges à cet égard.

13. Quant à ce qui regarde les différends mûs entre les Maifons de Heffe-Caffel & de Darmftadt, touchant la fucceffion de Marbourg, vû que le 14. d'Avril dernier ils ont été entiérement accommodés à Caffel, du confentement unanime des Parties intéreffées, il a été trouvé bon, que cette Tranfaction avec toutes fes claufes, acceffoires & piéces y ajoutées, telle qu'elle a été faite & fignée à Caffel par les

Parties, & infinuée aux actes du Congrès, ait en vertu du préfent traité la même force, que fi elle y étoit inférée mot à mot, qu'elle ne puiffe être jamais enfreinte par les Parties contractantes, ni par qui que ce foit, fous aucun prétexte, foit de contrat, foit de ferment, foit d'autre chofe; mais bien plus, qu'elle doit être exactement obfervée par tous, encore que peut-être quelqu'un des Intereffés refufe de la confirmer.

14. Pareillement la Tranfaction entre feu le Seigneur Guillaume, Landgrave de Heffe, & les Sieurs Chriftian & Wolrad, Comtes de Waldeck, faite le 11 d'Avril 1635, & ratifiée le 14 d'Avril 1648, par le Seigneur George, Landgrave de Heffe, aura, en vertu de cette Pacification, fon effet en entier & à toujours, & obligera également tous les Princes de Heffe & tous les Comtes de Waldeck.

15. Le Droit de Primogéniture, introduit dans l'une & l'autre Maifon de Heffe, favoir celle de Caffel & celle de Darmftadt, & confirmé par Sa Majefté Impériale, demeurera auffi ferme, & fera inviolablement gardé.

ARTICLE XVI.

Ceffation deshoftilitiltés; fatisfaction

1. Auffi-tôt que le Traité de Paix aura été foufcrit & figné par les Sieurs Plénipotentiaires & Ambaffadeurs, tout acte d'hoftilité ceffera, & les chofes, qui ont été

accordées ci-deſſus, feront de part & pécuniai-
d'autre d'abord miſes en exécution.   re de la

2. Principalement l'Empereur fera lui-Suéde; &
même publier des Edits par tout l'Empi-évacua-
re, & mandera préciſement à ceux, qui tion des
ſont obligés par ces Conventions, & par places.
cette préſente Pacification, à réſtituer ou
accomplir quelque choſe, qu'ils ayent ſans
tergiverſation & ſans fraude à exécuter
entre le tems de la concluſion de la Paix,
& celui de ſa ratification, les choſes qui
ont été tranſigées : enjoignant tant aux
Princes Directeurs, qu'aux Colonels des
Cercles, de procurer & faire exécuter la
réſtitution, ſelon l'Ordonnance d'Exécution
& ſelon le contenu de ce Traité, à la réquiſition de ceux, qui doivent être réſtitués.

. Sera pareillement inférée dans leſdits
Edits la clauſe, que parce que les Directeurs
d'un Cercle ou le Colonel de la Milice,
ſont cenſés être hors d'état de faire cette
exécution en leur propre cauſe & réſtitution, en ce cas, auſſi bien que s'il arrivoit, que les Directeurs ou le Colonel de
la Milice circulaire en refuſaſſent la commiſſion, les Princes Directeurs ou Colonels
du Cercle voiſin s'acquitteront de la même
commiſſion d'exécution dans cet autre
Cercle, à la réquiſition de ceux, qui ſont
à réſtituer.

3. S'il arrivoit auſſi, que quelqu'un,
qui doit être réſtitué, s'imaginât avoir beſoin de Commiſſaires de l'Empereur pour
appuyer l'acte de quelque réſtitution, preſtation ou exécution (ce qui ſera à ſon
choix) ils lui feront inceſſamment donnés.

4. Et en ce cas , pour d'autant moins retarder l'accompliſſement des choſes ici accordées, il ſera permis tant à ceux qui réſtitueront , qu'à ceux qui doivent être réſtitués , auſſi-tôt après la Paix conclue & ſignée, de nommer de part & d'autre deux ou trois Commiſſaires , deſquels Sa Majeſté Impériale choiſira l'un d'entre ceux que celui qui doit réſtituer aura nommé , & l'autre d'entre ceux que celui qui doit être réſtitué , aura auſſi nommé , en nombre toutefois égal de l'une & de l'autre Religion , auxquels elle ordonnera d'exécuter ſans délai tout ce qui doit être effectué en vertu de la préſente Tranſaction. Mais ſi ceux qui doivent réſtituer négligeoient de nommer des Commiſſaires , alors Sa Majeſté Impériale choiſira l'un de ceux , que la Partie qui eſt à réſtituer aura nommé , & y joindra un autre à ſa volonté , en nombre toujours égal de l'une & de l'autre Religion , auxquels elle ordonnera d'exécuter la Commiſſion , nonobſtant l'oppoſition & contradiction de la Partie adverſe ; comme auſſi ceux , qui ſont à réſtituer , feront ſavoir , incontinent après la Paix conclue , aux Intéreſſés , qui devront réſtituer , en quoi conſiſtent les choſes , dont il s'agit , ſuivant la teneur de cette Tranſaction.

5. Enfin tous & chacun , ou Etats ou Communautés , ou Particuliers , ſoit Eccléſiaſtiques ou Séculiers , qui , en vertu de la préſente Tranſaction & de ſes régles générales , ou de quelque diſpoſition particuliére & expreſſe , ſont obligés de réſti-

tuer , céder , donner , faire ou accomplir quelque chofe , feront auffi-tôt après
la publication des Edits Impériaux , &
après la fignification faite de ce qui doit
être réftitué , tenus de réftituer , céder ,
donner , faire & accomplir tout ce à quoi
ils font obligés , fans aucune tergiverfation , comme auffi fans oppofer quelque
claufe falutaire , générale ou fpéciale , inférée ci-deffus en l'amniftie , & fans aucune autre exception , de même que fans
apporter aucun dommage à perfonne.

6. Et pour cet effet , nul Etat , ou Homme de guerre , & fur tout de ceux qui
font en garnifon , ou autre quelconque ,
ne s'oppofera à l'exécution des Directeurs,
ou des Colonels de la Milice des Cercles,
ou des Commiffaires ; mais leur prêtera au
contraire affiftance contre ceux , qui tâche-
roient d'empêcher l'exécution en quelque
maniere que ce foit. Il fera permis auffi
auxdits Exécuteurs de fe fervir pour cela
de leurs propres forces , ou des forces de
ceux , qu'ils doivent mettre en poffeffion.

7. De plus tous les prifonniers de part
& d'autre , d'Epée ou de Robe , fans aucune diftinction , feront mis en liberté de la
maniere , dont les Généraux feront convenus , ou conviendront encore , du confentement de Sa Majefté Impériale.

8. Finalement , pour ce qui regarde le
Congé de la Soldatefque Suedoife , tous les
Electeurs , Princes & autres Etats , y compris la Nobleffe immédiate de l'Empire ,
des fept Cercles fuivans de l'Empire ;
favoir , du Cercle des quatre Electeurs du

O 5

Rhin, de celui de la Haute-Saxe, de celui de Franconie, du Cercle de Suabe, de celui du Haut-Rhin, du Cercle de Weftphalie, & de celui de la Baffe-Saxe (fauf toutefois leur réquifition ufitée jufqu'àpréfent en pareil cas, & leur liberté & exemption à l'avenir), feront tenus de contribuer enfemble la fomme de cinq millions d'écus d'Empire, en efpéces de bon aloi, ayant cours dans ledit Empire Romain, & cela en trois termes, au premier terme, celle de 1800000. écus, laquelle les Etats payeront chacun felon fa cote-part en argent comptant ès lieux ci-après nommés; favoir, les Etats du Cercle des Electeurs du Rhin & ceux du Cercle du Haut-Rhin, à Francfor fur le Mein; ceux du Cercle de la Haute-Saxe, à Leipzig ou à Brunfwic; ceux du Cercle de Franconie, à Nuremberg, ceux du Cercle de Suabe, à Ulm; ceux du Cercle de Weftphalie, à Brême ou à Munfter; & ceux de Baffe-Saxe, à Hambourg. Et pour parvenir plus facilement au payement de cette fomme, il fera permis aux véritables Seigneurs, & non pas aux Poffeffeurs d'à-préfent, auffi-tôt après la Paix concluë, d'impofer fuivant une réparation proportionnée, fur les fujets, qui leur devront être réftitüés, en vertu de l'Amniftie la cote-part quils auront à payer, & de lever la fomme contingente même avant que cette réftitution ait été faite, & les Poffeffeurs d'à-préfent ne feront naître aucun empêchement, quand on exigera ces contributions. Sera auffi payée audit premier terme la fomme

de douze cents mille Ecus d'Empire en affignations fur certains Etats , & ce à des
conditions raifonables, & dont chaque Etat
conviendra de bonne foi , dans le tems
d'entre la conclufion & la ratification de
la Paix, avec l'Officier de guerre afigné
fur lui.

9. Aprés cette convention, & l'échange des ratifications du préfent Traité, on
achevera auffi tôt d'un pas égal le payement des dixhuit cents mille , le Congé de
la milice , & l'évacüation des Places, fans
qu'il puiffe y être apporté du retardement
pour quelque caufe que ce foit.

Cefferont cependant auffi-tôt après la
Paix concluë les contributions & toutes fortes d'exactions ; fauf toutefois la fubfiftance des garnifons & des autres troupes,
de la quelle on conviendra à des conditions
raifonnables ; fauf auffi aux Etats, qui auront payé leur part , ou qui s'en feront accommodés amiablement avec les Officiers
affignés fur eux , à répéter de leur Co-
Etats les dommages, qu'ils auront foufferts
par le retardement de ceux-ci à payer leur
cote-part.

Et pour le fecond & le troifiéme terme,
les fufdits Etats des fept Cercles payeront
de bonne foi dans les villes ci-deffus marquées, aux Miniftres à ce députés, & ayant
pouvoir de Sa Majefté de Suéde, la premiere moitié des deux millions reftans à
la fin de l'année prochaine, à compter du
congé des troupes, & l'autre moitié à la
fin de l'année fuivante , le tout en écus
d'Empire ou la valeur en d'autres efpéces

ayant cours dans l'Empire. Et comme lef.
dits fept Cercles font cenfés uniquement
affectés au payement de la milice Suédoi-
fe, fans que la prétention d'aucun autre,
y puiffe être mêlée, il s'enfuit que tous
les Electeurs, Princes & Etats de ces Cercles ne payeront chacun leur part & portion, que conformément à la Matricule &
à l'ufage reçu dans chaque lieu, & felon
la défignation, qui en a été délivrée ici.

Aucun Etat ne fera exempt de payer;
mais auffi il ne fera point chargé d'un plus
grand nombre de mois Romains, que ceux
qu'il doit porter. Il ne fera tenu non plus
de ne rien payer d'avantage pour fon Co-
Etat, ou à d'autres foldats des Parties qui
font en guerre; beaucoup moins fera t-il
inquiété pour ce fujet de repréfailles ou
faifies. De plus aucun Etat ne fera empé-
ché dans la répartition qu'il aura à faire
fur les fujets de fa cote-part, par les gens
de guerre, ou par un Co-Etat, ou par
quelque autre, fous quelque pretexte que
ce foit.

11. Quant au Cercle d'Autriche & à
celui de Baviere, comme attendu la pro-
meffe, que les Etats de l'Empire ont faite à Sa Majefté Impériale en cette préfente Affemblée pour la pacification, qu'ils
lui donneroient dans la premiere Diéte de
l'Empire, un Subfide fur les Collectes de
l'Empire, en confidération des frais de la
guerre qu'elle a fouffert jufqu'àpréfent;
le Cercle d'Autriche a été excepté des autres, & réfervé pour le payement de l'Armée immédiate de l'Empereur, & celui
de Baviere pour fa milice; l'impofition &

la levée des deniers dans le Cercle d'Autriche demeurera à la disposition de Sa Majesté Impériale : Mais dans celui de Baviere on observera la même maniere d'impoſer & de payer, qui ſe doit obſerver dans les autres Cercles, & l'exécution s'y fera auſſi bien que dans les ſept autres Cercles, ſuivant les Conſtitutions de l'Empire.

12. Et afin que Sa Majeſté Royale de Suéde ſoit d'autant plus aſſurée du payement immanquable de la ſomme convenue aux termes ſtipulés, les Electeurs, Princes & Etats des ſuſdits ſept Cercles, s'obligent volontairement, en vertu de la préſente convention, de payer chacun ſa cote-part, de bonne foi au tems & au lieu preſcrits ; & ce, ſous l'engagement & hypothéque de tous leurs biens, enſorte que s'il arrivoit du retardement quelque part, tous les Etats de l'Empire, & principalement les Directeurs & Colonels de chaque Cercle, ſeront tenus, en conſéquence de l'Article touchant la *Garantie de la Paix*, d'exécuter, comme choſe jugée, ce qui eſt promis, & cela ſans aucune autre procédure judiciaire & ſans admettre aucune exception.

13. La réſtitution ayant été faite ſelon l'Article de *l'Amniſtie & des Griefs*, les priſonniers étant relachés, les ratifications échangées, & ce qui vient d'être accordé par rapport au terme du premier payement, ayant été effectué, toutes les garniſons des deux Parties, tant celles de l'Empereur & de ſes Alliés & Adhérens,

que celles de la Reine & du Royaume de Suede, de la Landgrave de Heſſe, de leurs Alliés & Adhérens, ou de qui que ce ſoit qu'elles dépendent, ſortiront en même tems & d'un pas égal des Villes de l'Empire & de tous les autres Lieux, qui feront à reſtituer, & ce ſans exception, retardement, dommage & faute quelconque.

14. Même les Lieux, Villes, Bourgs, Châteaux, Forts & Fortereſſes, qui ont été occupés, & retenus, ou cédés à l'occaſion de quelque trêve ou autrement, tant dans le Royaume de Boheme, & dans les autres Pays héréditaires de l'Empereur & de la Maiſon d'Autriche, que dans les autres Cercles de l'Empire, par leſdites Parties, qui ont été en guerre, feront inceſſamment reſtitués & laiſſés à leurs premiers Poſſeſſeurs & Seigneurs légitimes, foit qu'ils fuſſent des Etats médiats ou immédiats de l'Empire, y compris la Nobleſſe libre immédiate, tant Eccléſiaſtique que Séculiére, pour en diſpoſer fuivant la libetté, qui leur compéte de droit ou de coutume, ou en vertu de la préfente Tranſaction, nonobſtant toutes donations, inféodations, conceſſions, (ſi ce n'eſt qu'elles ayent été faites de bon gré par un Etat,) obligations données pour racheter des prifonniers, ou pour détourner le dégat ou l'incendie, ou acquifes par tous autres titres quelconques, au préjudice des premiers Seigneurs & Poſſeſſeurs légitimes. En vuë de quoi, toutes les conventions, confédérations, ou autres ex-

ceptions contraires à cette réftitution , cefferont auffi , & feront généralement réputées nulles & de nul effet ; fauf toutefois
les chofes , dont il a été fpécialement difpofé & en tant qu'il en a été difpofé dans
les Articles précédens , par rapport à la
fatisfaction & compenfation équivalente
pour la Reine & le Royaume de Suede ,
& à l'égard de celle pour quelques Electeurs
& Princes de l'Empire Romain , comme
auffi les autres chofes fpécialement exceptées & dont il a été autrement difpofé ;
Et cette réftitution des Lieux occupés
tant par Sa Majefté Impériale , que par
Sa Majefté Royale de Suede , & par leurs
Confédérés & Adhérens , fe fera réciproquement & de bonne foi.

15. Les Archives, Titres & Documens,
& les autres chofes mobiliaires , comme
auffi les canons, qui ont été trouvés dans
lefdites Places lors de leur prife , & qui
s'y trouvent encore en nature , feront auffi
réftitués ; mais il fera permis d'en emporter avec foi , ou faire emporter ce qui ;
après la prife des Places, y a été amené,
foit ce qui a été pris dans les batailles ,
foit ce qui a été porté & mis pour la garde
des Places & l'entretien des garnifons ,
avec tout l'attirail de guerre & ce qui en
dépend.

16. Les Sujets de chaque Place feront
tenus , lorfque les foldats & garnifons en
fortiront , de leur fournir gratis les chariots , cheveaux & batteaux , avec les vivres néceffaires , pour en pouvoir emporter
toutes les chofes néceffaires aux lieux dé-

fignés dans l'Empire ; lefquels chariots, cheveaux & batteaux, les Commandans de ces garnifons & foldats, qui fortiront, feront tenus de rendre de bonne foi & fans fraude. Les Sujets des Etats fe chargent auffi les uns après les autres de cette voiture d'un territoire à l'autre, jufqu'à ce qu'ils foient parvenus aufdits Lieux défignés dans l'Empire, & il ne fera nullement permis aux Commandans des garnifons ou autres Officiers des troupes, d'emmener avec eux lefdits Sujets & leurs chariots, chevaux & batteaux, ni aucunes autres chofes prêtées à cet ufage, hors des terres de leurs Seigneurs, & moins encore hors de celles de l'Empire, pour affurance de quoi les Officiers feront tenus de donner des ôtages.

17. Les Places, qui auront été rendues, foit maritimes & frontiéres, foit méditerranées, feront dorénavant & à perpétuité libres de toutes garnifons introduites pendant ces dernieres guerres, & feront laiffées en la libre difpofition de leurs Seigneurs ; fauf au refte le droit d'un chacun.

18. Il ne doit tourner à dommage ni à préjudice maintenant, ni pour l'avenir, à aucune Ville, d'avoir été prife & occupée par l'une ou par l'autre des Parties qui ont été en guerre ; mais toutes & chacune de ces Villes, avec tous & chacun de leurs citoyens & habitans, joüiront tant du bénéfice de l'Amniftie générale, que des autres avantages de cette Pacification, & qu'au refte tous leurs droits & priviléges en ce qui regarde le fpirituel & le temporel,

tel , dont ils ont joui avant ces troubles ,
leur feront entiérement confervés ; fauf
toutefois les droits de Souveraineté , avec
ce qui en dépend , pour chacun de ceux,
qui en font les Seigneurs.

19. Enfin les Troupes & les Armées de
toutes les Parties , qui ont été en guerre
dans l'Empire , feront licenciées & congédiées ; chacun n'en faifant paffer dans
fes propres Etats qu'autant feulement qu'il
jugera néceffaire pour fa fûreté.

20. Et le licenciement des Troupes , de
même que la réftitution des Places , fe fera
au tems préfix , fuivant l'ordre & la maniere , dont les Généraux des Armées
conviendront , obfervant toujours pour les
points effentiels ce dont on eft convenu
dans l'Article de la *Satisfaction Militaire.*

ARTICLE XVII.

1. Les Ambaffadeurs & Plénipotentiaires   Précau-
Impériaux & Royaux , & ceux des Etats tions pour
de l'Empire , promettent chacun à fon la validité
égard de faire ratifier par l'Empereur , par du Traité.
la Reine de Suede , & par les Electeurs,
Princes & Etats du Saint Empire , cette
Paix ainfi conclue , & cela dans la forme,
dont on eft convenu ici de part & d'autre ; & qu'ils feront enforte , qu'infailliblement les Actes folemnels des ratifications feront dans l'efpace de huit femaines,
à compter du jour de la fignature , repré-
fentés ici , à Ofnabrück ; & réciproquement
& dûement échangés.

Tom. V.   P

2. Pour une plus grande force & fûreté de tous & chacun de ces Articles, cette préfente Tranfaction fera déformais une Loi perpétuelle & une Pragmatique Sanction de l'Empire, ainfi que les autres Loix & Conftitutions fondamentales de l'Empire, laquelle fera nommément inférée dans le prochain Réfultat de l'Empire, & même dans la Capitulation Impériale, n'obligeant pas moins les abfens que les préfens, les Eccléfiaftiques que les Séculiers, foit qu'ils foient Etats de l'Empire ou non, fi bien que ce fera une Regle prefcrite, que devront fuivre perpétuellement, tant les Confeillers & Officiers Impériaux, que ceux des autres Seigneurs, comme auffi les Juges & Affeffeurs de toutes les Cours de Juftice.

3. On ne pourra jamais alléguer, entendre, ni admettre contre cette Tranfaction, ou aucuns de fes Articles & Claufes, aucun Droit Canonique ou Civil, ni aucuns Décrets généraux ou particuliers des Conciles, ni aucuns Privileges, Indults, Edits, Commiffions, Inhibitions, Mandemens, Décrets, Refcrits, Litifpendances, Sentences rendues en quelque tems que ce foit, Chofes jugées, Capitulations Impériales, & autres, ni aucunes Regles ou exémtions d'Ordre Religieux, proteftations faites ou à faire, contradictions, appellations, inveftitures, tranfactions & fermens, renonciations, toutes fortes de Pactes, moins encore l'Edit de 1629, ou la Tranfaction de Prague avec fes appendices, ni les Concordats avec les Papes,

ou l'*Interim* de l'an 1548, ni aucuns autres Statuts soit Politiques ou Ecclésiastiques, Décrets, Dispenses, Absolutions,
ni aucunes autres exceptions, qui pourroient être imaginées sous quelque nom
ou prétexte que ce soit, & il ne sera intenté en quelque lieu que ce soit aucuns
procès ni actions, soit inhibitoires ou autres, tant au pétitoire, qu'au possessoire,
contre cette Transaction.

4. Celui, qui aura contrevenu par aide
ou par conseil à cette Transaction ou Paix
publique, ou qui aura résisté à son exécution & à la restitution susdite, ou qui après
que la restitution aura été faite légitimément & sans excès, en la maniere dont
il a été ci-dessus convenu, aura tâché sans
une légitime connoissance de cause, &
hors de l'exécution ordinaire de la Justice, de molester de nouveau ceux qui
auront été rétablis, soit un Ecclésiastique
ou Séculier, doit encourir, de droit & de
fait, la peine des Infracteurs de la Paix, &
il sera décreté contre lui, selon les Constitutions de l'Empire & enjoint par un Mandement, que la restitution, & la réparation du tort, ait son plein effet.

5. Nonobstant cette maniere de procéder, la Paix concluë demeurera en sa force & vigueur, & néanmoins tous ceux,
qui ont part à cette Transaction, seront
obligés de défendre & protéger toutes &
chacunes des loix & conditions de cette
Paix contre qui que ce soit, sans distinction
de Religion; & s'il arrive que quelque
point en soit violé par qui que ce soit,

l'offenfé tâchera premierement de détourner l'offenfant de la voie de fait, en fou-
mettant la caufe à une compofition amiable , ou aux procédures ordinaires de la
Juftice.

6. Mais fi dans l'efpace de trois ans le
différend ne peut être terminé par l'un ou
l'autre de ces moyens, tous & chacun des
intéreffés en cette Tranfanction feront
tenus de fe joindre à la Partie lézée, &
de l'aider de leur confeil & de leurs forces
à repouffer l'injure par les armes, après
que l'offenfé leur aura fait entendre, que
les voies de douceur & de juftice n'ont
fervi de rien ; fans préjudice toutefois au
droit de la jurifdiction d'un chacun, & de
l'adminiftration compétente de la Juftice,
fuivant les Loix & Conftitutions de chaque
Prince & Etat.

7. Et en général il ne fera permis à
aucun Etat de l'Empire de pourfuivre fon
droit par force & par les armes : mais s'il
eft déjà arrivé ou s'il arrive ci-après quelque démelé, chacun tentera les voies ordinaires de la Juftice, & quiconque fera
autrement doit être tenu pour infracteur
de la Paix ; cependant ce qui aura été
défini par Sentence du Juge, fera mis à
exécution fans diftinction entre les Etats,
comme le portent les Loix de l'Empire
fur l'exécution des Arrêts & Sentences.

8. Et afin auffi & pour mieux affermir
la Paix publique, les Cercles feront remis
en l'état qu'ils doivent être ; & dès qu'on
verra, de quelque côté que ce foit, quelques commencemens de troubles & de

mouvemens , l'on obfervera ce qui a été arrêté dans les Conftitutions de l'Empire, touchant l'exécution & la confervation de la Paix publique.

9. Toutes les fois que quelqu'un voudra , pour quelque occafion & en quelque tems que ce foit, faire paffer des Soldats par les terres ou fur les frontiéres des autres , le paffage s'en fera aux dépens de celui à qui les Soldats appartiendront , & cela fans caufer aucun dégât, dommage ni incommodité à ceux par les terres defquels ils pafferont. Enfin l'on obfervera étroitement ce que les Conftitutions de l'Empire déterminent & ordonnent touchant la confervation de la Paix publique.

10. En cette Pacification feront compris de la part du Séréniffime Empereur, tous les Alliés & Adhérens de Sa Majefté , principalement le Roi Catholique , la Maifon d'Autriche , les Electeurs & les Princes du Saint Empire Romain , & entre ceuxci, le Duc de Savoye , & les autres Etats, y compris la Nobleffe libre & immédiate dudit Empire , & les Villes Hanféatiques ; comme auffi le Roi d'Angleterre , le Roi & les Royaumes de Danemarc & de Norwege , avec les Provinces y appartenantes, enfemble le Duché de Schlefwic, le Roi de Pologne , le Duc de Lorraine , & tous les Princes & Républiques d'Italie, les Etats des Provinces-Unies des Pays-bas, les Cantons Suiffes, les Grifons, & le Prince de Tranfylvanie.

11. De la part de la Reine & du Royaume de Suéde , tous fes Alliés & Adhérens,

principalement le Roi Très-Chrétien, les
Electeurs, Princes & Etats, y compris la
Nobleſſe libre & immédiate de l'Empire,
& les Villes Hanſéatiques, comme auſſi le
Roi d'Angleterre, le Roi & le Royaume
de Danemarc & de Norwége, avec les
Provinces annexées; enſemble le Duché de
Schleſwic, le Roi de Pologne, le Roi &
le Royaume de Portugal, le Grand-Duc
de Moſcovie, la République de Veniſe,
les Provinces-Unies des Pays Bas, les Suiſſes,
les Griſons, & le Prince de Tranſylvanie.

„ Les Ambaſſadeurs-Plénipotantiaires de
„ l'Empereur déclarent, quils demeurent
„ en leur proteſtation & déclaration, plu-
„ ſieurs fois ci-devant réitérées de bou-
„ che & par écrit, comme ils proreſtent
„ & déclarent de nouveau, qu'encore que
„ le Roi de Portugal ait été compris de la part
„ de la Séréniſſime Reine de Suéde dans l'in-
„ ſtrument du Traité de Paix, qui fut lû &
„ approuvé le 6. d'Août, nouveau ſtile, &
„ conſigné en depôt, du conſentement
„ commun des Parties au Directoire de
„ Mayence, lequel va être ſouſcrit à l'heu-
„ re qu'il eſt, de part & d'autre, ils ne re-
„ connoiſſent pourtant point d'autre Roi
„ de Portugal que Philippe IV. de ce nom,
„ Roi des Eſpagne; ce quils ont bien vou-
„ lu déclarer avant que de ſigner le ſus-dit
„ Traité de Paix, & qu'aujourd'hui ils ne
„ ſigneront qu'avec cette Proteſtation & dé-
„ claration. *Fait à Munſter le* 14. *d'Octobre* 1648.

12. En foi de tout cela & de chaque
Article, & pour y donner d'autant plus de

Force, les Ambaſſadeurs, tant Impériaux que Royaux, & au nom de tous les Electeurs, Princes & Etats de l'Empire, leurs Députés ſpécialement nommés à cet effet par la Réſolution du 13. d'Oct. de l'an ci-deſſus mentionné remiſe ſous le ſceau de la Chancellerie de Mayence à l'Amabſſade Suédoiſe, le jour même de la ſignature du préſent Traité, ſavoir:

Celui de l'Electeur de Mayence, le Seigneur Nicolas-George de Reigerſperg, Chevalier, Chancelier: celui de l'Electeur de Baviere, le Seigneur Jean-Adolphe Krebs, Conſeiller Intime: celui de l'Electeur de Saxe, le Seigneur Jean Leuber, Conſeiller: celui de l'Electeur de Brandebourg, le Seigneur Jean, Comte de Sayn & de Witgenſtein, Seigneur d'Hombourg & de Valendar, Conſeiller Intime: au nom de la Maiſon d'Autriche, le Seigneur Jean-Ulric, Comte à Wolckenſtein, Conſeiller Impérial Aulique: le Seigneur Corneille Gobel Conſeiller de l'Evêque de Bamberg: le Seigneur Sébaſtien-Guillaume Meel, Conſeiller Intime de l'Evêque de Würtzbourg: le Seigneur Jean Erneſt, Conſeiller Aulique du Duc de Baviere: le Seigneur Wolffgang-Conrade à Thumshirn, Conſeiller Aulique des Ducs de Saxe d'Altenbourg & de Cobourg: le Seigneur Jean Fromhold, Conſeiller Intime de la Maiſon de Brandebourg Culmbach & Anſpach: le Seigneur Henri Langenbeck, JCte Conſeiller Intime de la Maiſon de Brunſwic-Lunebourg de la Branche de Zelle: le Seigneur Jacques Lampadius, JCte

Confeiller intime & Vice-Chancelier de la Branche de Calenberg : au nom des Comtes du Banc de la Wettéravie , le Seigneur Matthieu Wefenbecius, JCte. & Confeiller : au nom de l'un & de l'autre Banc des Villes, le Seigneur Marc Otto de celle de Stasbourg : le Seigneur Jean-Jacques Wolff de celle de Ratisbonne ; le Seigneur David Gloxin de celle de Lübec.: & le Seigneur Chriftophe Kreſs à Kreſſenſtein de celle de Nüremberg ; réſpectivement Syndics , Sénateurs , Conſeillers & Avoyers de ces Républiques;

Ont ſigné de leur propre main le préſent inſtrument du Traité de Paix, & y ont appoſé le cachet de leurs armes ; & leſdits Députés des Etats ſe ſont engagés d'y faire ſurvenir , au terme ci-deſſus porté, les ratifications de leurs Commettans en la forme, dont on eſt convenu. Quant aux autres Plénipotentiaires des Etats , on a remis à leur choix de le ſigner & d'y apporter les ratifications de leurs Maitres , ou non , ſous cette condition néanmoins, que par la ſignature des Députés ci-deſſus mentionnés, les autres Etats , qui ne le font point ſigner , ni ne le ratifieront dans les formes , ſeront auſſi fermement obligés a obſerver & à maintenir tout le contenu de cet inſtrument du Traité de Paix, que s'il y étoit ſurvenu la ſouſcription de leurs Plénipotentiaires & leur ratification: & ne ſera admiſe au Directoire de l'Empire Romain , ni ne ſera ſenſée valable aucune proteſtation ou oppoſition contre la ſignature deſdits Députés.

Fait à Ofnabrück le quatorze (vingt-
quatre) du mois d'Octobre, l'an mil fix
cens quarante-huit.

Nous Ferdinand III. par la grace de Plein pou-
Dieu, élû Empereur des Romains, (*les* voir de Sa
titres comme dans la Ratification Im- Majefté
périale, avec la feule addition, qu'en Impéria-
tre *Tirol & Kibourg*, y il eft mis au le.
préfent endroit *Ferréte*).

A tous & chacun d'iceux, qui y ont
intérêt, ou qui de quelque façon que ce
foit y en pourroient avoir, favoir faifons
& certifions ; que s'étant combattu ardemment depuis quelque tems par les armes,
avec grande effufion de fang Chrétien,
& la défolation de plufieurs Provinces
d'Allemagne, en premier lieu entre feu
Notre Pere, le Séréniffime & très-puiffant
Prince & Seigneur Ferdinand II. élû Empereur des Romains (*les titres comme
ci-deffus*) de très-pieufe & très-glorieufe
Mémoire, & puis après auffi entre Nous
& Nos alliés, d'une part ; & feu le Séréniffime Prince & Seigneur Guftave Adolphe, Roi de Suede, (*les titres comme
dans la Ratification Impériale*) & après
fon décés la Séréniffime Princeffe & Dame
Chriftine, Reine, préfentement Régnante
& Princeffe Héréditaire de Suede, des
Goths & Vandales, Grande-Princeffe de
Finlande, Ducheffe d'Eftonie & de Caré-
lie, Dame d'Ingrie, Ses Confédérés &
Adhérens, d'autre part : & comme dans
l'intention de finir ces troubles, les parties
belligérantes font dernierement convenues

P 5

de l'onzieme du mois de Juillet de l'année
1643 , pour tenir dans la Ville d'Ofnabrück les conférences néceffaires à cet
effet ; Nous, par le défir de ne rien omet-
tre de notre côté , qui pourroit contribuer
en aucune maniere à faire avancer & achever une négociation fi falutaire, avons
pour ces caufes, outre le Magnifique , de
même que l'Honorable & Docte , Nos
Confeillers Auliques de l'Empire , féaux
& amés , *Jean Maximilien* , *Comte de
Lamberg* , Notre Chambellan , & Jean
Crane , lefquels ont déjà été munis auparavant de notre plein pouvoir , donné
auffi Commiffion & plein-pouvoir fuffi-
fant , en qualité de notre Premier Plénipotentiaire , à Illuftre & Magnifique, notre
& du St. Empire féal & bien amé , *Maximilien* , *Comte dè Trautmansdorff &
Weinsberg* , *Baron de Gleichenberg,
Nieuftadt aquès du Crocre* , *de Negau,
Burgau & Totzenbac* , *Seigneur de
Teinitz* , *Chevalier de la Toifon d'Or* ,
notre *Confeiller Intime* , *Chambellan* ,
& Grand-Maître de la Cour , le commettons , ordonnons & députons , de
propos délibéré , par ces préfentes pour
fe rendre audit lieu , & y conférer, en
notre Nom , foit directement foit lui-même ou par fes Subdélégués , avec les Commiffaires ou Plénipotentiaires , que ladite
Séréniffime Reine & le Royaume de Suede
aura ordonné & muni de mandemens &
pleins-pouvoirs en bonne forme & fuffi-
fans , ou qui en pourroient être ordonnés
à l'avenir, pour traiter, négocier & con-

venir des voies, moyens & de toutes les
conditions, par où l'intention réciproque
de rétablir l'Amitié de la Paix fauroit être
obtenue & affermie, de même qu'après
en être tombé d'accord, de conclure
avec eux & figner en Notre Nom le Traité de cette Paix ; promettant en vertu des
préfentes & en foi Impériale & inviolable
d'avoir agréable & de ratifier, en toute
maniere & dans la meilleure forme, tout
ce que lefdits Comte de Trautmanfdorff,
Comte de Lamberg, & Crane enfemble,
ou deux entre eux, en cas d'abfence ou
d'empêchement de l'autre, auront eux mêmes ou par leurs Subdélégués traité, négocié ou arrêté à cet effet avec les Commiffaires de la partie adverfe, ou avec leurs
fubdélégués. En foi de quoi & pour
le corroborer, Nous avons fait mettre
Notre Scel Impérial à ces préfentes, fignées
de Notre main. Donné en Notre Château
à Linz le 4me. jour du mois d'Octobre
l'An de grace mil fix cens quarante-cinq,
& de Notre Regne Romain le neuvieme,
de celui d'Hongrie le vingtieme & de celui de Boheme le quatorzieme.

F E R D I N A N D.

V. FERDINAND Comte Curtius.

(L. S.)

Par ordre exprès de Sa Sacrée Majefté
Impériale.

JEAN WALDENRODE.

Plein pou-
voir Sué-
dois.

Nous Chriſtine , par la grace de Dieu ,
Reine déſignée & Princeſſe Héréditaire
de Suede. (*les titres , comme dans la
Ratification Suédoiſe.*)

A tous ceux & chacun d'iceux qui ont
intérêt , ou qui de quelque façon que ce
ſoit y en pourroient avoir , ſavoir faiſons
& certifions ; que s'étant combattu ardemment depuis quelque téms par les
armes , avec grande effuſion de ſang
Chrétien , & la déſolaton de pluſieurs Provinces d'Allemagne , en premier lieu entre
feu Notre Pere , le Séréniſſime & très-
puiſſant Prince , & Seigneur Guſtave Adolphe , Roi de Suede (*les titres comme
dans la ratification Suédoiſe*) de très-
pieuſe & très-glorieuſe Mémoire , & puis
après auſſi entre Nous , le Royaume de
Suede , & Nos Alliés , d'une part ; & feu
le Séréniſſime & très-puiſſant Prince &
Seigneur Ferdinand II. élû Empereur des
Romains , (*les titres comme dans la Ratification Impériale* , avec la feule addition ; qu'entre *Tirol* & *Kibourg* il eſt
mis au préſent endroit *Ferrete*) & après
ſon décès le Séréniſſime & très-puiſſant
Prince & Seigneur Ferdinand III élû Empereur des Romains , préſentement Ré-
gnant , (*les titres comme ci-deſſus*) ſes
Confédérés & Adhérens d'autre part : &
comme la nature humaine exige même ,
que l'on ſonge des deux côtés à rétablir
la paix & la tranquilité , & à calmer les
troubles de la guerre. Pour ces cauſes &
la conſidération que Nos armes ont tou-

jours eu ce même but , ainsi que pour
ne rien négliger de notre part , qui sau-
roit contribuer en aucune manière à enta-
mer & avancer un négoce si salutaire ,
Nous avons ordonné & commis , & par
ces présentes ordonnons & commettons
les féaux de Nous & de Notre Royaume ,
l'Illustre , les Magnifiques & Nobles , Nos
bien amés , le Seigneur Jean Oxenstierne ,
Notre Conseiller de la Chancélerie & Sénateur du Royaume , le Comte de Södre-
möre , Libre Baron à Kymitho , Seigneur
de Fyholm , Horningsholm & Tullegam ,
& le Seigneur Jean Salvius ; Notre Conseiller Privé , Sécrétaire de la Cour & jusqu'ici Ministre accrédité en Allemagne ,
Héritier d'Oeffüerby & Tulinguen &c. leur
avons donné & donnons plein - pouvoir
suffisant pour une affaire si importante ,
de conférer directement ou par leurs subdélégués , avec les Ministres , munis de
mandemens & pleins pouvoirs suffisans à
cet effet , que Sa Majesté Impériale a ordonné ou pourra ordonner , pour négocier , traiter & arrêter avec eux les voies ,
moyens & toutes les conditions , qui pourront faire obtenir & affermir le but réciproquement proposé , c'est-à-dire le réta-
blissement de l'amitié & de la paix : promettant , en foi & parole Royale & inviolable par ces présentes , d'agréer &
de ratifier , dans la meilleure forme que
cela puisse être , tout ce que lesdits Nos
Ambassadeurs eux - mêmes , ou par leurs
subdélégués , auront traité , négocié & arrêté à cette fin avec les Commissaires de

l'autre partie, ou avec leurs subdélégués, nonobstant l'absence de l'un ou de l'absence de l'un ou de l'autre, en cas de maladie ou d'autre empêchement effectif. En foi de quoi & pour d'autant plus grande sûreté Nous avons fait mettre Notre Grand-Sceel & du Royaume à ces présentes, signées de Notre Main. Donné en Notre Résidence Royale à Stockholm, le 1ome. jour de Décembre, l'An mil six cens quarante-cin.

CHRISTINE.
(L. S.)

Obf. I. Ceux qui veuillent connoître les noms des Ministres Prénipotentiaires qui ont signés ce Traité au nom de leurs Principaux, les trouvent dans *Heiß*, *Histoire d'Allemagne. tom. VII. p.* 331. *& suiv.*

II. Le 18. Fevrier 1649. les Plénipotentiaires des différens Partis se délivrerent mutuellement les ratifications dudit Traité de Paix, signées de leurs Maîtres & scellées de leurs sceaux; & l'on ne songea plus qu'à travailler à l'exécution; les conférences sur ce point se tinrent à Nuremberg, ou après bien des discussions, les Traités d'exécution furent enfin conclus.

Celui de la France avec l'Empire fut signé le 2. de Juin 1650. par le Duc d'Amalfi, M. Volmar & M. Crane pour l'Empereur: & par Messieurs de la Court, de Vautorre & d'Avaugourt pour le Roi de France. Il portoit Iº. que l'Empereur avant toutes choses licencieroit une partie

de ſes armées & de ſes troupes , & en
rétiendroit une autre partie dans ſes propres Etats : que le Roi de France retireroit
de même ſes troupes , s'il en reſtoit quelques-unes ſur les terres de l'Empire ; le
tout de part & d'autre conformément à
ce qui étoit exprimé dans la convention
faite ſur ce ſujet le 5. Octobre 1649. laquelle devoit avoir *à l'égard dudit Traité le même effet, que ſi elle y avoit été
inſerée de mot à mot.* IIᵉ. Pour la réſtitution des Places , on fixoit trois termes ;
le premier au dix de Mai , le ſecond au
vingt-quatre de Juillet , & le troiſieme au
ſeptieme jour d'Aouſt. Mais comme on
prévoyoit bien que l'oppoſition des Eſpagnols pourroit mettre l'Empereur hors
d'état de livrer Frankenthal avant l'é-
chéance du premier terme dans lequel la
réſtitution de cette Place étoit compriſe
on regla qu'en ce cas , cela n'empêche-
roit pas la réſtitution des autres lieux ;
que l'Empereur feroit néanmoins ce à
quoi il étoit obligé en vertu du Traité
de Paix , & que cependant Heilbron feroit
donné pour gage au Seigneur Charles-
Louis Comte Palatin , juſqu'à ce que
Frankenthal fut réſtitué.

Le Traité de l'Empire avec la Suede
fixoit pareillement pour le licenciement
des Troupes & l'évacuation des Places ,
trois termes , dont le premier devoit
écheoir quatorze jours après la ſignature
du Traité ; le ſecond quatorze jours après
le premier , & le troiſieme , quatorze jours
encore après le ſecond : avec cette clauſe ,

que dans chacun de ces termes on paye-
roit aux Suedois une partie de la somme
qui leur avoit été assignée pour la satisfaction de leur Milice ; ou qu'on leur en
donneroit des assurances réelles ; faute
de quoi le Traité d'évacuation n'auroit
point d'effet. Tout ce qui regardoit les
réstitutions du Chef de l'Amnistie, & des
griefs y étoit aussi reglé; & le Traité fut
signé par les Plénipotentiaires de l'Empereur, par ceux de Suede, & par ceux
des Electeurs, des / Princes & Etats de
l'Empire, le 26 de Juin, ou le 24 Juillet
1650, un mois & douze jours après la
signatuue de celui des François.

Ceux qui voudront voir tout au long
ces deux Traités d'exécution, y joint
l'Alliance du Rhin, ou le Traité fait entre
le Roi Très-Chrétien & plusieurs Princes
& Etats de l'Empire, signé à Mayence
le 15 Août 1658. ainsi que la protestation
du Pape Innocent X. contre ledit Traité
d'Osnabruck, les trouveront dans *l'Histoire de l'Empire de Heiß.* tom. *VII.*
p. 334. *& suiv,*

TRAITÉ DE PAIX,

Entre l'Empereur & le Roi Très-Chrétien, conclu & signé à Nimegue le 5. Février 1679.

AU Nom de la Très-Sainte & indivisible Trinité.

Soit notoire à tous & à chacun à qui il appartient, ou à qui il pourra en quelque façon appartenir : que comme pendant le cours de la guerre, qui s'est mûe depuis quelques années entre le Sérénissime & Très-Puissant Prince & Seigneur Léopold, élû Empereur des Romains, toujours Auguste, Roi de Germanie, Hongrie, Boheme, Dalmatie, Croatie, Sclavonie, Archiduc d'Autriche, Duc de Bourgogne, de Brabant, Styrie, Carinthie, Carniole, Marggrave de Moravie, Duc de Luxembourg, de la haute & basse Silésie de Wirtemberg & de Teke, Prince de Suabe, Comte de Habsbourg, Marggrave du Saint Empire Romain, Seigneur de Bourgau, de la haute, & basse Lusace, de la Marche d'Esclavonie, du Port Mahon & de Salins, &c. d'une part; & le Sérénissime LOUIS XIV. Roi Très-Chrétien de France & de Navarre, de l'autre part : Leurs Sacrées Majestés Impériale & Très-Chrétienne n'ayant rien souhaité plus ardemment que de pouvoir par le rétablisse-

Tom. V. Q

mènt d'une paix ferme & inébranlable
arrêter la défolation de tant de Provinces,
& l'effufion de fang Chrétien, il eft enfin
arrivé par un effet de la Bonté divine,
fecondée des efforts du Séréniffime &
Trés-Puiffant Prince & Seigneur CHARLES
II. Roi de la Grande-Bretagne, qui dans
ces tems facheux où tout le Chriftianifme
étoit en trouble, ayant été reconnu &
accepté pour Médiateur, par toutes les
Parties intéreffées, n'a ceffé d'employer
fes Confeils & fes offices pour le repos
public & la paix générale, par où il s'eft
acquis une gloire immortelle ; leurfdites
Sacrées Majefté Impériale & Très-Chrétienne, ont confenti qu'il fe fît une Affèm-
blée générale pour traiter de la paix en
cette Ville de Nimegue. Les Ambaffadeurs
extraordinaires & Plénipotentiaires dûement établis de part & d'autre comparoiffans donc audit lieu ; favoir, de la part
de Sa Majefté Impériale le Révérendiffi-
me, & les très-Illuftres & très-Excellens
Seigneurs, Jean Evéque de Gurk, Prince
du Saint Empire, Confeilleur d'Etat de
Sa Majefté Impériale, le Seigneur François
Ulrik, Comte du Saint Empire, de Kinsky,
de Chimitz, & Tettau, Seigneur de Klu-
metz, Confeiller d'Etat de Sa Majefté Impériale, Gentilhomme de Sa Chambre,
Lieutenant, & Préfident des Appellations
du Royaume de Boheme ; & le Seigneur
Théodore Althet Henri de Stratman,
Confeiller de Sa Majefté Impériale dans
fon Confeil Aulique : Et de la part du
Roi Très-Chrétien, les très-Illuftres &

très-Excellens Seigneurs, Godefroy Comte
d'Eſtrades, Maréchal de France, Chevalier des Ordres du Roi, Viceroi de l'Amé-
rique, Gouverneur des Villes & Citadelle
de Dunkerque, & Places en dépendantes;
le Seigneur Charles Colbert, Chevalier,
Marquis de Croiſſy, Conſeiller ordinaire
du Conſeil d'Etat du Roi, & le Seigneur
Jean-Antoine de Meſmes, Chevalier, Comte d'Avaux, auſſi Conſeiller en ſes Conſeils: & par les ſoins & l'entremiſe des
très-Illuſtres & trés-Excellens Seigneurs,
Laurent Hyde, Ecuyer; le Seigneur Gu'l-
laume Temple, Baron, & le Seigneur
Léolin Jenkins, Chevalier, Ambaſſadeurs
Extraordinaires & Plénipotentiaires de ſa
Sacrée Majeſté Britannique; leſquels depuis l'année 1675. juſqu'à préſent, ſe ſont
acquittés du devoir de leur Médiation avec
une diligence très exacte, & un eſprit tout-
à-fait déſintéreſſé, à la gloire de Dieu,
& au bien de la République Chrétienne.
Après avoir imploré l'aſſiſtance Divine, &
eu une communication réciproque des
pleins pouvoirs, dont les copies ſont in-
ſérées de mot à mot à la fin de ce Traité,
on eſt tombé d'accord des conditions ré-
ciproques de paix & d'amitié, en la teneur
qui s'enſuit.

ARTICLE I.

Qu'il y ait une Paix Chrétienne, uni-
verſelle, & une amitié perpétuélle, vraie
& ſincere, entre la Sacrée Majeſté Impériale & la Sacrée Majeſté Royale Trés-Chré-

tienne, & leurs héritiers & succeffeurs,
Royaumes & Provinces; comme auffi entre tous & chacun des Alliés de ladite Majefté Impériale, & principalement entre
les Electeurs, Princes & Etats de l'Empire, & leurs héritiers & succeffeurs, d'une
part; & tous & chacun des Alliés de Sadite Majefté Très-Chrétienne, qui font
compris dans ce préfent Traité, & leurs
Héritiers & Succeffeurs, de l'autre part.
Que cette paix & amitié s'obferve & fe cultive avec une telle fincérité, que chaque
partie tâche de procurer l'utilité, l'honneur, & l'avantage de l'autre. Qu'il y
ait de part & d'autre un perpétuel oubli &
amniftie, ou pardon de tout ce qui a été
fait depuis le commencement de ces troubles, en quelque maniere & en quelque
lieu que les hoftilités fe foient exercées, de
forte que ni pour aucune de ces chofes, ni
fous aucun autre prétexte que ce foit, on
ne faffe dorénavant l'un a l'autre, ni ne
fouffre faire aucun tort directement, ni
fous couleur de droit, ni par voie de fait,
ni au dedans ni hors de l'étendue de l'Empire, nonobftant tous pactes conrraires
faits auparavant: mais que toutes les injures qu'on a reçues de part & d'autre en
paroles, écrits, actions, hoftilités, dommages & dépenfes, fans aucun égard aux
perfonnes & aux chofes, foient entierement abolies, de maniere que tout ce que
l'un pourroit demander & prétendre fur
l'autre de ce côté-là foit entierement
oublié.

II.

Et comme le Traité de paix conclu &
signé à Munfter en Weftphalie le 24. Octobre en l'année 1648. doit faire le fondement inébranlable de cette amitié réciproque & tranquillité publique, ledit Traité
fera rétabli dans tous & chacun de fes points
en fon ancienne vigueur, & demeurera à
l'avenir dans fa pleine & entiere force &
obfervation, dc la même maniere que s'il
étoit inféré de mot à mot à l'inftrument de
la préfente paix; à l'exception toutefois
des points auxquels il eft expreffément dérogé par ce préfent Traité.

III.

Et comme fà Sacrée Royale Majefté Très-
Chrétienne avoit acquis par ledit Traité de
Munfter le droit de protection fur la Fortereffe de Philipsbourg avec le droit perpétuel
d'y tenir garnifon, & que ladite Forterèffe
a été prife par les armes de l'Empereur,
comme la Ville & Citadelle de Fribourg
ont été conquifes d'ailleurs par les armes de
France; leurs Sacrées Majéftes Impériale
& Très-Chrétienne font convenues fur ces
deux Places en la maniere fuivante.

IV.

Sa Sacrée Royale Majefté Très-Chrétienne, tant pour Elle que pour fes héritiers &
fucceffeuts, renonce & cede à perpétuité
à fa Sacrée Majefté Impériale & à fes hére-
tiers & Succeffeurs, tous droits de protection, de perpétuelle garnifon, & géné-

ralement tous autres qui lui étoient acquis en vertu dudit Traité de Munster, sur la dite Forteresse de Philipsbourg, sans se réserver, ni à ses Héritiers & Successeurs, ni à la Couronne de France, sous quelque titre ou prétexte que ce puisse être, aucuns droits ni prétentions sur ladite Forteresse, ni sur aucun des Forts qui y sont joints, soit en deçà, soit au-delà du Rhin, nonobstant toutes lois, constitutions, statuts & autres actes contraires, à tous & chacun desquels il est expressément dérogé par le présent Traité.

V.

Et réciproquement sa Sacrée Majesté Impériale tant pour elle que pour ses héritiers & Successeurs & pour toute la Maison d'Autriche, renonce & cede à perpétuité à sa Sacrée Royale Majesté Très-Chrétienne, ses héritiers & Successeurs, la Ville & Château de Fribourg avec les trois Villages qui en dépendent; savoir, Lehn, Mezhausen & Kirchzart & leur Banlieue de la même maniere qu'ils appartiennent à la communauté dudit Fribourg, en toute propriété, souveraineté, droit de patronage, & généralement tout ce qui pouvoit appartenir à sadite Majesté Impériale, sans s'y réserver ni à ses héritiers & successeurs, ni au Saint Empire aucun droit ni prétention; sous quelque titre ou prétexte que ce puisse être; nononstant toutes lois, constitutions, statuts & autres choses contraires; auxquelles il est expressément dérogé par le présent Traité: sans préjudice toutefois des privileges & immunités qui ont été accordés ci-devant à ladite Ville par la Maison d'Autriche, ni du droit diocéfain, & de tous les autres revenus ou droits que l'Evêque & l'Eglife de Conftance y peuvent avoir.

VI.

Que fa Sacrée Royale Majefté Très-Chrétienne ait le paffage libre de Brifac à Fribourg, mais fans caufer aucun dommage, par le Territoire de fa Sacrée Majefté Impériale & de l'Empire, par le chemin ordinaire appellé vulgairement *Landftras*, par lequel fadite Sacrée Majefté Très-Chrétienne puiffe faire paffer fes troupes, convois & autres chofes néceffaires à la garnifon de Fribourg, tant & auffi fouvent qu'il fera befoin, fans que qui que ce foit, puiffe y apporter aucun empêchement ni obftacle.

VII-

Qu'on ne puiffe mettre aucuns impôts, péages ni droits de paffage, foit anciens ou nouveaux, fur les convois qui pafferont par ledit chemin de Brifac à Fribourg, & qui feront néceffaires à la garnifon de ladite Ville de Fribourg- On eft auffi convenu que tout ce que la garnifon & les habitans dudit Fribourg tireront de tout le Brifgau pour leur fubfiftance, fera à l'avenir, comme il étoit ci devant, exemt de toutes fortes d'impôts, & que les Marchandifes & autres chofes généralement quelconques qui y feront tranfportées, ne foient pas plus

furchargées d'impofitions & de droits, que
fi elles paffoient en des lieux qui fuffent fujets à Sa Majefté Impériale, ou que lesdites impofitions foient telles que les propres
fujets de fa Sacrée Majefté Impériale pourroient payer.

VIII.

Qu'il fera nommé des Commiffaires de
part & d'autre dans une année à compter du
jour des ratifications, pour régler & convenir enfemble, de quelles dettes légitimes
la Ville de Fribourg peut être chargée.

IX.

Sa Sacrée Royale Majefté Très-Chrétienne donnera ordre qu'on rende de bonne foi
& fans aucun retardement tous les Actes &
Documens de la Chancellerie du Confeil
fouverain & de la Chambre, de quelque
nature qu'ils puiffent être, qui fe font trouvés dans la Ville & Château de Fribourg,
& dans les Maifons des Confeillers & autres
Officiers, qui les avoient en garde, & par-
tout ailleurs. Que fi ces Mémoires & Documens font des Actes publics, & qu'ils
concernent tant ladite Ville de Fribourg,
que les trois Villages qui en dépendent,
les fusdits Commiffaires conviendront du
lieu où ils devront être gardés, à condition qu'on en donnera des copies authentiques toutes les fois qu'il en fera befoin.

X.

Qu'il foit permis non-feulement au Chapitre de Bale, ainfi qu'à tous & un chacun

des Membres du Confeil fouverain ; & de l'Univerfité de Fribourg, mais même à tous bourgeois & habitans , de quelque condition qu'ils foient, qui voudront fe retirer de ladite Ville, d'aller s'habiter par-tout où ils voudront, & d'y tranfporter avec eux leurs biens meubles dans l'efpace d'une année, à compter du jour de la ratification du préfent Traité, fans qu'il lenr foit fait aucun tort ni empêchement, ni qu'ils foient chargés d'aucuns impôts : qu'ils puiffent auffi vendre ou retenir, ou adminiftrer par eux-mêmes ou par autrui leurs biens immeubles; & que la même faculté de retenir, adminiftrer ou aliéner, foit auffi accordée à tous ceux qui ont des biens, revenus, ou droits dans la Ville de Fribourg, ou dans les trois Villages qui en dépendent.

XI.

Sa Sacrée Majefté Très-Chrétienne confent toutefois de rendre à fadite Sacrée Majefté Impériale ladite Ville & Château de Fribourg, avec les trois Villages qui en dépendent, pourvû qu'on puiffe convenir d'un équivalent qui foit à la fatisfaction de fa Sacrée Royale Majefté Très-Chrétienne.

XII.

Comme Monfieur le Duc de Loraine s'eft joint à fa Sacrée Majefté Impériale dans cette guerre, & qu'il a voulu être compris dans le préfent Traité, on eft convenu qu'il fera rétabli tant pour lui que pour fes

Q 5

héritiers & successeurs dans la pleine & paisible possession de tous les Etats, lieux & biens que son oncle le Duc Charles possédoit l'an mil six cents septante, lorsqu'ils furent conquis par les armes du Roi Très-Chrétien : à l'exception néantmoins des changemens qui seront expliqués dans les Articles suivans.

XIII.

Que la Ville de Nancy & sa Banlieuë, nommée vulgairement *Finage*, demeure à perpétuité unie & incorporée à la Couronne de France, en sorte que sa Sacrée Majesté Très Chrétienne & ses Héritiers & Successeurs la possedent en tous droits de supériorité, souveraineté & propriété. Et pour cet effet ledit Sieur Duc de Lorraine, tant pour lui que pour ses Héritiers & Successeurs, renonce, cede & transporte à perpétuité & sans aucune réserve au Roi Très-Chrétien & à ses Héritiers & Successeurs, tous droits de propriété & de Souveraineté, toutes les prérogatives & prééminences qui ont appartenu ou dû appartenir audit Sieur Duc dans ladite Ville de Nancy, nonobstant toutes lois, coûtumes, statuts, constitutions & conventions contraires, auxquels & aux clauses dérogatoires il est expressément dérogé par le présent Traité.

XIV.

Et afin qu'il y ait une communication d'autant plus libre entre la Ville de Nancy & les Pays sujets à la Couronne de France,

& quele paſſage des Troupes Françoiſes ſoit
plus facile, on nommera des Commiſſaires
tant de la part du Roi Très-Chrétien, que
de celle dudit Sieur Duc, leſquels conviendront enſemble des chemins, qui com-
prendront en largeur une demi-lieue de
Lorraine chacun, le premier deſquels s'é-
tendra de Saint Diez à Nancy, le ſecond
de Nancy en Alſace, le troiſieme de Nancy
à Veſou en Franche-Comté, & le quatrieme de Nancy à Metz. En ſorte toutefois
que ces chemins ne ſoient marqués que ſur
le pié de ceux qui furent cédés au Roi Très-
Chrétien, par le Duc Charles l'an 1661.

XV.

Tous les lieux, Bourgs, Villages & Terres, & leurs dépendances, qui ſe trouveront compris dans l'étendue de cette demi-
lieue en largeur, appartiendront a ſa Sacrée Royale Majeſté Très-Chrétienne en
tous droits de ſupériorité, ſouveraineté &
propriété, dont ont joüi ci-devant ledit
Seigneur Duc & ſes Prédéceſſeurs, enſorte
toutefois que ſi la banlieue, ou dépendances desdits lieux, s'étendoient au-delà de
cette demi-lieue, & des bornes que les
Commiſſaires auront poſées, tout ce qui
ſera au-delà de ladite étendue appartiendra,
comme cidevant, audit Sieur Duc, & à
ſes héritiers & ſucceſſeurs, en tous droits
de ſouveraineté, ſupériorité & propriété.

XVI.

Que la Ville & Prévôté de Longvic avec
les appartenances & dépendances, demeu-

re à perpétuité au Seigneur Roi Très-Chrétien, fes héritiers & fuccefleurs, en toute
fupériorité, fouveraineté & propriété,
fans que ledit Sieur Duc, & fes héritiers
& fuccefleurs puiffent y prétendre à l'avenir
aucun droit: mais en échange de ladite
Ville & prévôté, fa Sacrée Majefté Très-
Chrétienne en cedera une autre audit Duc,
dans l'un des trois Evêchés, qui fera de
pareille valeur & d'égale ètendue, de laquelle les fusdits Commiffaires conviendront de bonne foi; & ledit Sieur Duc,
& fes Héritiers & Succefleurs joüiront à per-
pétuidé en toute fupériorité, fouveraineté
& prop iété de ladite Prévôté, qui lui aura
ainfi été cédée & tranfportée par le Roi
Très-Chrétien.

XVII.

Réciproquement fa Sacrée Majefté Très-
Chrétienne, tant pour foi, que pour la
Couronne de France, cede audit Duc & à
fes Héritiers & Succefleurs, en compenfation de ladite Ville de Nancy, la fupériorité, fouveraineté & propriété de la Ville de
Toul & de fes Fauxbourgs, & généralement tous autres droits, fpécialement de
patronage, & toutes prérogatives & prééminences, qui appartenoient ou devoient
appartenir à la Couronne de France, fur
la dite Ville de Toul, fes Fauxbourgs &
Banlieue nommée vulgairement *Finage*,
enforte que ledit Duc & fes Héritiers &
Succefleurs en joüiffent pleinement & fans
aucune réferve, nonobftant toutes Loix,
Coûtumes, Statuts, Conftitutions & con-

ventions contraires, auxquelles & aux
clauſes dérogatoires le Roi Très-Chrétien
à expreſſément dérogé par le préſent
Traité.

XVIII.

Que ſi néantmoins la Banlieue de la Ville
de Toul, étoit de moindre étendue ou de
moindre valeur que celle de Nancy, ledit
Duc ſera récompenſé du ſurplus, enſorte
que les Banlieues de l'une & de l'autre de
ces Villes, ſoient de même étendue &
d'égale valeur.

XIX.

Le Roi Très-Chrétien renoncera, comme par le préſent Traité il renonce & cede
à perpétuité, pour lui, & pour ſes héritiers & ſucceſſeurs, & remet entre les mains
de Sa Sainteté le droit de nommer ou pré-
ſenter à l'Evêché de Toul, tel qu'il lui avoir
été accordé par le Pape Clément IX. enſorte
qu'il ſera libre à l'avenir audit Duc d'avoir
recours au Saint Siége pour l'obtenir.

XX.

On eſt de plus convenu qu'il ne ſera point
permis audit Duc d'apporter aucun changement aux proviſions des Bénéfices, qui ont
été conférés par ſa Sacrée Majeſté Très-
Chrétienne juſqu'au jour du préſent Traité,
& que les perſonnes qui en ſont pourvûes
demeureront dans la paiſible poſſeſſion desdits Bénéfices, enſorte que ledit Duc ne
puiſſe en aucune façon les troubler ou leur
apporter aucun empêchement, ni les dé-
pouiller de la poſſeſſion deſdits Bénéfices.

XXI.

Il a été de plus arrêté, que tous les Procès, Sentences & Jugemens donnés par le Conseil, Juges & autres Officiers de sa Sacrée Royale Majesté Très-Chrétienne, dans toutes les disputes & actions qui auront été terminées, tant entre les Sujets dudit Duché de Lorraine & de Bar, que tous autres, pendant tout le tems que lesdits Etats ont été sous la puissance du Seigneur Roi Très-Chrétien, auront lieu, & sortiront un plein & entier effet, tout de même que si le Roi Très-Chrétien étoit demeuré Seigneur & possesseur desdits états, ensorte qu'il ne soit point permis de révoquer lesdites Sentences, les annuller, ou en retarder, ou en empêcher l'exécution. Pourront néantmoins les Parties, selon l'ordre & la disposition des Lois, en venir à une révision d'Actes, lesdites Sentences demeurant cependant en leur force & vigueur.

XXII.

Tous les Titres & Documens qui étoient dans les archives & thrésor de Nancy, & dans l'une & l'autre Chambre des Comptes, ou autres lieux, & qui en ont été tirés, feront incessament rendus audit Sieur Duc.

XXIII.

Sa Sacrée Majesté Impériale consent que le Prince François Egon, Evêque de Strasbourg, son frere le Prince Guillaume Egon

de Fürſtemberg, avec leur neveu le Prince Antoine Egon de Fürſtemberg, leurs
Officiers & Miniſtres, foient pleinement
rétablis dans le même état, & dans leur
réputation, dignités, droits, voix, féances, Bénéfices, Offices, Fiefs, arriere-Fiefs, biens allodiaux, & revenus qui
ont été féqueſtrés, & généralement dans
tous les biens dont ils ont joüi, ou dont
ils ont eu droit de joüir, avant qu'ils en
euſſent été dépoüillés à l'occafion de la préfente guerre, nonobſtant & fans avoir
égard à tous Actes, Traités & Decrets
contraires, qui font à cet égard annullés.
Et auſſi ledit Prince Guillaume Egon fera
remis en liberté auſſi-tôt après l'échange
des ratifications : que-tout ce qui peut avoir
été fait par le Chapitre de Strasbourg, &
par tous autres qui ont adminiſtré les biens
ou Bénéfices desdits Evêque & Prince, &
tout ce qui peut avoir été dit, fait, ou
écrit contr'eux par leursdits Officiers, foit
mis dans un éternel oubli, & qu'on ne
puiſſe, fous quelque prétexte que ce puiſſe
être, les inquieter ni attaquer en aucune
façon.

XXIV.

Que tous fujets & Vaſſaux, tant Eccléfiaſtiques que Séculiers de l'une & de l'autre part, foient rétablis dans leurs honneurs, dignités, & bénéfices dont ils joüiſ-
foient avant le commencement de la guerre,
comme auſſi dans tous & chacuns leurs
biens, meubles & immeubles, rentes
mobiliaires & qui peuvent fe racheter, qui

ont été confifqués & pris à l'occafion de la préfente guerre enfemble dans tous les droits, actions & fucceffions qui pourroient leur être échus durant la guerre ; enforte toutefois qu'on ne puiffe rien demander, depuis la confiscation jufqu'au jour de l'échange des ratifications, à raifon des fruits & revenus, ni de ce qui peut avoir été perçû desdits biens, meubles, revenus & bénéfices. Que la même chofe s'obferve à l'égard des dettes, effets, marchandifes & meubles qui ont été confifqués avant ledit tems, enforte qu'aucun créancier de dettes particulieres, ni aucun dépofitaire de femblables effets & marchandifes, leurs héritiers ou ayans caufe, ne puiffent jamais en pourfuivre ou prétendre la reftitution. Toutes les fusdites reftitutions s'étendront en général & dans la même forme fusdite, à tous ceux qui auront embraffé le parti contraire ; & par conféquent chacun d'eux en vertu de ce préfent Traité rentrera dans les bonnes graces de fon Prince, ainfi que dans fes biens, tels qu'ils peuvent être, dans le tems de la conclufion & fignature du préfent Traité. Et que toutes ces chofes foient ainfi exécutées, nonobftant toutes donations, confifcations, commiffions, Sentences interlocutoires & définitives, & données par contumace, les Parties abfentes & non oüies : toutes lefquelles Sentences & chofes jugées feront nulles, & confiderées comme fi elles n'avoient point été jugées ni prononcées ; reftant une pleine & entiere liberté à tous & un chacun de l'une & de l'autre part de retourner dans

fa Patrie, d'où ils peuvent être venus, &
de pouvoir ou joüir eux-mêmes desdits
biens, meubles & revenus, ou d'aller s'habituer ailleurs par-tout où ils voudront,
fans qu'il leur foit fait aucune violence;
mais qu'au contraire au cas qu'ils veuillent
s'habituer ailleurs, il leur foit permis de
faire adminiftrer leurs biens & revenus, &
d'en joüir par des Procureurs non fufpects :
laquelle liberté toutefois n'aura point lieu
à l'égard des bénéfices qui demandent réfidence, & qui devront être deffervis perfonnellement.

XXV.

Que le Traité fait & conclu cejourd'hui
entre Sa Sacrée Majefté Impériale, & le
Roi & Royaume de Suede, tant pour lui
que pour le Duc de Gottorp, foit cenfé
être compris dans celui-ci, & qu'il ait la
même force & vigueur que s'il y étoit inféré
de mot à mot, enforte que l'un & l'autre,
tant le préfent Traité, que celui de l'Empereur & du Roi de Suede, ne foient reputés
qu'un feul & même Traité.

XXVI.

Et comme le repos & la tranquillité publique demandent que la guerre qui dure encore entre Sa Sacrée Majefté Très-Chrétienne, & le Roi & Royaume de Suede,
& le Roi de Danemarc, l'Electeur de Brandebourg, l'Evêque de Münfter, & les
Princes de la Maifon de Lunebourg, & l'Evêque d'Ofnabrük foit promptement terminée, Sa Sacrée Majefté Impériale ne s'en-

Tom. V.   R

tremettra pas moins auprès desdits Princes, que Sa Sacrée Royale Majesté Très-Chrétienne auprès du Roi de Suede, pour obtenir par leurs puissans Offices, que la paix puisse aussi être bien-tôt conclue entre les susdites Puissances, & que pour cet effet elles conviennent promptement d'une surséance d'armes convenable & capable de procurer la paix. Mais si contre toute espérance ces Offices n'avoient par le succès qu'on en peut attendre, Sa Sacrée Majesté Impériale, les Electeurs, Princes & Etats de l'Empire, compris dans cette paix, promettent, que le tems de surséance d'armes étant expiré, ils n'aideront en aucune façon, ni sous quelque prétexte que ce soit, ni directement ni indirectement les ennemis de la Suede. Qu'ils n'apporteront aucun obstacle à la France ni à la Suede pendant toute cette guerre : qu'ils ne permettront point que les Troupes des ennemis de la France, ou de la Suede prennent dans l'Empire aucuns quartiers d'Hyver ou d'Eté hors de leurs propres Etats & Territoires. Sa Sacrée Royale Majesté Très-Chrétienne pourra aussi dans cette vûe tenir garnison dans les Places suivantes de l'Empire; sçavoir, dans Châtelet, Huys, Vervins, Aix-la-Chapelle, Duren, Linnick, Nuys & Sons, sans que les garnisons qui y seront puissent être dommageables aux Seigneurs & Habitans de ces Places, mais qu'elles soient entretenues aux dépens du Roi Très-Chrétien: dans lesquelles il ne sera pas permis de faire de nouvelles fortifications, sinon qu'autant qu'elles seront nécessaires

pour la fûreté defdites garnifons, & qu'elles
ne pourront donner aucun jufte fujet de
foupçon Le Roi Très-Chrétien ne pourra retenir lefdites Places, tant à raifon des
dépenfes qu'il pourroit y avoir faites, que
fous aucun prétexte que ce puiffe être:
mais il les évacuera, & rendra à ceux fur
qui il les a prifes, auffi-tôt que la paix pour
les Provinces fituées dans l'Empire aura été
conclue & ratifiée entre les fufdites Parties
ou que l'on aura trouvé d'un commun confentement des moyens convenables pour la
rétablir. Et reciproquement Sa Sacrée
Royale Majefté Très-Chrétienne promet de
n'affifter en aucune façon, ni fous quelque
prétexte que ce puiffe être, ni directement
ni indirectement, les ennemis préfens de
l'Empereur & à l'Empire de joindre leurs
offices, leurs confeils & leurs foins avec le
Roi Très-Chrétien, pour faire en forte que
cette guerre foit affoupie au plutôt d'un
commun confentement.

XXVII.

Que Conformément à la paix de Munfter,
confirmée dans tous fes points par l'Article
II du préfent Traité, tous les lieux de part
& d'autre foient reftitués & évacués de bonne foi. Pour lequel effet feront nommés
des Commiffaires, dans le tems que ce préfent Traité fera ratifié de part & d'autre,
lefquels feront faire ladite reftitution &
évacuation, fans aucun délai, dans l'efpace d'un mois après l'échange des ratifications: non compris pourtant dans cette reftitution générale les Places marquées dans

l'Article précédent, desquelles il a été autrement disposé pour un tems.

XXVIII.

Comme il y a depuis long-tems contestation touchant la Forteresse & Duché de Bouillon, entre les Ducs de ce nom, & l'Evêque & Prince de Liege, on est convenu que le Duc de Bouillon demeurant dans l'actuelle possession où il est, ce différend soit terminé à l'amiable, ou par des Arbitres qui seront choisis par les Parties trois mois après la ratification du présent Traité, sans que sur ce sujet on en puisse venir à aucune voie de fait.

XXIX.

Qu'aussi-tôt que le présent Traité aura été signé par les Ambassadeurs Extraordinaires & Plénipotentiaires, toutes les hostilités cessent; & s'il arrivoit quatorze jours après la ratification du présent Traité, qu'on en vînt à quelque voie de fait, qui apportât quelque altération ou changement, la réparation en sera faite au plutôt, & les choses remises en leur premier état.

XXX.

La levée des contributions dans les Provinces, pays & lieux, où elles ont été établies avant la signature du présent Traité, se continuera de part & d'autre jusqu'à l'échange des Ratifications; & si alors il en est encore dû quelque chose, ce qui restera sera payé dans l'espace de quatre mois après l'échange des Ratifications, ensorte toute-

fois qu'après cet échange, le payement
n'en foit point exigé par voie de fait des
Communautés, qui s'obligeront par des
cautions bonnes & valables, à payer les
fommes qui feront dûes dans telle Ville dont
on conviendra.

XXXI.

Quoiqu'il ait été affez amplément déclaré
par l'Article II. du préfent Traité, que le
Traité de Munfter eft confirmé en tous &
chacun de fes points, on eft toutefois ex-
préffement convenu que tout ce qui a été
arrété dans ledit Traité de Munfter, touchant l'affaire du Montferrat, demeurera
à l'avenir dans toute fa force & vigueur,
& principalement ce qui y a été accordé
concernant le Seigneur Duc de Savoye.

XXXII.

Et comme fa Sacrée Majefté Impériale,
& fa Sacrée Royale Majefté Très-Chrétienne reconnoiffent entierement les offices &
les foins que le Séréniffime Roi de la Grande-Bretagne a continuellement employé
pour procurer la paix & le repos public,
Elles ont confenti que ledit Seigneur Roi,
& fes Royaumes, foient compris dans le
préfent Traité en la meilleure forme &
maniere que faire fe pourra.

XXXIII.

Que ceux qui feront nommés de part &
d'autre d'un commun confentement avant
l'échange des Ratifications, ou fix mois
après ledit échange, foient auffi compris
dans la préfente paix.

XXXIV.

L'Empereur & le Roi Très-Chrétien confentent que tous Rois, Princes & Républiques, puiffent donner leur garantie à ladite Sacrée Majefté Impériale, & à fa Sacrée Majefté Très-Chrétienne pour l'exécution de toutes & chacune des chofes qui font contenues dans le préfent Traité

XXXV.

Les Ambaffadeurs Extraordinaires & Plénipotentiaires promettent refpectivement, que le préfent Traité fera ratifié par l'Empereur & le Roi Très-Chrétien, dans la forme dont on eft réciproquement convenu, & d'en fournir infailliblement les Ratifications, & en faire l'échange dans l'efpace de huit femaines, à compter du jour de la fignature du préfent Traité, & plutôt même fi faire fe peut.

XXXVI.

Et comme fa Sacrée Majefté Impériale a été dûement requife par les Electeurs, Princes & Etats de l'Empire, en vertu d'une réfolution de la Diete, en date du 2. Mai de l'an 1677. fcellée du fceau de la Chancellerie de Mayence, & qui a été donnée aux Ambaffadeurs de France, à ce que les Ambaffadeurs de Sa Majefté Impériale priffent foin dans cette Affemblée des intérêts defdits Electeurs, Princes & Etats de l'Empire, les fufdits Ambaffadeurs de l'Empereur & du Roi Très-Chrétien, auxdits noms, pour une plus grande force &

vigueur, de toutes & chacune des chofes
contenues au préfent Traité, l'ont figné
de leurs mains, & y ont appofé les cachets
de leurs Armes, & ont promis d'en fournir
les Ratifications dans la forme dont on eft
convenu, & le terme ci-deffus marqué,
fans s'arrêter aux contradictions ou proteftations, que le Directoire de l'Empire Romain pourroit faire contre le préfent Traité,
lefquelles ne feront point recûes, & n'auront aucun lieu.

Fait à Nimegue le cinq Février mil fix
cents foixante & dix-neuf.

(L. S.) J E A N, Evêque & Prince de
Gurk.
(L. S.) F R A N Ç O I S   U D A L R I C,
Comte de Kinsky.
(L. S.) T. A. H E N R I S T R A T M A N.
(L. S.) Le M A R É C H A L D'E S T R A D E S.
(L. S.) C O L B E R T.

Ratifié par le Roi à Saint-Germain en
Laye le 26. Février 1679. par l'Empereur
le 29. Mars 1679. & par l'Empire le 23.
Mars 1679.

TRAITÉ D'EXÉCUTION DE LA PAIX,

Entre leurs Majeſtés Impériale & Très-Chrétienne, conclu & ſigné à Nimegue le 17. Juillet 1679.

Au Nom de la Très-Sainte & indiviſible Trinité.

Soit notoire à tous & à chacun à qui il appartient, ou pourra appartenir : Que comme il eſt contenu dans le vingt-ſeptieme Article du Traité de Paix ici conclue le 5. Février dernier, que de part & d'autre on nomme des Commiſſaires, qui conviennent de la reſtitution & évacuation des Places, qui ſelon la Paix de Weſtphaliee doivent être rendues, & que Sa Majeſté Impériale à été requiſe par les Electeurs, Princes & Etats de l'Empire, qu'elle faſſe retirer ſes Troupes des Terres de l'Empire, dans ſes Royaumes & Provinces héréditaires ; qu'auſſi pour cette raiſon, de la part de Sa Majeſté Impériale le Révérendiſſime, & les très-Illuſtres & très Excellens Seigneurs, le Seigneur Jean Evêque de Gurk, Prince du Saint Empire, & Conſeiller d'Etat de Sa Majeſté Impériale, & le Seigneur Théodore Althet Henri de Stratman, Conſeiller de Sa Majeſté Impériale dans ſon Conſeil Impérial Aulique, & de la part de Sa Majeſté Très-Chrétienne, l'Illuſtriſſime & très-Excellent Seigneur, Charles Colbert,

Chevalier, Marquis de Croiffy, Confeiller ordinaire des Confeils de Sadite Majefté, tous Ambaffadeurs Extraordinaires & Pléni-potentiaires, qui ont travaillé à conclure & à achever la paix, ont été pourvûs des pleins-pouvoirs dont les copies font inférées à la fin de ce Récès ou Traité. Il eft convenu entre les mêmes Commiffaires de leurs Majeftés Impériale & Très-Chretienne, de la reftitution & évacuation des Places & du rappel des Troupes fufdites, en la maniere qui s'enfuit.

ARTICLE I.

L'Empereur fera au plutôt fortir fes armées & troupes de toutes les Provinces de l'Empire, qui n'appartiennent de droit héréditaire à la Maifon d'Autriche, nom-mément du Cercle de Suabe, & de Fran-conie, auffi bien que du Cercle Electoral du bas Rhin & de celui du haut Rhin & des Vil-les & Fortereffes y fituées, de Bon, Stras-bourg, Offenbourg, Hochberg, Landau, Cronweiffembourg, & généralement de toutes les Places, lefquelles ni par la paix de Munfter, ni par celle de Nimigue n'ap-partiennent à Sa Majefté Impériale, de façon que fans autre délai avant le 10. d'Août lefdites troupes arrivent en Boheme, & autres Etats patrimoniaux.

II.

Le Roi-Très-Chrétien rappellera de mê-me au plutôt fes armées & troupes de bon-ne foi de toutes les Provinces de l'Empire, nommément des Archevéchés de Mayence,

Treves , Cologne , du Palatinat du Rhin , de l'Evéché de Liége , du Duché de Juliers, & des Villes & Forterefles y fituées , comme aufli de tout le Brifgau , & de toutes les Places , qui appartiennent à la Maifon d'Autriche , par la Paix de Weftphalie , excepté le Château & la Ville de Fribourg avec les trois Villages de Lehn , Bezenhaufen , & Kirchzart , comme cédées à la France , & généralement de toutes les autres Places qui n'appartiennent à Sa Majefté Très-Chrétienne , ni par le Traité de Munfter , ni par la Paix de Nimegue , de forte que fans autre délai avant le 10. d'Août les troupes fufdites arrivent dans le Royaume de France. Mais pour ce qui eft des huit places , dont le vingt-fixieme article du Traité de paix fait mention , on gardera de bonne foi ce que dans l'Article fufdit eft convenu.

III.

Dans le terme fufdit feront outre cela reftitués tous ceux , qui felon le vingt-quatrieme Article de la Paix ici arrétée en vertu de l'Amniftie doivent être reftitués , & qui ne le font pas encore.

IV.

Dans le préfent Traité tous les lieux & droits feront réputés comme compris , encore qu'ils n'y foient pas fpécifiés , & l'on fera obligé de les reftituer , en quelque endroit qu'ils foient fitués ; & fi après le terme écoulé il y en avoit quelques-uns , qui ne fuffent pas encore reftitués ou évacués, d'abord à l'inftance de la partie intéreffée on les évacuera & reftituera de bonne foi dans la qualité qu'ils ont été du tems de la conclusion & la signature de la paix, ou quinze jours après ladite souscription avec les Archives, Documens & autres meubles, comme aussi les pieces de canon, qui du tems de la prise, de la signature ou quinze jours après y ont été.

V.

Quant à ce qui est des terres, communautés & lieux qui ont payé les contributions avant la signature de la Paix, & doivent encore des arrérages, l'on est tombé d'accord, qu'avant le 10. d'Août il s'en fasse entre les Intendans ou Commissaires d'un côté, & les députés des Princes ou des Etats des Places de l'autre, une liquidation équitable, & que les terres & les Communautés, qui n'en sont pas redevables, ou qui selon le trentieme Article du Traité de paix ici conclue, ont donné pour le reste des cautions bonnes & valables, ou des ôtages, ne peuvent être forcées au payement pour les Communautés, qui y sont obligées & le refusent, bien qu'elles soient d'une même Province, si ce n'est qu'elles soient obligées solidairement. Mais les terres, Communautés & places, qui contreviendront à l'obligation susdite, pourront être contraintes par force militaire de payer par portions, & autant qu'il se pourra faire avec autorité de la Régence de la Province débitrice, à condition toutefois, que les Communautés seulement, qui refusent les contributions, ou les Provinces obligées solidairement soient exécu-

tées, fans incommoder aucune autre, &
que tel nombre de Soldats, qu'on jugera
abfolument néceffaire, fera employé pour
l'exécution, lefdits Soldats devant être
rappellés fitôt que le payement fera fait,
ou la caution ou les ôtages donnés.

VI.

On nommera au plutôt des Commiffaires
de part & d'autre, qui mettront à exécution ce qui eft convenu dans le huitieme &
neuvieme Article du Traité, touchant les
dettes, archives & autres documens trouvés dans la Ville de Fribourg.

VII.

Les Commiffaires de part & d'autre, refpectivement de l'Empereur & de l'Empire,
& du Roi Très-Chrétien, promettent que
cette convention faite pour l'exécution de
Paix fera inviolablement obfervée, & que
l'exécution defdits Articles, qui s'en-fuivra
dans l'efpace du tems fufdit par l'ordre de
Sa Majefté Impériale & Très-Chrétienne,
vaudra autant que la ratification de toutes
les deux Parties, de forte que pour un par-
fait accompliffement de la Paix il ne foit
befoin d'autre échange de ratification. En
fôi de quoi & pour plus de valeur les Commiffaires de l'Empereur & celui du Roi ont
fouffigné ce Traité, & appofé le cachet de
leurs Armes.

Fait à Nimegue le dix-feptieme de Juillet
mil fix cents foixante & dix-neuf.

(L. S.) JEAN, Evêque & Prince de Gurk.
(L. S.) T. A. HENRI STRATMAN.
(L. S.) COLBERT.

✻❀✾❀:✻❀✾❀ ✻❀✾❀ ✻ ✻❀✾❀ ✻❀✾❀:✻❀✾❀

TRAITÉ DE PAIX,

Entre l'Empereur, la France & l'Empire.

Conclu à Ryfwick le trentiéme Octobre 1697.

LOUIS, par la grace de Dieu, Roi de France & de Navarre: A tous ceux qui ces préfentes Lettres verront; Salut. Comme notre amé & féal Confeiller ordinaire en notre Confeil d'Etat, Nicolas-Augufte de Harlay, Chevalier Seigneur de Bonneüil, Comte de Celi; notre cher & bien amé Loüis Verjus, Chevalier Comte de Crecy, Marquis de Treon, Baron de Curay, Seigneur du Boulay, des deux Eglifes, de Fort-Ifle & du Menillet; & notre cher & bien amé François de Callieres, Chevalier Seigneur de la Rochechellay & de Gigny, nos Ambaffadeurs Extraordinaires & Plénipotentiaires, en vertu des pleins-pouvoirs que Nous leur en avons donné, auroient conclu, arrêté & figné le trentiéme Octobre dernier à Ryfwick, avec le Sieur Dominique-André, Comte de Caunitz, Seigneur Héreditaire d'Aufterlitz, d'Hongarifch-Brod, Marifch-prufs, & du Grand Orzechan, Chevalier de la Toifon d'Or, Confeiller d'Etat privé, & Chambellan de notre très-cher & très-amé Frere l'Empereur, & Vicechancelier de l'Empire; le Sieur Henry-Jean, Comte de

Stratman & Peurbach, Seigneur d'Orth, de Smiding, Sputenbrun & Carlsberg, Conseiller Aulique & Chambellan de notredit Frere l'Empereur; & le Sieur Jean-Frideric, Caron de Seylern, son Conseiller Aulique, & Commissaire Plénipotentiaire de notre très-cher & très-amê Frere l'Empereur; & les Députez Plénipotentiaires des Electeurs, Princes & États du saint Empire, pareillement munis de pleins - pouvoirs, le Traité de Paix dont la teneur s'ensuit.

Au nom de la très sainte Trinité. Amen.

Soit notoire à tous, & à chacun, qu'après une guerre funeste, qui a duré pendant le cours de plusieurs années, avec une grande effusion de sang Chrétien, & la desolation de plusieurs Provinces, entre le très-haut, très-excellent & très-puissant Prince LEOPOLD, élû Empereur des Romains, toûjours Auguste, Roi de Germanie, Hongrie, Boheme, Dalmatie, Croatie, Sclavonie, Archiduc d'Autriche, Duc de Bourgogne, Brabant, Styrie, Carinthie, Carniole, Marggrave de Moravie, Duc de Luxembourg, de la haute & basse Silesie, Wirtemberg & Teck, Prince de Suabe, Comte de Habsbourg, de Tirol, de Kibourg, & de Goritie, Marggrave du S. Empire, de Burgau, de la haute & basse Lusace, Seigneur de la Marche Esclavonique, de Port-Mahon & de Salins, & le saint Empire, d'une part; & le très-haut, très-excellent & très-puissant Prince Loüs XIV. par la grace de Dieu Roi Très-Chrétien de France

& de Navarre, de l'autre part. Sa Sacrée
Majesté Impériale, & sa Sacrée Majesté
Très-Chrétienne, aïant serieusement pris
à cœur de mettre au plûtôt fin aux maux qui
avançoient de jour en jour la ruine de la
Chrétienté; enfin par un effet de la bonté
divine, & par l'entremise du très-haut,
très-excellent & très-puissant Prince de glorieuse mémoire, CHARLES XI. Roi de
Suede, des Gots & des Wandales, grand-
Prince de Finland, Duc de Schanie, Estonie, Livonie, Carelie, Breme, Werden,
Stetin, Pomeranie, Cassubie & de Wandalie, Prince de Rugen, Seigneur d'Ingrie
& de Wismar, Comte Palatin du Rhin,
Duc de Baviere, de Juliers, de Cleves &
de Bergue, qui dès la premiere naissance
de ces troubles n'a point cessé d'exhorter
avec ardeur les Princes Chrétiens à la Paix;
& qui aïant ensuite été agréé unanimement
pour Médiateur, a, pour la moyenner au
plûtôt, employé avec une gloire immortelle
tous ses soins jusquà la mort. Les Conferences solemnelles auroient été ouvertes pour
cet effet dans le Château de Ryswic en Hollande, & depuis son décès heureusement
terminées au même lieu, par l'application
du très-haut, très-excellent & très-puissant
Prince CHARLES XII. Roi de Suede, des
Gots & des Wandales, grand Prince de
Finland, Duc de Schanie, Estonie, Livonie, Carelie, Breme, Werden, Stetin,
Pomeranie, Cassubie & Wandalie, Prince de Rugen, Seigneur d'Ingrie & de Wismar, Comte Palatin du Rhin, Duc de Baviere, de Juliers, de Cleve & de Bergue,

digne succeſſeur de l'affection paternelle
pour la tranquillité publique; où s'étant
rendus les Ambaſſadeurs Extraordinaires &
Plénipotentiaires de part & d'autre, ſuffi-
ſamment autoriſés : Savoir, de la part de
ſa Sacrée Majeſté Impériale, le Sieur Do-
minigue André , Comte du Saint Empire,
de Caunitz , Seigneur héreditaire d'Auſter-
liz, d'Hongariſch-Brod, de Mariſchpruſs,
& du grand Orzechan , Chevalier de la
Toiſon d'Or , Conſeiler d'Etat privé de ſa
Sacrée Majeſté Impériale, Chambellan &
Vicechancelier de l'Empire ; & le Sieur
Henry-Jean, Comte du ſaint Empire, de
Stratman & de Peurbach , Seigneur de
Orth, de Smiding, Spatenbrun & de
Carlsberg, Conſeiller Aulique de ſa Sacrée
Majeſté Impériale, & Chambellan; & le
Sieur Jean-Frideric, libre & Noble Baron
de Seylern , Conſeiller Aulique de ſa Sacrée
Majeſté Impériale , Commiſſaire & Pléni-
potentiaire à la Diete générale de l'Empire;
& de la part de ſa Sacrée Majeſté Très-Chré-
tienne, le Sieur Nicolas-Auguſte de Harlay,
Chevalier Seigneur de Bonneüil, Comte
de Celi , Conſeiller ordinaire de ſa Sacrée
Majeſté Très-Chrétienne en ſon Conſeil
d'Etat ; le Sieur Verjus, Chevalier Comte
de Crecy , Marquis de Treon , Baron de
Couray, Seigneur du Boulay, des deux
Egliſes, de Fort-Iſle, du Menillet, & autres lieux , Conſeiller ordinaire de ſa Sacrée
Majeſté Très-Chrétienne en ſon Conſeil
d'Etat; & le Sieur François de Callieres,
Chevalier Seigneur de Callieres, de la Rochechellay & de Gigny , leſquels par l'entremiſe

tremife & les offices du Sieur Charles Bonde, Comte de Biornoo, Seigneur de Helleby, de Tyrelio, de Tolteholm, de Graflteen, Guftafsberg & Rezitza, Senateur de fa Sacrée Majefté Suedoife, & Prefident du Confeil Souverain de Dorpate en Livonie; & du Sieur Nicolas Baron de Lillieroot, Secretaire d'Etat de fa Sacrée Majefté Suedoife, & fon ambaffadeur Extraordinaire auprès de Meffieurs les Etats Generaux des Provinces-Unies, tous deux Ambaffadeurs Extraordinaires & Plénipotentiaires pour le rétabliffement de la Paix générale : lefquels fe font acquittés de la fonction de Médiateurs, avec toute la prudence, toute l'application, & toute l'équité poffible, après avoir invoqué l'affiftance Divine, & s'être communiqué refpectivement leurs pleins-pouvoirs, en préfence, de l'avis & du confentement des Députés Plénipotentiaires des Electeurs, Princes & Etats du faint Empire, feroient convenus pour la gloire de Dieu, & le bien de la Chrétienté, des conditions de Paix & d'amitié réciproque, dont la teneur s'enfuit.

I.

Qu'il y ait une Paix Chrétienne, univerfelle & perpetuelle, & une parfaite amitié entre fa Sacrée Majefté Impériale & fes Succeffeurs, tout le Saint Empire les Royaumes Pays héréditaires, leurs Vaffaux & Sujets, d'une part: Et fa Sacrée Majefté Très-Chrétienne, fes Succeffeurs, Vaffaux & Sujets, d'autre part; laquelle fera fincerement obfervée & cultivée, en forte qu'au-

Tom. V. S

cune des Parties n'entreprenne rien au préjudice & dommage de l'autre, ni ne puiſſe
donner aucun aide ni ſecours, quel qu'il
puiſſe être, à ceux qui voudroient atten-
ter ou porter quelque préjudice à l'une des
deux, ni recevoir, proteger ou aider réciproquement en quelque façon que ce ſoit,
les Sujets rebelles ou ſéditieux, mais qu'au
contraire chacun procure de bonne foi l'u-
tilité, l'honneur & l'avantage de l'autre,
& ce nonobſtant toutes promeſſes, Alliances & Traités quelconques faits au contraire, qui ſeront cenſés nuls par ce préſent
Traité.

II.

Qu'il y ait de part & d'autre une Amniſtie
& un perpetuel oubli de tous actes d'hoſti-
lité exercés de part & d'autre, en quelque
lieu ou façon que ce ſoit, en ſorte que ſous
prétexte ni pour aucune autre choſe, il ne
ſoit fait ni ſouffert qu'on faſſe à l'un ou à
l'autre, aucun tort ni trouble, directement
ou indirectement, par voie de fait ou de
droit; mais qu'au contraire toutes injures
& violences commiſes par écrits ou par
effets, ſans aucun égard ni des perſonnes
ni des choſes, ſoient ſi parfaitement abolies, que généralement tout ce qui pourroit
être prétendu ſous ce prétexte par l'un contre l'autre, ſoit enſeveli dans un éternel
oubli. La même Amniſtie avec tous ſes
avantages, aura lieu pour tous & un chacun
les Vaſſaux & Sujets des deux Parties, de
telle ſorte que l'engagement qu'ils pourroient avoir pris dans le parti contraire, ne

puiſſe leur nuire, ni les empêcher d'être
pleinement rétablis, quant aux honneurs
& aux biens, dans le même état auquel ils
étoient immédiatement avant la guerre,
ſans préjudice toutefois de ce qui a été expreſſément reglé par les Articles ſuivans,
touchant les benefices, les meubles & les
revenus.

III.

Les Paix de Weſtphalie & de Nimegue,
doivent ſervir de baſe & de fondement à
celle-ci, & feront pleinement executées,
tant pour le ſpirituel que pour le temporel,
auſſi-tôt après l'échange fait des Ratifications, & dorénavant fidelement obſervées,
ſi ce n'eſt en tant qu'il y ſera expreſſément
dérogé par le preſent Traité.

IV.

En premier lieu, tous les lieux & droits
occupés par Sa Sacrée Majeſte Très-Chrétienne; tant pendant la guerre, & par voie
de fait, que ſous le nom d'unions ou réünions, ſitués hors de l'Alſace, ou contenus dans la liſte des réünions produite par
l'Ambaſſade de France, ſeront reſtitués à
ſa Sacrée Majeſté Impériale, à l'Empire,
& à ſes Etats & Membres: Les Decrets,
Arrêts & Déclarations rendus à cet égard
par les Chambres de Metz & de Beſançon,
& le Conſeil de Briſac caſſés, & toutes
choſes remiſes au même état, auquel elles
étoient avant leſdites occupations, unions
& réünions, ſans qu'on y puiſſe être à l'a-
venir troublé ni inquieté; à condition tou-

téfois que dans tous ces lieux la Religion
Catholique Romaine demeurera dans le
même état auquel elle est à présent.

V.

Et bien que par ces regles générales, on
puisse juger aisément qui sont ceux que l'on
doit restituer, & comment : néanmoins à
l'instance de quelques-uns jointe à quelque
raisons particulieres, il a été trouvé bon de
faire mention de quelques interêts particuliers, sans que pour cela, ceux qui ne seront
pas expressément nommés puissent être tenus pour omis ; mais au contraire qu'ils
jouïssent des mêmes avantages que ceux qui
y sont exprimés.

VI.

Pour cet effet, Monsieur l'Electeur de
Treves & Evêque de Spire sera remis en
possession de la Ville de Treves en l'état où
elle est à présent, avec toute l'artillerie qui
y étoit à sa derniere prise, sans y rien démolir davantage, ni ruiner les édifices publics
ou particuliers : Et tout ce qui a été arrêté
ci-dessus par l'Article IV. au sujet des occupations, unions & réünions, aura aussi lieu
en faveur des Eglises de Treves & de Spire, comme s'il étoit ici particulierement
répeté.

VII.

Monsieur l'Electeur de Brandebourg joüira de tous les avantages de cette Paix, &
y sera pleinement compris avec tous ses
états, biens, sujets & droits, nommément ceux qui lui appartiennent en vertu

du Traité conclu le 29. du mois de Juin de
l'an 1679. comme s'ils étoient ici fpécialement exprimés.

VIII.

Le Roi Très-Chrétien reftituëra à Monfieur l'Electeur Palatin tous les Pays occupés , foit qu'ils lui appartiennent à lui feul,
ou qu'il les poffede avec d'autres en commun , fous quelque titre que ce foit , particulierement la Ville & Bailliage de Germersheim , les Prevôtés & Sous-Bailliages
qui en dépendent , avec tous les châteaux,
villes , bourgs , villages , hameaux,
fonds , fiefs & droits, comme le tout a
été reftitué audit Seigneur Electeur par la
Paix de Weftphalie , comme auffi tous les
Papiers enlevez des Archives, Chancellerie , Cour Feodale , Chambre des Comptes , Prevôtés , & autres Bureaux Palatins,
fans aucune exception de lieu , des chofes ,
droit ou document quelconque. Et pour
ce qui concerne les droits de Madame la
Ducheffe d'Orleans , il a été convenu qu'a-
près la reftitution préalable ci-deffus ftipu-
lée , fa Sacrée Majefté Impériale , & fa
Sacrée Majefté Très-Chrétienne , conformément au Compromis , en décideront
comme Arbitres , felon les Loix & Conftitutions de l'Empire; & que s'ils fe trouvoient
de fentiment contraire à cet égard , l'affaire fera renvoyée au Pape pour en décider en
qualité de Surarbitre : en forte néanmoins
qu'on ne laiffera pas cependant de tenter la
voie d'une compofition amiable , & qu'en
attendant une conclufion finale , M. l'Elec-

teur Palatin payera tous les ans à Madame
la Duchesse d'Orleans la somme de deux
cens mille livres tournois, ou cent mille
florins du Rhin, de la maniere & condition dont il a été convenu par un Article
separé, qui sera censé de même vigueur
que le présent Traité de Paix, & sauf par
tout le droit des Parties, tant au pétitoire
qu'au possessoire, & celui de l'Empire.

IX.

Le Roi de Suede en qualité de Comte
Palatin du Rhin, & de Comte de Spon-
heim & de Veldentz, sera pleinement &
entierement restitué dans le Duché de Deux-
Ponts, ci-devant possedé par ses Ancêtres,
avec toutes les appartenances & dépendances, & avec les mêmes droits que les Pré-
decesseurs de sa Sacrée Majesté, les Comtes Palatins du Rhin & Ducs de Deux-Ponts
on joûi, ou pû joüir, selon les regles de
la Paix de Westphalie : en sorte que tout
ce qui a été jusqu'ici prétendu, occupé,
ou réüni de ce Duché, en tout ou en partie
par la France, retourne de plein droit entre
les mains de Sadite Majesté de Suede & ses
hoirs Comtes Palatins du Rhin. On rendra
aussi les Papiers concernahs ledit Duché,
avec toute l'artillerie qui s'y est trouvée au
tems de son occupation : & généralement
tout ce qui est stipulé dans les Articles précedens en faveur de ceux qui doivent être
restitués.

X.

Pour ce qui régarde la Principauté de
Veldentz, & ce que le défunt Prince Leo-

pold-Loüis Comte Palatin du Rhin, possedoit sous le nom de ladite Principauté, ou
de celle de Lauteren ; cela sera restitué
selon l'Article IV. & la Liste produite par
l'Ambassade de France ; sauf tous droits
quelconques des Prêtendans, tant à l'égard
du possessoire que du pétitoire.

XI.

On rendra au Prince François-Loüis Comte Palatin du Rhin , Grand Maître de l'Ordre Teutonique, & Evêque de Worms,
toutes les Commanderies, droits & revenus ci-dexant possedés par le Venerable
Ordre Teutonique, & occupés par la France; & pour ce qui concerne les Commanderies & biens situés sous la Souveraineté
de la France, ledit Ordre joüira, tant
pour la collation que pour l'administration
desdits biens, des mêmes usages, privileges & immunités, dont il a ci-devant joüi,
suivant ses Stratuts & ses Regles, & desquels l'Ordre de S. Jean de Jerusalem a coûtume de joüir. Au surplus, tout ce qui est
porté par ce Traité, au sujet des restitu-
tions, contributions, & autrement, aura
aussi lieu pour l'Evêché de Worms, &
autres benefices dudit Prince.

XII.

Le château & ville de Dinant seront rendus à Monsieur l'Electeur de Cologne en
qualité d'Evêque & Prince de Liege, au
même état, qu'ils étoient au tems de la prise,
avec tous droits & dépendances, l'Artillerie & Papiers qui y furent trouvez alors.

De plus , tout ce qui eft porté par l'Article
quatriéme touchant les occupations, unions
& réùnions , fera cenfé étre répeté particulierement en faveur des Eglifes de Cologne & de Liege.

XIII.

Que la Maifon de Wirtemberg , & nommément M. le Duc Georges, pour lui &
fes fucceffeurs , foient rétablis en la poffeffion de la Principauté ou Comté de Montbeliard, dans le même état , droits & prérogatives , & fur tout la même immédiateté
à l'égard du faint Empire Romain dont il a
joüi auparavant , & dont joüiffent , ou doivent jouir les autres Princes de l'Empire,
fans avoir aucunement égard à la foi &
hommage rendus à la Couronne de France
en 1681. Et lefdits Princes joüiront librement dans la fuite de tous les revenus, tant
féculiers qu'éccléfiaftiques , defdits biens ,
comme ils faifoient avant la Paix de Nimegue , de même que des Fiefs qui ont été
ouverts à leur profit , pendant que la France en joüiffoit , & qui n'ont point été rem-
plis par lefdits Princes , excepté la conceffion que le Roi Très-Chrétien a fait du
Bourg de Baldenheim , avec fes dépendances , en faveur du Commandeur de Cham-
lay , Meftre de Camp General de fes Armées , laquelle doit demeurer bonne & valable ; à condition toutefois qu'il foit tenu
d'en rendre l'hommage à M. le Prince de
Wirtemberg , & à fes héritiers , comme
Seigneurs directs , & d'en reprendre le
fief. De même ils feront remis en la pleine

& libre joüiffance, tant des Fiefs de Clerval & Paffavant qui leur appartiennent en Bourgogne, que des Seigneuries de Granges, Hericourt, Blamont, Châtelet, & Clermont, & autres fitués dans le Comté de Bourgogne, & la Principauté de Montbeliard, avec tous les droits & revenus, de la même maniere qu'ils les poffedoient avant la Paix de Nimegue, fans que tout ce qui a été fait ou prétendu au contraire fous quelque titre, en quelque tems, & de quelque façon que ce foit, puiffe nuire ou préjudicier.

XIV.

La Maifon de Bade joüira de tous les droits & avantages de cette Paix, de même que de ceux des Paix de Weftphalie & de Nimegue, & particulierement de ce qui éft porté par les Articles IV. & LI. de ce préfent Traité.

XV.

De même les Princes & Comtes de Naffau, Hanau & de Linanges, & tous les autres Etats du faint Empire Romain, compris dans l'Article quatriéme & autres de ce préfent Traité, fous le nom de ceux qu'on doit rétablir, feront remis dans tous & chacun leurs Etats, rentes & biens en provenans, & tous autres droits & avantages quels qu'ils puiffent être.

XIV.

Et comme pour plus folidement établir la Paix, il a été trouvé bon de faire de part

& d'autre l'échange de quelques Places, fa
Sacrée Majesté Impériale & l'Empire ce-
dent à fa Sacrée Majesté Très-Chrétienne,
& à fes fucceffeurs dans le Royaume la Ville
de Strasbourg , & tout ce qui en dépend à
la gauche du Rhin, avec tout droit, proprieté & souveraineté, qui appartenoient
ou pouvoient appartenir jufqu'à préfent à
fadite Sacrée Majesté Impériale & à l'Empire fur cette Ville, qui les tranfportent
tous en général & en particulier au Roi
Très-Chrétien, & à fes fucceffeurs; en forte que ladite Ville, avec fes appartenances
& dépendances fituées à la gauche du Rhin,
fans aucune referve, & avec toute Jurifdiction, fuperiorité & Souveraineté, appartienne deformais à perpetuité au Roi
Très-Chrétien & à fes fucceffeurs, & foit
cenfée incorporée à la Couronne de France,
fans aucune contradiction de la part de
l'Empereur, de l'Empire, ni de qui que
ce foit. Pour plus grande validité de laquelle ceffion & aliénation, l'Empereur &
l'Empire en vertu de la préfente Tranfaction, dérogent expreffément à tous & un
chacun les Decrets des Empereurs fes prédeceffeurs, & à toutes Conftitutions, Statuts & Ufages de l'Empire, même à ceux
qui ont été ou feront dans la fuite confirmés
par ferment, & nommément à la Capitulation Impériale, en tant que toute aliénation des biens & droits de l'Empire y eft
défenduë, aufquels ils renoncent expreffément, & dégagent ladite Ville & fes Magiftrats, Officiers, Bourgeois & Sujets,
de tout lien & ferment, par lefquels ils

étoient ci-devant attachés aux Empereurs
& à l'Empire, pour être deformais foûmis
à prêter ferment de fujetion, d'obéïffance
& de fidelité au Roi Très-Chrétien & à fes
fucceffeurs ; en forte que par là ils mettent
le Roi Très-Chretien en pleine & entiere
proprieté, poffeffion & fouveraineté, &
renoncent pour à préfent & pour toûjours
à tous droits & prétentions fur ladite Ville ;
& pour cet effet il a été trouvé bon de la
rayer de la Matricule de l'Empire.

XVII.

Néanmoins il fera libre à tous & un chacun les Habitans de ladite Ville & fes dépendances, de quelque condition qu'il foient
qui voudront fe retirer, de transferer de-
là leur domicile ailleurs, où il leur plaira,
avec tous leurs meubles, fans aucun empêchement, ni déduction, où exaction quelconque, dans l'efpace d'un an, à compter
du jour de la ratification de la Paix ; & dans
l'efpace de cinq ans, en payant ce qui eft de
droit, aux conditions ci-devant ufitées en
pareils cas en ce lieu-là : & pour ce qui eft
des biens immeubles, de les vendre ou retenir, & de les faire adminiftrer par eux-
mêmes ou par d'autres. La même faculté
de retenir & adminiftrer leurs biens par enx-
mêmes ou par d'autres, ou de les aliéner,
demeurera à tous autres Membres de l'Empire & Sujets médiats ou immédiats, qui
auront des biens, revenus, dettes, actions
où droits dans ladite Ville & fes dépendances, foit qu'ils les aient toûjours eüs, ou
qui leur aient été ôtés ou confifqués pendant

ou avant cette guerre, lefquels leur doivent être reftitués par la préfente Convention, fous quelque nom que ce foit, & en quelque lieu qu'ils demeurent. On y confervera auffi la Jurifdiction Eccléfiaftique à ceux à qui elle y appartenoit anciennement, & il ne fera pas permis d'en jamais empêcher l'exercice.

XVIII.

Réciproquement fa Sacrée Majefté Très-Chrétienne remettra à fa Sacrée Majefté Impériale & à l'Empire, dans l'efpace de trente jours, à comter de celui de l'échange des ratifications, ie Fort de Khel entier, comme il a été conftruit par fadite Majefté à la droite du Rhin, avec tous droits & dépendances. Mais pour le Fort de la Pile, & autres conftruits au milieu ou dans les Ifles du Rhin, ils feront entierement démolis dans le mois fuivant, ou plutôt, s'il fe peut, aux frais du Roi Très-Chrétien, fans pouvoir être dans la fuite rétablis de part ni d'autre. Au refte la navigation & autre ufage du Fleuve demeurera libre aux Sujets des deux Parties, & à tous autres qui voudront y naviger, paffer ou tranfporter des marchandifes, fans que la riviere puiffe jamais être détournée par aucune des deux Parties, ni fon cours, la navigation & autre ufage rendus plus difficiles. Il fera encore moins permis d'y exiger de nouveaux droits de péage, ou d'y augmenter les anciens, ou d'obliger les batteaux qui paffent, d'aborder ou de décharger leurs charges ou marchandifes d'un côté plûtôt que de l'autre; mais au contraire il fera libre à un chacun de faire là-deſſus ce qu'il jugera à propos.

XIX.

Sa Sacrée Majeſté Très-Chrétienne cede auſſi à ſa Sacrée Majeſté Impériale & à la Séreniſſime Maiſon d'Autriche, la ville & château de Fribourg, comme auſſi le Fort de ſaint Pierre, & celui qu'on appelle de l'Etoile, ou tous autres nouvellement conſtruits & rétablis en ce lieu-là ou autre part dans la Forêt Noire, & dans l'étenduë du Briſgau, au même état qu'ils ſe trouvent à préſent, ſans aucune démolition ni détérioration, avec les villages de Lehn, Metzhauſen & Kirchzart, & avec toute ſorte de droit, comme ils ont été cedés par la Paix de Nimegue à ſa Sacrée Majeſté Très-Chrétienne, & qu'Elle les a poſſedé & exercé, y compris l'Archive & tous les documens & Papiers qui y étoient au tems de la priſe de cette Place, ſoit qu'ils y ſoient, ou qu'ils aient été tranſportés ailleurs, en reſervant toûjours à l'Evêché de Conſtance le droit Dioceſain, & ſes autres droits & revenus.

XX.

De même ſa Sacrée Majeſté Très-Chrétiennē tranſporte à ſa Sacrée Majeſté Impériale & à la Maiſon d'Autriche, Briſac entier dans l'état où il eſt à préſent, avec les greniers, arſenaux, fortifications, remparts, murailles, tours & autres édifices publics & particuliers, & toutes les dépendances fituées à la droite du Rhin ; & ce qui eſt à la gauche de la même riviere , & entr'. autres le Fort du Mortier reſtant au Roi Très-Chrétien : mais pour la ville fituée à la même partie gauche du Rhin, & qu'on appelle la Ville-Neuve, comme auſſi le Fort & le Pont conſtruit dans l'Iſle du Rhin, feront entierement detruits & démolis fans pouvoir jamais être rétablis. Au reſte la même liberté qui a été ci-deſſus ſtipulée pour la ville de Strasbourg de ſe retirer, aura auſſi lieu pour Briſac.

XXI.

Les lieux , villes , châteaux , & forterefſes ci-deſſus énoncés , avec leur Juriſdiction dans toute leur étenduë , & avec toutes leurs appartenances & dépendances, que ſa Sacrée Majeſté Très-Chrétienne retrocéde à ſa Sacrée Majeſté Impériale, feront reſtitués & délivrés fans aucune referve , exception ou retention, de bonne foi, & fans aucun délai ni empêchement, fous quelque prétexte que ce ſoit , à ceux qui après l'échange fait des Traités , auront été à cet effet établis & députés par Sa Majeſté Impériale & qui auront dûëment communiqué leur pouvoir à cet égard aux Gouverneurs ou Officiers des lieux qui doivent être évacués ; en ſorte que leſdites villes, châteaux , forterefſes & lieux, avec toutes leurs prérogatives, avantages, revenus & émolumens, & tout ce qui y eſt compris , retournent fous la poſſeſſion réelle, le pouvoir & la ſouveraineté abſoluë de ſa Sacrée Majeſté Impériale & de la Maiſon

d'Autriche, & y demeurent pour toûjours
de la même maniere que fa Sacrée Majefté Très-Chrétienne les avoit jufqu'ici poffedé, fans qu'il y refte ou foit refervé à la
Couronne de France aucun droit ni prétention fur tous les lieux fufdits & leurs ban-
lieües. De plus, on ne pourra rien exiger pour les frais & dépenfes faites & employées aux fortifications defdites Places,
ou d'autres édifices publics ou particuliers;
& rien ne pourra retarder la reftitution ple-
niere qui s'en doit faire dans l'efpace de
trente jours, à compter de celui de la ratification de cette Paix; pour lequel effet on
en retirera inceffamment les garnifons françoifes, fans y faire ni caufer aucun tort ni
dommage aux Bourgeois, Habitans & autres Sujets d'Autriche quelconques, fous le
prétexte de dettes, ou fous quelque autre
prétention que ce puiffe être. Il ne fera
pas non plus permis aux troupes françoifes
de refter davantage dans les Places qui doivent être évacuées, ou autres qui n'appartiennent point à fa Sacrée Majefté Très-
Chrétienne, ou d'y prendre des quartiers
d'hiver ou des rafraîchiffemens; mais elles
feront obligées de paffer inceffamment dans
les Provinces qui font à la France.

XXII.

On rendra de la même maniere à fa Sacrée Majefté Impériale & à l'Empire Philipsbourg entier, avec toutes les Fortifications
qui y font jointes à la droite du Rhin, &
toute l'Artillerie qui y étoit au tems de fa
derniere occupation, en y refervant par

tout le droit de l'Evéché de Spire ; & pour ce sujet l'Article quatriéme de la Paix de Nimegue aura lieu comme s'il étoit ici expressément répeté. Mais pour le Fort construit à la rive gauche du Rhin, il sera démoli avec le Pont fait de la part du Roi Très-Chrétien après la prise de cette Place.

XXIII.

Le Roi Très-Chrétien fera démolir à ses dépens les Fortifications construites vis-à-vis de Hunningue, à la rive droite & dans l'Isle du Rhin, & le fonds avec les maisons en sera rendu à la Maison de Bade. Le Pont qui est bâti sur le Rhin, sera aussi détruit.

XXIV.

On démolira de même le Fort édifié à la droite du Rhin, appellé le Fort-Loüis, qui avec l'Isle où ce Fort est situé, demeurera au Roi Très-Chrétien ; mais le fonds du Fort qui doit'être détruit, sera rendu avec les édifices à Monsieur le Marggrave de Bade. On démolira aussi cette partie du Pont, qui depuis ledit Fort s'étend jusqu'à l'Isle, sans pouvoir dorénavant être rétablis de part ni d'autre.

XXV.

De plus, on démolira encore de la part du Roi Très-Chrétien, les Fortifications ajoûtées au château de Trarbach, comme aussi la Forteresse de Mont-Royal sur la Moselle sans pouvoir être désormais reparées par qui que ce soit ; en laissant toutefois le château de Trarbach dans l'état qu'il étoit ci-devant, pour le rendre, avec la Ville & ses appartenances, à leurs anciens possesseurs.

XXVI.

Les mêmes démolitions se feront au château de Kirn, à l'égard des Fortifications qui y sont ajoûtées de la part du Roi Très-Chrétien; ensuite de quoi ledit château ainsi détruit, avec la Ville de Kirn qui ne sera pas démolie, & tous les autres biens qui appartiennent au Prince de Salm, & aux Rheingraves & Wildgraves ses Agnats, & nommément la Principauté de Salm, leur seront restitués, & par eux possedés de là même maniere & avec les mêmes droits qu'ils les ont possedé avant leur destitution, & qu'il a été convenu par cette Paix.

XXVII.

La même démolition aura lieu pour les nouvelles Fortifications ajoûtées de la part du Roi Très-Chrétien au château d'Eberembourg, lequel & tous les autres biens qui appartiennent aux Barons de Sickingen leur feront rendus respectivement par l'une & l'autre Partie.

XXVIII.

Comme Monsieur le Duc de Lorraine se trouve joint dans cette guerre avec Sa Majesté Impériale, & a souhaité d'être compris dans le présent Traité; il sera rétabli pour lui, ses hoirs & ses successeurs dans la libre & pleine possession des Etats, lieux & biens.

Tom. V.   T

que le Duc Charles son oncle paternel posséé doit l'an 1670. lorsqu'ils furent occupés par les armes du Roi Très-Chrétien; à l'exception néanmoins des changemens qui y seront apportés par les Articles suivans.

XXIX.

En premier lieu, sa Sacrée Majesté Très-Chrétienne rendra à Monsieur le Duc de Lorraine, la vieille & nouvelle Ville de Nancy, avec toutes appartenances, & l'artillerie qui s'étoit trouvée dans la vieille Ville au tems de sa prise; à condition toutefois que tous les remparts & tous les bastions de la vieille Ville, comme aussi les portes de la neuve, feront conservées; & tous les remparts & les bastions de la Ville neuve, & généralement tous les dehors de l'une & de l'autre Ville, feront entierement démolis aux frais de Sa Majesté Très-Chrétienne, sans pouvoir jamais être relevés dans la suite du tems, en laissant néanmoins la liberté audit Duc & à ses successeurs, d'enfermer la Ville neuve d'une simple muraille droite & sans angles.

XXX.

Sa Sacrée Majesté Très-Chrétienne évacuëra aussi le château de Bitsch avec toutes ses appartenances, comme aussi le château de Hombourg. après en avoir fait démolir au-paravant toutes les Fortifications qui ne pourront plus être rétablies: en sorte néanmoins qu'on ne touchera point ausdits châteaux, ni aux Bourgs qui y sont joints, lesquels feront conservés dans leur entier.

XXXI.

De plus, ledit Duc joüira de tous les avantages qui font ftipulés par le quatriéme Article touchant les unions & réünions, comme s'il étoit ici repeté mot à mot, de quelque maniere & en quelque lieu que, lefdites réünions ayent été faites ou décretées.

XXXII.

Néanmoins Sa Majefté Très-Chrétienne fe referve la Fortereffe de Saar-Loüis, avec la banlieüe d'une demie lieüe de tour, qui fera défignée par les Commiffaires dudit Seigneur Roi & dudit Duc, laquelle Fortereffe & fa banlieüe demeurera à Sa Majefté Très Chrétienne, en pleine fouveraineté à perpetuité.

XXXIII.

De plus, la Ville & Prevôté de Longwic, avec fes appartenances & dépendances, demeurera à perpetuité & en toute fouveraineté & proprieté au Roi Très-Chrétien, fes hoirs & fucceffeurs ; en forte que ledit Duc, fes hoirs & fucceffeurs desormais n'y puiffent prétendre quoi que ce foit. En échange de laquelle Ville & Prevôté fa Sacrée Majefté Très-Chrétienne cédera audit Duc une autre Prevôté dans quelqu'un des trois Evêchés, de la même étenduë & valeur, dont on conviendra de bonne foi avec les mêmes Commiffaires, de laquelle Prevôté ainfi cédée & transferée audit Duc par le Roi Très-Chrétien, ledit Duc joüira à per-

petuité, tant pour lui que pour ses héritiers
& successeurs, avec tous les droits de proprieté, supetiorité & de souveraineté.

XXXIV.

Les Troupes de Sa Majesté Très-Chrétienne, qui vont dans les Places Frontieres,
ou qui en reviennent, auront le passage sûr
& libre par les états dudit Duc: en sorte
néanmoins qu'on en sera toûjours averti de
bonne heure auparavant, & que le Soldat
passant né rodera ni ne s'écartera point,
mais qu'il tiendra le chemin ordinaire & le
plus court, avancera sa marche sans s'amu-
ser, ne causera aucun tort ni violence aux
lieux & sujets dudit Duc, & payera comptant les vivres & autres choses necessaires
qui lui feront fournies par les Commissaires
Lorrains. Moyennant quoi les chemins
que sa Sacrée Majesté Très-Chrétienne s'é-
toit réservés par la Paix de Nimegue, demeureront libres, & rentreront avec
tous les lieux qui y sont compris sous la
puissance dudit Duc.

XXXV.

Les bénefices qui ont été conferés par le
Roi Très-Chrétien, jusqu'au jour de la signature du présent Traité, seront laissés aux
possesseurs modernes, qui les ont obtenus
de Sadite Majesté.

XXXVI.

De plus, il est arrêté que toutes les procédures, Sentences & Decrets faits & rendus par le Conseil, les Juges & autres Offi-

ciers du Roi Très-Chrétien, au fujet des differens & actions pouffées jufqu'à la définitive, tant entre les fujets des Duchés de Lorraine & de Bar qu'autres, du tems que Sa Majefté Très-Chrétienne poffedoit ces Etats, auront lieu & fortiront leur plein & entier effet, non moins que fi ledit Roi Très-Chrétien en fût demeuré poffeffeur? & il ne fera point permis de révoquer en doute lefdites Sentences & Decrets, de les annuller, ou d'en retarder & empêcher l'execution. Mais il fera libre toutefois aux Parties d'avoir recours à la révifion des Pieces felon l'ordre & la difpofition des Loix & Ordonnances du Pays, les Sentences demeurant cependant dans leur même vigueur.

XXXVII.

Auffi-tôt après la Ratification de cette Paix, on rendra audit Duc les archives, papiers & documens qui fe font trouvés autrefois dans les Chartes, & dans la Chambre des Comptes de Nancy & de Bar, ou ailleurs.

XXXVIII.

Il fera loifible audit Duc, auffi-tôt après l'échange fait des Ratifications de cette Paix, d'envoyer des Commiffaires dans les Duchés de Lorraine & de Bar, pour y veiller à fes affaires, y adminiftrer la Juftice, prendre foin des Péages, Salines & autres droits, établir des Poftes, & généralement y faire tout ce qui fera néceffaire pour mettre dès ce même tems-là ledit Duc en pleine poffeffion du Gouvernement.

XXXIX.

Quant aux droits de Péages & à l'immunité defdits droits, à l'égard des Sels & des
Bois tranfportés par eau ou par terre, la
Coûtume de l'an 1670. fera fuivie fans y
admettre aucune innovation.

XL.

On confervera l'ancien ufage & liberté de
Commerce entre la Lorraine & les Diocéfes
de Metz, Toul & Verdun, qui fera dorénavant exactement obfervé avec avantage
réciproque des deux Parties.

XLI.

On maintiendra auffi dans leur ancienne
force & vigueur les Concordats faits entre
les Rois Très-Chrétiens & les Ducs de Lorraine, fans y contrevenir.

XLII.

Il fera permis audit Duc & à fes Freres,
après ce rétabliffement, de pourfuivre par
les voies ordinaires le droit qu'ils difent
avoir par devers eux en plufieurs caufes,
nonobftant les Sentences qu'on pourroit al-
leguer avoir été renduës contr'eux abfens
& non ouïs.

XLIII.

Au furplus les Articles, *Tous les Vaffaux*
& Sujets, &c. & *Tous Actes d'hoftilité*
& violence, &c. & *Afin que les Sujets*,
&c. ftipulés au fujet des Etats, lieux &
fujets de l'Empire & de la France, auront

auſſi lieu à l'égard des états & ſujets dudit Duc, dont il ne ſera point en termes exprès diſpoſé autrement par ce Traité, comme ſi leſdits Articles étoient ici mot à mot énoncés.

XLIV.

Monſieur le Cardinal de Fürſtemberg ſera reſtitué dans tous les droits, biens, tant féodaux qu'allodiaux, bénéfices, honneurs & prérogatives qui compétent aux Princes & Membres du ſaint Empire, tant à raiſon de l'Evêché de Strasbourg, entant qu'il eſt ſitué à la droite du Rhin, que pour l'Abbaye de Stavelo, & autres; & joüira avec ſes Agnats & Cognats qui ont ſuivi ſon parti, & ſes domeſtiques, d'une pleine Amniſtie & abolition de tout ce qui a été dit & fait, ou décreté contre lui & eux. Ne pourront auſſi ledit Seigneur Cardinal, ſes Héritiers, Agnats, Cognats & Domeſtiques, être jamais recherchés pour l'héredité du défunt Electeur de Cologne Maximilien-Henry, par les Electeurs de Cologne & de Baviere, & leurs Héritiers, ni par quelqu'autre que que ce ſoit: Comme auſſi réciproquement ledit Seigneur Cardinal, ſes Agnats, Cognats & Domeſtiques ou Ayans cauſe, ne pourront en aucune maniere exiger quoique ce ſoit deſdits Electeurs ni autres, à raiſon des legs ou donations qui leur devoient provenir de ladite héredité; tous droits, prétentions ou actions, tant perſonnelles que réelles, étant par le préſent Traité entierement anéantis. De cette même Amniſtie & ſûreté, & des mêmes droits joüiront auſſi

ceux des Chanoines de Cologne, qui ayant
fuivi le parti dudit Seigneur Cardinal, ont
été dépoüillés de leurs Canonicats, dignités, benefices, lefquels feront rétablis
avec tous les droits des bénefices & dignités
canoniques, au même rang & place des
Chapitres de la Cathedrale & Collegiale
dont ils joüiffoient avant leur dépofition;
en forte néanmoins que les revenus en demeureront aux poffeffeurs modernes defdits
bénéfices & dignités, tant qu'ils vivront;
mais que les fonctions & Titres en feront
poffedés en commun par les uns & par les
autres : de maniere toutefois que les Chanoines ainfi rétablis auront le rang devant
les autres, jufqu'à ce que par leur decès,
ou par une réfignation volontaire, ils puiffent rentrer dans lefdites dignités & revenus,
dont ils pourront en ce cas-là fe mettre en
poffeffion & les occuper feuls; & cependant ils obtiendront chacun comme les
autres, les Prébendes qui vacqueront dans
la fuite, felon le rang qu'ils ont entr'eux,
dans la ferme perfuafion que cette préfente
Convention fera approuvée par les Supérieurs Eccléfiaftiques à qui cela appartient.
De plus, les héritiers des Chanoines deftitués ou decedés pendant la guerre, & dont
les biens, revenus & droits, ont été fequeftrés ou confifqués, joüiront pleinement
pour y rentrer, du bénefice des Articles,
Tous les Vaffaux & Sujets, &c. avec
cette condition expreffe qu'ils acquitteront
fans délai, par le moyen des rentes affig-
nées à cet effet, les legs pieux, fuivant les
difpofitions du Teftateur.

XLV.

Dans l'Amniftie feront auffi fpécialement compris les Landgraves de Heffe Rheinfels, & rétablis à l'égard du château de Rheinfels & de tout le bas Comté de Catzenellenbogen, avec tous les droits & toutes les dépendances au même état où s'étoit trouvé le Landgrave Erneft leur pere avant le commencement de cette guerre; fauf néanmoins par tout les droits compétens de M. le Landgrave de Heffe-Caffel.

XLVI.

Tous les Vaffaux & Sujets de part & d'autre, Eccléfiaftiques & Seculiers, Corps, Univerfités, Colleges, feront rétablis dans tous les honneurs, dignités & bénefices dont ils jouiffoient avant la guerre, de même que dans tous les droits, biens, meubles & immeubles, revenus & rentes rachetables & viageres; pourvû que le principal fubfifte encore, qui auront été faifies & retenuës dans le tems ou à l'occafion de la guerre, avec tous les droits, actions & Succeffions qui leur feront échûës pendant le même tems, fans pouvoir cependant rien demander pour raifon des fruits & revenus perçûs pendant le tems & à l'occafion de la guerre, ou employés par autorité publique à d'autres ufages, ne pourront plus être demandés : & partant ni les creanciers de telles dettes ni les maîtres de ces marchandifes ou meubles, leurs héritiers ou ayant caufe ne pourront jamais pourfuivre ou en prétendre la reftitution ou aucunes fatis-

T 5

factions. Ces reftitutions doivent auffi s'é=
tendre à ceux qui ont fuivi le parti contraire,
& qui pour cela ont été fufpects, & qui
après la Paix de Nimegue ont été privés
de leurs biens, droits & revenus, ou parce
qu'ils habitoient dans d'autres lieux, ou
faute d'avoir rendu les hommages, ou pour
quelques autres caufes ou prétextes fembla=
bles, lefquels en vertu de la Paix rentre=
ront dans les bonnes graces de leur Prince,
comme dans tous leurs anciens droits &
biens tels qu'ils fe trouveront au tems de la
conclufion & de la fignature du préfent
Traité. Ce qui fera mis à execution auffi=
tôt après les Ratifications de la Paix, no=
nobftant toutes donations, conceffions,
alienations, confifcations, commifes,
dépenfes, ameliorations, fentences in=
terlocutoires & définitives renduës par con=
tumace en l'abfence des Parties & fans les
oüir: toutes lefquelles Sentences & chofes
jugées feront nulles & de nul effet, comme
fi elles n'avoient jamais été ni jugées, ni
prononcées, laiffant une pleine & entiere
liberté aufdits Vaffaux & Sujets de retour=
ner dans leur Patrie & dans leurs biens, &
d'en joüir avec toutes leurs rentes & reve=
nus, ou d'aller s'établir & de demeurer par
tout où bon leur femblera, fans avoir à
craindre ni violence, ni contrainte aucune.
Auquel cas il leur fera libre de faire admini=
ftrer leurs biens par Procureurs non fufpects,
& d'en joüir & les poffeder, à l'exception
néanmoins des bénefices Eccléfiaftiques qui
obligent à réfidence, & qni doivent être
adminiftrés & deffervis en perfonne. En-

fin, il fera refpectivement permis aux Sujets
d'une des Parties de vendre, échanger,
aliener & tranfporter les biens meubles &
immeubles, cens & rentes fitués fous la
Domination de l'autre, & d'en difpofer autrement entre-vifs, ou par Teftament; de
façon que tout fujet & étranger les puiffe
acquerir ou acheter, fans avoir befoin d'autre permiffion des Superieurs que celle que
contient le préfent Traité.

XLVII.

Si quelques bénefices Eccléfiaftiques médiats ou immédiats ont été pendant le cours
de la guerre conferés par l'une ou l'autre
des Parties, dans les terres ou lieux qui
étoient alors en fa puiffance à des perfonnes
capables, fuivant les regles de leur premiere inftitution, & leurs ftatuts généraux ou
particuliers légitimement faits, ou en vertu
de quelqu'autre difpofition ou provifion ca-
noniquement accordée par le Pape, ils feront laiffés à ceux qui les poffedent à préfent,
de même que les bénéfices Eccléfiaftiques
qui avant la préfente guerre ont été conferés dans les lieux qui doivent être reftitués
par la paix, fans qu'ils puiffent ou doivent
être troublés ou empêchés par qui que ce
foit dans la jouïffance, l'adminiftration légitime & la perception des fruits defdits bénéfices, ni fous leur pretexte être appellés
en juftice, cités, ou de quelque façon que
ce puiffe être, inquietés ou moleftés pour
aucune caufe préfente ou paffée, à condition toutefois de s'acquitter des obligations

aufquelles ils font tenus pour raifon de leurs bénéfices.

XLVIII.

Comme il importe pour la tranquillité publique que la paix concluë à Turin le 29. d'Août 1696. entre fa Majefté Très-Chrétienne & Monfieur le Duc de Savoye, s'obferve exactement, on a jugé à propos de la comprendre & de la confirmer par le préfent Traité de paix avec la même force & durée que fi elle y étoit étenduë tout au long. Tout ce qui a été ftipulé en particulier pour la Maifon de Savoye par les paix de Weftphalie & de Nimegue, rétablies ci-deffus, fera auffi confirmé & cenfé y être répeté nommément ; de forte néanmoins que par la reftitution qui a été faite de Pignerol & de fes dépendances, il ne fera touché ni alteré en rien à l'obligation dont fa Majefté Très-Chrétienne s'eft chargée de payer à M. le Duc de Mantouë la fomme de quatre cents quatre vingt-quatorze mille écus d'or à la décharge de M. le Duc de Savoye, ainfi que cela eft déclaré plus au long par le Traité de Weftphalie. Et afin que cela ait plus de force, tous & chacun les Princes intereffés à la préfente paix générale accordent à Monfieur le Duc de Savoye, & acceptent de lui mutuellement toutes les promeffes & garanties qu'ils ont ftipulées entr'eux pour plus grande fûreté.

XLIX.

La ceffion ou la reftitution de tous les lieux, perfonnes, effets ou droits, faite ou à faire par la France, n'acquerera aucun nouveau droit à ceux qui auront été rétablis ou qui le devront être. Si cependant il se trouve quelques prétentions de particuliers contr'eux, elles devront être proposées, examinées & jugées dans un lieu dont on sera convenu après ladite restitution, sans que pour cet effet elle puisse être différée en nulle maniere.

L.

Tous actes d'hostilité & violences, destructions d'édifices, de vignes & de forêts, ou coupe de bois, cesseront de part & d'autre aussi-tôt après la signature du présent Traité. On retirera aussi immédiatement après l'échange des ratifications les troupes de part & d'autre du plat pays sur ses propres Terres. Pour ce qui est des Places fortifiées qui doivent être renduës par cette paix, elles seront remises dans l'espace de trente jours, & plûtôt si faire se peut, à compter du jour que les ratifications auront été échangées, à ceux qui sont nommés dans les articles précedens; ou s'ils ne se trouvent pas tous exprimés, à ceux qui immédiatement avant leur destitution étoient en possession, sans aucune destruction des Fortifications & des édifices publics ou particuliers; ni déterioration de l'état où ils sont à présent, sans pouvoir répéter aucunes dépenses faites à leur occasion, ni faire aucune exaction militaire, ou à ce sujet, ou pour quelqu'autre cause que ce soit, sans rien ôter des effets qui appartiendront aux habitans, ou qui leur sont laissés par la paix.

À l'égard de la démolition des lieux dont on est convenu ci-dessus, on aura un mois pour les Forts de moindre importance, & deux pour les places, & cela se fera sans frais & sans trouble de ceux que cela regardera. On rendra aussi de bonne foi aussi-tôt après l'échange des ratifications toutes les archives, papiers & documens, non seulement ceux qui concernent les lieux qu'on rend ou qu'on céde à l'Empéreur & à l'Empire, & à ses états & membres; mais encore tous ceux qui ont été emportés de la Chambre & de la ville de Spire, & de quelqu'autre endroit que ce soit de l'Empire, quoiqu'il n'en soit point fait de mention particuliere ici. Tous les prisonniers de guerre feront remis en liberté de part & d'autre fans rançon, & sur tout ceux qui ont été condamnés aux galeres, ou à quelqu'autres ouvrages publics.

LI.

Et afin que les sujets de part & d'autre puissent plûtôt goûter pleinement les fruits de la paix, on est convenu que toutes fortes de contributions en argent, bleds, vins, foins, bestiaux, ou sous quelque nom que ce soit, imposées ou établies sur les sujets de part & d'autre par convention, aussi bien que tous fourages de quelque nature qu'ils soient, cesseront entierement, du jour de l'échange des ratifications; tous arrerages provenans de pareilles causes, contributions, mandemens, ou exactions, feront femblablement abolis; les ôtages donnés ou emmenés dans la présente guerre, mème fous quelque prétexte que ce soit, fe-

font remis en liberté & renvoyés chez
eux fans rien payer, & fans aucun retardement.

LII.

Tout commerce qui avoit été défendu
pendant la guerre, entre les fujets de fa
Sacrée Majefté Impériale & le faint Empire,
& ceux de fa Sacrée Majefté Très-Chrétienne & le Royaume de France, fera rétabli
auffi-tôt après l'échange des ratifications en
fon entier & avec la même liberté qu'il étoit
auparavant. Tous & chacun en particulier,
& nommément les bourgeois & habitans
des villes Impériales & des villes hanfeati-
ques, joüiront par mer & par terre d'une
pleine & entiere fûreté, anciens droits, immunités & privileges obtenus par traités
ou anciennes coûtumes, remettant une
plus ample convention à cet égard après
la paix.

LIII.

Tout ce qui a été accordé & arrêté par
cette paix, demeurera ferme & à jamais
inviolable, & fera obfervé & executé de
bonne foi, nonobftant tout ce qui peut jamais être crû, allegué & imaginé au contraire, qui fera cenfé caffé & entierement
aboli, même à l'égard de ce qui fembleroit
mériter d'être plus particulierement & plus
fpécialement expliqué par le préfent Traité,
ou dont l'abolition & caffation pourroit même avoir apparence de nullité ou d'in-
validité.

LIV.

Et pour plus grande sûreté de cette présente paix & de son observation, chacune des parties pourra faire des alliances, bâtir de nouveaux Forts, ou les augmenter sur ses propres terres, excepté dans les lieux ci-dessus exprimés, & se servir de troupes & garnisons, & de tous autres moyens nécessaires pour sa défense. Tous Rois, Princes & Républiques, & spécialement le Roi de Suede en qualité de médiateur, pourront tant en vertu de ce présent Traité, que de celui de Westphalie, répondre de l'exécution de celui-ci, & en donner leur garantie à sa Sacrée Majesté Impériale & à l'Empire, & à sa Sacrée Majesté Très-Chrétienne.

LV.

Et comme sa Sacrée Majesté Impériale & l'Empire, & sa Sacrée Majesté Très-Chrétienne, conservent une reconnoissance très-particuliere des soins infatigables & bons offices que le Sérénissime Roi de Suede a employé pour procurer la tranquilité publique, l'on est demeuré d'accord qu'il soit compris nommément avec ses Royaumes & Provinces dans le présent Traité de la maniere la plus avantageuse qu'il est possible.

LVI.

Seront aussi compris dans cette même paix, de la part de sa Sacrée Majesté Impériale, outre les membres de l'Empire ci-dessus deffus nommés, tous les autres Electeurs, Princes, Etats & Membres de l'Empire, & entr'autres particulierement l'Evêque & Evêché de Bâle avec toutes leurs terres, droits & prérogatives, les treize Cantons Suiffes leurs alliés, nommément la république & ville de Geneve & fes dépendances, la ville & Comté de Neuf-châtel fur le Lac, les villes de Saint Gall, Mülhaufen & Bielle, les trois ligues Grifes, la République de Valais, & l'Abbé de Saint Gall.

LVII.

De la part de fa Sacrée Majefté Très-Chrétienne, feront pareillement compris les treize Cantons Helvétiques & leurs Alliés, & nommément la République de Valais.

LVIII.

De même feront compris dans ce préfent Traité ceux qui devant l'échange des ratifications, ou dans l'efpace de fix mois après, feront nommés d'un commun confentement par l'une on par l'autre des deux Parties.

LIX.

Les Ambaffadeurs Extraordinaires & Plénipotentiaires de l'Empereur & ceux du Roi Très-Chrétien, & les Députés Plénipotentiaires des Etats de l'Empire, promettent que la paix concluë en cette façon, fera ratifiée par l'Empereur & l'Empire, & le Roi Très-Chrétien, dans la forme dont on eft mutuellement convenu, & que les actes des ratifications feront ici réciproque-

Tom. V.   V

ment échangées dans le terme de fix femaines, ou plûtôt fi faire fe peut.

LX.

En foi defquelles chofes & pour plus grande force, les Ambaffadeurs Extraordinaires
& Plénipotentiaires de l'Empéreur & ceux
de Sa Majefté Très Chrétienne, & lès Députés Plénipotentiaires des Electeurs, Princes & Etats de l'Empire ont foufcrit le préfent Traité de leurs noms, & fait appofer
le cachet de leurs armes. Fait au palais
de Ryfwic en Hollande, le troifiéme jour
du mois d'Octobre de l'an mil fix cents qua-
tre-vingt-dix fept.

L. S. D. A. C. a   L. S. De Harlay
   Caunitz.   Bonneüil.
L. S. Henr. C. de   L. S. Verjus de
   Stratman.   Crecy.
L. S. J. F. L. B. a   L. S. De Callie-
   Seilern.   res.

   Nomine Eminentiffimi Electoris Mog.
L. S. M Fridericus Baro de Schön-
      born, Legatus.
L. S. Ignatius-Antonius Cotten,
    Plénipotentiarius.
L. S. Georgius L. Dilhelmus Moll,
    Plénipotentiarius Mog.
  Nomine Sereniffimi Bavariæ Electoris.
L. S. De Prielmeyer, Legatus Extraor-
    dinarius & Plénipotentiarius.
  Nomine Domûs Auftriacæ.
L. S. Franciscus-Rudolphus ab Hal-
    den, L. Baro de Trazberg, &c.

Nomine Magni Ordinis Teutonici Ma-
giftri,

L. S. CAROLUS B. A LOE, Ordinis Teutonici Eques.

Nomine Celfiffimi Principis & Epifcop.
Herbipolenfis,

L. S. JOANNES - CONRADUS - PHILIPPUS-
IGNATIUS DE TASTUNGEN.

Nomine Eminentiffimi & Celfiffimi
Electoris Trevirenfis, ut Epifcopi
Spirenfis,

L. S. JOANNES - HENRICUS DE KAYSER-
FELDT, Plénipotentiarius.

Nomine Celfiffimi Principis & Epifcopi
Conftantienfis,

L. S. FREDERICUS A DURHEIMB.

Nomine Celfiffimi & Reverendiffimi
Epifcopi & Principis Hildefienfis,

L. S. CAROLUS-PAULUS ZIMMERMANS,
Plénipotentiarius.

Nomine Sereniffimi & Reverendiffimi
Electoris Colonienfis, tanquam
Epifc. & Princ. Leodienfis,

L. S. JOANNES-CONRADUS NOREF, De-
putatus Plénipotentiarius.

Nomine Reverendiffimi & Celfiffimi
Epifcopi & Principis Monafterienfis,

L. S. FERDINANDUS L. BARO A PLETEN-
BERG EX LENHAUSEN, Eccl.
Cathed. Paderb. Monafterienfis &
Hildef. Refp. Decanus & Capi-
tularis.

Nomine Sereniffimi Electoris Palatini
ut Ducis Neoburgici,

L. S. JOANNES-HENRICUS HETTERMAN,
Plénipotentiarius.

V 2

Nomine Sereniſſimi Ducis Wirtember-
  gici ,

L. S. Jo. Georgius-Anton. Gunterus
  ab Huspen , Conſil. in Superiori
  Conſilio , & Plénipotentiarius Sereniſſimi Domini Ducis.

Nomine Sereniſſimi Marchionis Badæ-
  Badenſis ,

L. S. Carolus-Ferdinandus L. Baro
  de Plittersdorff , ſalvo
  alternationis ordine.

Nomine Collegii Abbatialis Sueviæ ,

L. S. Joseph - Anton. Eusebius ab
  Halden in Neidberg , L. Baro de Aubenicedb. Plénip.

Nomine Comitum Seamni Wetteravici,

L. S. Carolus-Otlo Comes a Solms,
  F. C. ab Edelsheim , Conſila-
  rius & Plénipotentiarius.

Nomine Liberæ Imperialis Civitatis
  Coloniæ Agrippinæ ,

L. S. Herman - Joseph Bullingen,
  Syndicus & Plénipotentiarius.

Nomine Civitatis Auguſtæ Vindeli-
  corum ,

L. S. Joannes-Christophorus a Dir-
  heim , Plénipotentiarius.

Nomine Civitatis Imperialis Franco-
  furtenſis ,

L. S. Joannes-Jacobus Müller , Plénipotentiarius.

L. S. Joann. Melchior-lucius J. U. L.
  Syndicus & Plénipotentiarius.

Nous ayant agréable le fusdit Traité en tous & chacun les points & articles qui y font contenus & déclarés, Avons iceux tant pour nous que pour nos Héritiérs, fuccefleurs, royaumes, pais, Terres, Seigneuries & fujets, accepté, approuvé, ratifié & confirmé, acceptons, approuvons, ratifions & confirmons, & le tout promettons en foi & parole de Roi, & fous l'obligation & hypothéque de tous & chacuns nos biens préfens & à venir, garder & obferver inviolablement, fans jamais aller ni venir au contraire, directement ou indirectement en quelque forte & maniere que ce foit. En foi déquoi nous avons figné ces préfentes de notre main, & à icelles fait appofer notre Scel. Donné à Meudon le quatorziéme jour de Novembre, l'an de grace mil fix cents quatre-vingt-dix-fept, & de notre Regne le cinquante-cinquiéme. Signé, LOUIS. *Et plus bas:* Par le Roi, COLBERT.

ARTICLE SÉPARÉ'
AVEC
LA RATIFICATION DU ROI.

Louis par la Grace de Dieu, Roi de France & de Navarre: A tous ceux qui ces préfentes verront; SALUT Ayant vû & examiné l'Article féparé que no re amé & féal Confeiller ordinaire en notre Conseil d'Etat,

Nicolas-Auguste de Harlay, Chevalier Seigneur de Bonneüil, Comte de Celi; notre cher & bien amé Loüis Verjus, Chevalier Comte de Crecy, Marquis de Treon, Baron de Couray, Seigneur de Boulay, des deux Eglifes, de Fort-Isle & du Menillet; & notre cher & bien amé François de Callieres, Chevalier Seigneur de la Rochechellay & de Gigny, nos Ambaffadeurs Extraordinaires & Plénipotentiaires, en vertu des pleins-pouvoirs que nous leur en avions donné, ont conclu, arrêté & figné le trentiéme Octobre dernier à Ryfwic, avec le Seigneur Dominique-André Comte de Kaunitz, Seigneur Héreditaire d'Auftrelitz, Hengarifch-Brod, Marifchpt & du Grand Orzechan, Chevalier de la Toifon d'Or, Confeiller fecret & Chambellan de notre très-cher & très-amé Frere l'Empereur, & Vice-Chancelier de l'Empire; le Seigneur Henry-Jean Comte de Stratman & Peurbach, Seigneur d'Orth, Smiding, Sputenbrun & Carliberg, Confeiller Aulique & Chambellan de notredit Frere l'Empereur; & le Seigneur Jean Frederic, Baron de Seilern fon Confeiller Aulique & Commiffaire Plénipotentiaire dans les Dietes de l'Empire, Ambaffadeurs Extraordinaires & Plénipotentiaires de notredit Frere; & les Députés Plénipotentiaires des Electeurs, Princes & Etats du Saint Empire, pareillement munis de pleins-pouvoirs: duquel Article feparé la teneur s'enfuit.

POUR plus grand éclairciffement de l'Article, *Le Roi Très-Chrétien rendra à Mon-*

fieur l'Electeur Palatin, &c. du Traité
de paix figné aujourd'hui, il a été trouvé
bon de convenir de plus, que dans le cours
de la difcuffion & décifion des prétentions
ou droits de Madame la Ducheffe d'Orleans
contre l'Electeur Palatin, on obfervera
l'ordre qui fuit.

Lorfque les Arbitres feront convenus entr'eux d'un lieu de Congrés, ce qu'ils feront
dans le tems qui eft préfixé à l'échange des
Ratifications de la paix, on en donnera
auffi-tôt avis aux parties, & les Subdelegués de Meffieurs les Arbitres y feront envoyés dans l'efpace de deux mois, à compter du jour de la pléniere reftitution faite
à Monfieur l'Electeur Palatin, fuivant l'Article ci-deffus allegué.

Dans l'efpace d'un mois après, on com-
muniquera une défignation parfaite des prétentions & demandes de Madame, contre
Monfieur l'Electeur Palatin, laquelle fera
communiquée enfuite audit Seigneur Electeur dans l'efpace de huit jours.

Dans l'efpace de quatre autres mois, les
Parties produiront chacune leurs défenfes,
& elles délivréront aux arbitres fubdelegués
en un même jour, lequel leur fera defigné
par eux, quatre exemplaires, dont chaque
arbitre en retiendra un pardevers lui, &
dont le troifiéme fera mis aux actes communs de l'Arbitrage, & le quatriéme communiqué refpectivement aus Parties dans le
terme de huit jours.

Il y fera répondu de la même maniere,
& les réponfes ou exceptions des deux Parties, feront auffi délivrées aux arbitres

subdelegués en un même jour, au nombre
de quatre exemplaires, lesquelles exceptions seront derechef réciproquement délivrées aux parties dans la huitaine.

Dans les quatre mois suivans on travaille-
ra de part & d'autre à mettre le Procès en
état, & les parties se soûmettront mutuellement à la décision de l'arbitrage; cette
conclusion & soumission des parties sera
communiquée, & les actes en présence des
Procureurs des parties enregistrés.

Ensuite de quoi le droit des deux parties
ayant été vû & examiné, la sentence arbitrale sera prononcée au même lieu du Congrés, par leurs arbitres & leurs Subdelegués
Jurés, selon les Loix & Constitutions de
l'Empire dans le terme de six mois; & si elle
se trouvé uniforme, elle sera aussi-tôt pleinement executée, sinon & que Messieurs
les Arbitres ou leurs Subdelegués se trouvent de differens avis, les actes communs
de l'arbitrage seront envoyés à Rome, aux
frais des parties dans l'espace de deux moix
à compter du jour de la Sentence renduë:
& Sa Sainteté en qualité de Sur-Arbitre,
donnera dans l'espace de deux autres mois,
Commission sous serment à de nouveaux
Subdelegués qui ne seront suspects ni à l'une
ni à l'autre partie, d'examiner derechef la
chose, lesquels Subdelegués dans le terme
de six mois suivans, prononceront, comme il a été dit, selon les Loix & Constitutions de l'Empire, la Sentence définitive,
sans qu'il soit permis aux parties de faire de
nouvelles productions, à laquelle Sentence
on ne pourra contrevenir, mais qui au con-

traire fera mife en execution de la part de Meffieurs les arbitres, fans aucun délai ni contradiction.

S'il arrivoit que l'une des deux parties eût manqué de propofer, produire, ou déduire fes prétentions & droits dans les délais fufdits, l'autre partie ne laiffera pas de faire fes productions, fans qu'on puiffe jamais prolonger lefdits délais; & les Arbitres auffi bien que le fur-arbitre pourront continuer de proceder de la maniere qu'il eft exprimé ci-deffus, prononcer leur Sentence fuivant les productions des parties, & enfuite l'executer.

Néanmoins cette procedure n'empêchera pas ni les parties mêmes, ni Meffieurs les Arbitres de tenter les voies d'accommodement, & il ne fera rien omis de tout ce qui pourra faire terminer le different à l'amiable.

Et comme il eft auffi porté par l'article du Traité de Paix qu'en attendant que cette affaire foit terminée, Monfieur l'Electeur Palatin payera à Madame annuellement la fomme de deux cens mille livres tournois, ou de cent mille florins d'Allemagne, on eft particulierement convenu quant au tems que ce payement doit commencer à courir, qu'il n'aura lieu & cours qu'après que Monfieur l'Electeur Palatin aura été reftitué felon la teneur dudit Article dans les payes & lieux qui y font fpecifiés.

Et afin que Madame puiffe d'autant plus s'affûrer du payement effectif de ladite fomme, Monfieur l'Electeur Palatin fera tenu de nommer avant la ratification de la paix, autant de Receveurs du Bailliage de Germersheim & d'autres lieux du Palatinat, qu'il en sera besoin pour suffire au payement de ladite somme, lesquels se chargeront de faire tous les ans à Landau ledit payement à Madame ou à son Procureur, en payant la moitié de la somme tous les six mois; & ceux desdits Receveurs qui n'y satisferont pas, pourront y être contraints par les voies ordinaires, & même de la part du Roi Très-Chrétien par celle d'une execution militaire, s'il en est besoin.

Ce payement toutefois ne sera fait qu'à condition que pour ce qui aura été ainsi payé à Madame dans le tems que l'affaire principale sera pendante devant les Arbitres, il s'en fera une compensation avec les prétentions de Madame, si aucunes lui sont adjugées, ou qu'il sera restitué en tout ou en partie, selon qu'il en seroit décidé par lesdits Arbitres; laquelle compensation ou restitution sera reglée par une Sentence arbitrale comme le different même.

Comme aussi, si Madame de son côté manquoit à satisfaire à la formule susdite du Compromis dans la production de ses prétentions ou de ses exceptions, pour lors le cours dudit payement annuel sera sursis pour autant de tems seulement que Sadite Altesse Royale sera demeurée en retard, mais la procedure ne laissera pas pour cela d'avoir son cours ordinaire conformément audit Compromis. Fait au Palais de Ryswic le trentiéme d'Octobre mil six cents quatre-vingt-dix-sept.

✳✳✳✳✳✳✳✳✳✳ ✳✳✳✳✳✳✳✳✳✳

TRAITÉ FONDAMENTAL

DE LA

GRANDE ALLIANCE

Entre l'Empereur, le Roi d'Angle-
terre & les Etats Généraux des
Provinces Unies.

D'autant que le Roi d'Espagne Charles II. **Traité**
de glorieuse memoire, étant mort sans en- **d'Utrecht.**
fans, Sa Sacrée Majesté Impériale a assuré
que la Succeffion des Royaumes & Provinces du Roi defunt appartiennent l'égitime-
ment à fon Augufte Maifon; & que le Roi
T. C. defirant avoir la même Succeffion
pour le Duc d'Anjou fon petitfils, & alle-
guant qu'elle lui revient de droit en vertu
d'un certain Teftament du Roi defunt, il s'eft
d'abord mis en poffeffion de tout l'heritage
ou Monarchie d'Espagne pour le fufdit Duc
d'Anjou, & s'eft emparé à main armée des
Provinces du Pais-Bas Efpagnol, & du
Duché de Milan, qu'il tient une Flotte
dans le Port de Cadix, toute prête à faire
voile, qu'il a envoyé plufieurs Vaiffeaux
de Guerre aux Indes qui font foûmifes à
l'Efpagne, & que par ce moyen & plufieurs
autres, les Royaumes de France & d'Efpagne font fi étroitement unis, qu'il femble
qu'ils ne doivent plus être regardés à l'ave-

nir, que comme un feul & même Royaume , tellement que si on n'y prend garde,
il y a bien de l'apparence que Sa Majefté
Impériale ne doit plus efperer d'avoir jamais
aucune fatisfaction de fa prétention; Que
l'Empire Romain perdra tous fes droits fur
les Fiefs qui font en Italie , & dans le Païs-
Bas Efpagnol , de même que les Anglois
& Hollandois perdront la liberté de leur
Navigation & de leur Commerce dans la
Mer Mediterranée , aux Indes & ailleurs;
Et que les Provinces-Unies feront privées de
la fûreté qu'elles avoient par l'interpofition
entre elles & la France des Provinces du
Païs Bas Efpagnol , appellées communément *la Barriere ;* Et qu'enfin les François
& les Efpagnols étant ainfi unies devien-
droient en peu de tems fi formidables qu'ils
pourroient aifément foumettre toute l'Europe à leur obeïffance & empire. Or comme cette conduite du Roi T. C. a mis Sa
Majefté Impériale dans la neceffité d'envoyer une Armée en Italie , tant pour la
confervation de fes droits particuliers, que
pour celle des Fiefs de l'Empire, de même,
le Roi de la Grande Bretagne a jugé qu'il
étoit neceffaire d'envoyer fes Troupes auxiliaires aux Provinces-Unies, dont les affaires font dans le même état, que fi on en
étoit déja venu à une Guerre ouverte, &
les Seigneurs Etats Généraux, dont les
Frontieres font prefque de toutes part ouvertes , par la rupture de *la Barriere*, qui
empêchoit le voifinage des François , font
contraints de faire , pour la fûreté & pour
la confervation de leur République, tout

ce qu'ils auroient dû & pû faire, s'ils étoient effectivement attaqués par une Guerre ouverte. Et comme un état si douteux & si incertain en toutes choses, est plus dangereux que la guerre même & que la France & l'Espagne s'en prevalent pour s'unir de plus en plus, afin d'opprimer la liberté de l'Europe, & ruiner le commerce accoûtumé; toutes ces raisons ont porté Sa Sacrée Majesté Impériale, Sa Sacrée Royale Majesté de la Grande Bretagne, & les Hauts & Puissans Seugneurs Etats Généraux des Provinces-Unies, d'aller au devant de tous les maux qui en proviendroient, & desirant d'y apporter remède selon leurs forces, ils ont jugé qu'il étoit necessaire de faire entre eux une étroite Alliance & Confederation pour éloigner le grand & commun danger. Pour cet effet ils ont donné leurs ordres & instructions, savoir Sa Sacrée Majesté Impériale, aux très-Nobles, très-Illustres & très-Excellens Seigneurs, le Seigneur Pierre de Goes Comte du Saint Empire Romain, Seigneur de Carelsberg, Chambellan de Sa Majesté Impériale, Conseiller du Conseil Impérial Aulique, & son Envoyé Extraordinaire auprès des Hauts & Puissans Seigneurs les Etats Généraux des Provinces-Unies, & le Seigneur Jean Wenceslas de Wratislau Mitrowitz, Comte du Saint Empire Romain. Seigneur de Giuctz & de Mallexhitz, Chambellan de Sa Majesté le Roi des Romains & de Hongrie, Conseiler & Assesseur de la Chancellerie Privée & Aulique de Boheme; & Envoyé extraordinaire de Sa Majesté Impériale auprès de Sa

Majesté Britannique, tous deux ses Ambassadeurs extraordinaires & Plénipotentiaires;
Sa Sacrée Majesté le Roi de la Grande Bretagne, au très-Noble, très-Illustre, &
très Excellent Seigneur, le Seigneur Jean
Comte de Marlborough, Baron Churchill
de Sandridge, Conseiller du Conseil Privé
de Sa Sacrée Royale Majesté, Général de
son Infanterie, & Général de toutes ses
troupes aux Païs-Bas, son Ambassadeur Extraordinaire, Commissaire, Procureur &
Plénipotentiaire. Et les Seigneurs Etats
Généraux, aux Seigneurs Diétrich Eck de
Pantaleon, Seigneur de Gent & Erleck;
Fridérich Baron de Rhede, Seigneur de
Lier, Dyck Graeff de Saint Anthoine & de
Terlée, Commandeur de Buren, l'un des
Nobles aggrégés dans l'Ordre des Chevaliers de Hollande; Antoine Heinsius, Con-
seiller Pensionnaire des Seigneurs Etats de
Hollande & de Westfrise, Garde de leur
Grand Sceau, & Président des Fiefs; Guil-
laume de Nassau, Seigneur d'Odyck,
Cortgiene, &c. premier Noble, & repre-
sentant le Corps des Nobles dans les Assemblées des Seigneurs Etats de Zeelande & de
leurs Deputés; Everhard de Weede, Seigneur de Weede Dyckvelt, Rateles, &c.
Seigneur Foncier de la Ville d'Oudewater,
Doyen du Chapitre de Sainte Marie d'Utrecht sur le Rhin, Premier Conseiller &
Président de l'Assemblée de la Province
d'Utrecht, Dyck-Graef du Leck; Guillaume van Haren, Grietman du Païs de Bilt
en Frise, Curateur de l'Université de Franc-
ker, Deputé des Nobles à l'Assemblée des

Seigneurs Etats de Frife ; Burchard Jufte
de Welvelde , Buckhorft & Molchate,
Seigneur de Zallick & Vekaten , Grand
Baillif du Pays d'Iffelmunde; & Wiker Wi-
kers , Sénateur de la Ville de Groningue,
refpectivement Deputés des Seigneurs Etats
de Gueldres, de Hollande & Weftfrife,
Zeelande , Utrecht fur le Rihn , Frife,
Over-Yffel , Groningue & Omlande , à
l'Affemblée des Seigneurs Etats Généraux
des Provinces-Unies du Païs-Bas , lefquels
en vertu de leurs ordres, font convenus
des Articles d'Alliance qui fuivent.

I.

Qu'il y ait dés à préfent & à l'avenir ,
une conftante , perpetuelle, & inviolable
amitié, entre Sa Sacrée Majefté Impériale,
Sa Sacrée Royale Majefté de la Grande Bretagne , & les Seigneurs Etats Généraux des
Provinces-Unies , & qu'ils foient tenus réciproquement de procurer ce qui leur fera
avantageux , & d'éloigner ce qui leur feroit
nuifible & dommageable.

II.

Sa Sacrée Majefté Impériale , Sa Sacrée
Royale Majefté de la Grande Bretagne , &
les Seigneurs Etats Généraux des Provinces-
Unies , n'ayant rien tant à cœur que la paix
& la tranquillité de toute l'Europe . ont jugé qn'il ne pouvoit rien y avoir de plus effi-
cace pour l'affermir , que de procurer à Sa
Majefté Impériale une fatisfaction jufte &
raifonable , touchant fes prétentions à la
Succeffion d'Efpagne , & que le Roi de la

Grande Bretagne, & les Seigneuts Etats, Généraux obtiennent une sûreté particuliere & suffisante, pour leurs Royaumes, Provinces, Terres & Pays de leur obéïssance, & pour la Navigation & le Commerce de leurs Sujets.

III.

Pour cet effet les Alliés mettront premierement en usage tous les moyens possibles, & tout ce qui dépendra d'eux, pour obtenir amiablement, & par une Transaction ferme & solide, une satisfaction juste & raisonnable pour Sa Majesté Britannique, & pour les Seignnurs Etats des Provinces-Unies; Et à cette fin, ils employeront tous leurs soins & offices pendant deux mois, à compter du jour de l'échange des Ratifications de ce présent Traité.

IV.

Mais si dans ce tems-là les Alliés viennent à être frustrés de leur esperance & de leurs desirs, tellement que l'on ne puisse pas transiger dans le terme fixé; en ce cas ils promettent & s'engagent réciproquement de s'aider de toutes leurs forces, selon ce qui sera reglé par une Convention particuliere, pour obtenir la satisfaction & sûreté susdites.

V.

Et afin de procurer cette satisfaction & cette sûreté, les Alliés feront entre autres choses leurs plus grands efforts pour reprendre & reconquerir les Provinces du Pays-Bas Espagnole;

Efpagnol, dans l'intention qu'elles fervent
de Digue, de Rempart, & de *Barriere*
pour féparer & éloigner la France des Provinces-Unies, comme par le paffé ; lefdites
Provinces du Pays-Bas Efpagnol ayant fait
la fûreté des Seigneurs Etats Généraux jufqu'à ce que depuis peu Sa Majefté très-
Chrétienne s'en eft emparée , & les a fait
occuper par fes Troupes.   Pareillement les
Alliés feront tous leurs efforts pour conquerir le Duché de Milan avec toutes fes dépendances, comme étant un Fief de l'Empire
fervant pour la fûreté des Provinces héredi-
taires de Sa Majefté Impériale, & pour conquerir les Royaumes de Naples & de Sicile,
& les Ifles de la Mer Mediterranée , avec
les Terres dépendantes de l'Efpagne le long
de la Côte de Tofcane, qui peuvent fervir
à la même fin & être utiles pour la navigation & le commerce des Sujets de Sa Majefté Britannique & des Provinces-Unies.

VI.

Pourront le Roi de la Grande Bretagne,
& les Seigneurs Etats Généraux, conquerir à force d'armes, felon qu'ils auront concerté entre eux , pour l'utilité & la commodité de la navigation & du commerce de
leurs fujets, les Pays & les Villes que les
Efpagnols ont dans les Indes, & tout ce
qu'ils pourront y prendre fera pour eux ,
& leur demeurera.

VII.

Que fi les Alliés fe trouvent obligés à
entrer en Guerre pour obtenir ladite fatis-

faction à Sa Majesté Impériale, & ladite
sûreté à Sa Majesté Britannique, & aux
Seigneurs Etats Généraux, ils se communi-
queront fidellement les avis & resolutions
des Conseils qui se tiendront pour toutes
les entreprises de guerre, ou expéditions
militaires, & généralement tout ce qui
concernera cette affaire commune.

VIII.

La guerre étant une fois commencée,
aucun des Alliés ne pourra traiter de paix
avec l'Ennemi, si ce n'est conjointement
avec la participation & le conseil des autres
Parties. Et ladite paix ne pourra être concluë, sans avoir obtenu pour sa Majesté
Impériale une satisfaction juste & raisonnable; & pour le Roi de la Grande Bretagne
& les Seigneurs Etats Généraux la sûreté
particuliere de Leurs Royaumes, Provinces, Terres, & Pays de leur obeïssance,
navigation & commerce; ni sans avoir pris
auparavant de justes mesures, pour empêcher que les Royaumes de France & d'Espagne, soient jamais unis sous un même
Empire, ou qu'un seul & même Roi en de-
vint le Souverain, & specialement que jamais les François se rendent maîtres des Indes Espagnoles, ou qu'ils y envoyent des
Vaisseaux pour y exercer le commerce,
directement ou indirectement, sous quelque prétexte que ce soit. Enfin ladite Paix
ne pourra être concluë sans avoir obtenu
pour les sujets de Sa Majesté Britannique &
pour ceux des Provinces-Unies, une pleine
& entiere faculté, usage & jouïssance de

tous les mêmes privileges, droits, immunités, & libertés de commerce tant par
Terre que par Mer en Espagne & sur la
Mer Mediterranée dont ils usoient & jouïs-
soient pendant la vie du feu Roi d'Espagne
dans tous les Pays qu'il possedoit tant en
Europe qu'ailleurs, & dont ils pouvoient
de droit user & jouïr en commun ou en
particulier, par les Traités, Conventions
& Coûtumes, ou de quelque autre maniere
que ce puisse être.

IX.

Lors que ladite Transaction, ou Traité
de Paix se fera, les Alliés conviendront
entre eux de tout ce qui sera necessaire pour
établir le commerce & la navigation des
sujets de Sa Majesté Britannique, & des
Seigneurs Etats Généraux, dans les Pays &
lieux que l'on doit acquerir, & que le feu
Roi d'Espagne possedoit. Ils conviendront
pareillement des moyens propres à mettre
en sûreté les Seigneurs Etats Généraux par
la *Barriere* susmentionée.

X.

Et d'autant qu'il pourroit naître quelques
differens au sujet de la Religion dans les
lieux que les Alliés esperent de conquerir,
ils conviendront entre eux de son exercice,
au tems susdit de la Paix.

XI.

Les Alliés seront obligés de s'entraïder &
secourir de toutes leurs forces, au cas que
le Roi de France, ou quelque autre que ce

foit , vint à attaquer l'un d'entr'eux à caufe du préfent Traité.

XII.

Soit que l'on puiffe maintenant tranfiger fur ladite fatisfaction & fûreté , ou foit que la Paix fe faffe après que l'on aura entrepris une guerre neceffaire , il y aura & demeurera toujours entre les Parties contractantes une Alliance défenfive , pour la garantie de ladite Tranfaction , ou de ladite Paix.

XIII.

Tous les Rois , Princes & Etats , qui ont la Paix à cœur , & qui voudront entrer dans la préfente Alliance , y feront admis. Et parce qu'il eft particulierement de l'intéreft du Saint Empire Romain , de conferver la Paix publique , & qu'il s'agit ici entre autres chofes de recouvrer les Fiefs de l'Empire , on invitera fpecialement ledit Empire d'entrer dans la préfente Alliance. En outre tous les Alliés enfemble ; & chacun d'eux en particulier , pourront y inviter ceux qu'ils jugeront bon être.

XIV.

Ce Traité d'Alliance & Confédération fera ratifié par tous les Alliés dans l'efpace de fix femaines , & plutôt fi faire fe peut.

En foi de quoi , Nous Plénipotentiaires fufnommés avons figné le préfent Traité de nos mains , & l'avons muni de nos Sçeaux & Cachets. A la Haye le feptiéme du mois de Septempre de l'an Mil fept cents un.

Etoît figné en chacun des Inftrumens fé-
parés; favoir de la part de Sa Majefté Impériale, *Pierre Comte de Goes ; & Jean
Wenceslas Comte de Wratiflan & Mitrowitz.* De la part de Sa Majefté le Roi
de la Grande Bretagne, *Marlborough.*
Et de la part des Seigneurs Etats Généraux
des Provinzes-Unies, *D. van Eck van Pantaleon. Hr. van Gent. F. B. van Rheede.
A Heinfius W. de Naffau. E. de Weede.
W. van Haren. B. J. Welvelde. W.
Wickers.*

TRAITÉ DE PAIX,

*Conclu à Utrecht entre Sa Majefté Trés-
Chrétienne & LL. HH. PP. les Etats
Généraux des Provinces - Unies des
Pays - Bas.*

Au nom de la Trés-Sainte Trinité. A
tous préfens & avenir foit notoire, que
pendant le cours de la plus fanglante guerre, dont l'Europe ait été affligée depuis
long-tems, il a plu à la divine providence
de préparer à la Chrétienté la fin de fes
maux en confervant un ardent defir de la
Paix dans le cœur du Très-haut, Très-excellent, & Très-puiffant Prince Louis
XIV. par la grace de Dieu Roy Très-Chrétien de France & de Navarre; fa Majefté
Très-Chrétienne n'ayant d'ailleurs envüe
que de la rendre folide & perpetuelle par

l'équité de ses conditions; & les Seigneurs
Etats Généraux des Provinces Unies des
Pays-Bas souhaitent de concourir de bonne
foi, & autant qu'il est en eux, au retablis-
sement de la tranquillité publique, & de
rentrer dans l'ancienne amitié & affection
de sa Majesté Très-Chrétienne, ont consenti que la Ville d'Utrecht fût choisie pour
y traiter de Paix, & pour y parvenir, sa Majesté Très-Chrétienne auroit nommé pour
ses Ambassadeurs extraordinaires, & Plénipotentiaires, le Seigneur Nicolas, Marquis d'Huxelles, Maréschal de France,
Chevalier de ses Ordres, & son Lieutenant
Général au Gouvernement de Bourgogne;
& le Seigneur Nicolas Ménager, Chevalier
de l'Ordre de St. Michel; & les Seigneurs
Etats Généraux, les Seigneurs Jacques de
Randwyk, Seigneur de Rossum, & Bourggrave de l'Empire & Juge de la Ville de Nimegue; Guillaume Buis, Conseiller Pensionnaire de la Ville d'Amsterdam; Bruno
van der Dussen ancien Bourguemaître, Senateur, & Conseiller Pensionnaire de la
Ville de Gouda, Assesseur au Conseil des
Heemrades de Schielant, Dykgraef du
Crimpenerwaard; Corneille van Gheel,
Seigneur de Spanbroek & Bulkestein,
Grand Bailli du Franc, & de la Ville de
l'Ecluse, Surintendant des Fiefs relevans
du Bourg de Bruges du ressort de l'Etat;
Frederic Adrien Baron de Rheede Seigneur
de Rensvoude, d'Emmerikhuisen & Mour-
kerken, President de la Noblesse de la Province d'Utrecht; Sicco de Goslinga, Grietman de Franequeradeel, Curateur de l'Uni-

verfité de Franequer ; Charles Ferdinand,
Comte de Inkhuyfen & de Cniphuifen,
Seigneur de Vredewold ; & Deputés dans
leurs affemblées de la part des Etats de
Gueldre, de Hollande & de Weftfriefe, de
Zelande, d'Utrecht, de Frife, de Groningue & Ommelanden, lefquels après le
cours d'une longue négociation, dans laquelle les Ambaffadeurs Extraordinaires
Plénipotentiaires de la très-Haute, très-
Puiffante & très-Excellente Princeffe la
Reine de la Grande Bretagne, n'ont point
ceffé d'employer leurs foins infatigables
pour l'amener au point d'une conclufion
de la Paix Générale, fuivant le defir que
cette Princeffe a toujours eu de procurer le
rétabliffement de la tranquillité de l'Europe, font enfin parvenus à convenir des conditions dont la teneur s'enfuit, ce qu'ils
ont fait après avoir imploré l'affiftance divine, & s'être communiqué refpectivement
leurs pleins-pouvoirs, dont les copies feront inferées de mot à mot à la fin du préfent Traité, & en avoir dûement fait
l'échange.

I.

Il y aura à l'avenir entre Sa Majefté Très-
Chrétienne, & fes Succeffeurs Rois de
France & de Navarre, & fes Royaumes
d'une part, & les Seigneurs Etats Généraux
des Provinces-Unies du Pays-Bas, d'autre
part, une Paix bonne, ferme, fidelle & inviolable ; & cefferont en fuite & feront delaiffés
tous Actes d'Hoftilité, de quelque façon

qu'ils foient, entre le dit Seigneur Roi, & lefdits Seigneurs Etats Généraux, tant par Mer, & autres eaux, que par Terre, en tous leurs Royaumes, Pays, Provinces, & Seigneuries, & pour tous leurs fujets & Habitans, de quelque qualité ou conditions qu'ils foient, fans exception des lieux ou des Perfonnes.

II.

Il y aura un oubli & amniftie générale de tout ce qui a été commis de part & d'autre à l'occafion de la dernicre guerre, foit par ceux qui étant nés fujets de la France, & engagés au fervice du Roi Très-Chrétien, par les emplois & biens qu'ils poffedoient dans l'étendue de la France, font entrés & demeurés au fervice des Seigneurs Etats Généraux des Provinces-Unies, ou par ceux qui étant nés fujets des dits Seigneurs Etats Généraux, ou engagés à leur fervice par les emplois & les biens qu'ils poffedoient dans l'étendue des Provinces-Unies, font entrés ou demeurés au fervice de Sa Maje-fté Très-Chrétienne, & les dites Perfon-nes, de quelque qualité & condition qu'el-les foient, fans exception, pourront rentrer, rentreront, & feront effective-ment laiffés & rétablis en la poffeffion & jouiffance paifible de tous leurs biens, hon-neurs, dignités, privileges, franchifes, droits, exemtions, conftitutions & liber-té, fans pouvoir être recherchés, troublés ni inquiétés en général, ni en particu-lier pour quelque caufe ou pretexte que ce foit, pour raifon de ce qui s'eft paffé de-

puis la naiſſance de la dite guerre, & en
conſequence du préſent Traité, & après
qu'il aura été ratifié tant par Sa Majeſté Très-
Chrétienne, que par leſdits Seigneurs Etats
Généraux, leur ſera permis à tous & à
chacun en particulier, ſans avoir beſoin
des Lettres d'abolition & de pardon, de retourner en perſonnes dans leurs maiſons,
en la jouiſſance de leurs terres, & de tous
les autres biens, ou d'en diſpoſer en telle
maniere que bon leur ſemblera.

III.

Et ſi quelques priſes ſe font de part &
d'autre dans la Mer Baltique ou celle du
Nord depuis Terneuſe juſqu'au bout de la
Manche dans l'eſpace de quatre Semaines,
ou du bout de la dite Manche juſqu'au Cap de
St. Vincent dans l'eſpace de ſix ſemaines, &
de là dans la Mer Mediterranée & juſqu'à la
Ligne dans l'eſpace de dix ſemaines, & au de
là de la Ligne & en tous les autres endroits
du Monde dans l'éſpace de huit mois, à
compter du jour que ſe fera la publication
de la Paix à Paris & à la Haye ; les dites
priſes & les dommages, qui ſe feront de
part ou d'autre après le terme préfix, ſeront
portées en compte, & tout ce qui aura été
pris ſera rendu avec compenſation de tous
les dommages, qui en ſeront provenus.

IV.

Il y aura de plus entre ledit Seigneur Roi,
& leſdits Seigneurs Etats Généraux, &
leurs ſujets & Habitans réciproquement,
une ſincere, ferme & perpetuelle amitié &

bonne correspondance, tant par Mer que par Terre, en tout & par tout, dedans & dehors l'Europe, sans se ressentir des offenses ou dommages, qu'ils ont receus tant par le passé qu'à l'occasion desdites guerres.

V.

Et en vertu de cette amitié & correspondance tant Sa Majesté que les Seigneurs Etats Généraux procureront & avanceront fidellement le bien & la prosperité l'un de l'autre, par tout support, aide, conseil & assistances réelles en toutes occasions & en tous tems; & ne consentiront à l'avenir à aucuns Traités ou Negotiations, qui pourroient apporter du dommage à l'un ou à l'autre, mais les rompront & en donneront avis réciproquement avec soin & sincerité aussi-tôt qu'ils en auront connoissance.

VI.

Ceux sur lesquels quelques biens ont été saisis & confisqués à l'occasion de la dite guerre, leurs Héritiers ou ayant cause, de quelque condition ou Religion qu'ils puissent être, jouïront d'iceux biens & en prendront la possession de leur autorité privée, & en vertu du présent Traité, sans qu'ils leur soit besoin d'avoir recours à la Justice, nonobstant toutes incorporations au Fisc, engagemens, donations, sentences préparatoires ou définitives données par defaut & contumace en l'absence des parties, & icelles non ouïes, Traités, Accords &

Tranfactions, quelques renonciations qui
ayent été mifes és dites tranfactions, pour
exclure en partie defdits biens ceux à qui
ils doivent appartenir, & tous & chacuns
biens & droits, qui conformément au préfent Traité feront reftitués, ou doivent être
reftitués réciproquement aux premiers proprietaires, leurs hoirs ou ayant caufe,
pourront être vendus par lefdits proprietaires, fans qu'il foit befoin d'impetrer pour
ce confentement particulier, & enfuite les
proprietaires des rentes qui de la part des
Fifcs feront conftituées en place des biens
vendus, comme auffi ces rentes & actions,
étant à la charge des Fifcs refpectivement,
pourront difpofer de la proprieté d'icelles
par vente ou autrement, comme de leurs
autres propres biens.

VII.

En contemplation de cette Paix, Sa Majefté Très-Chrétienne remettra & fera remettre aux Seigneurs les Etats Généraux en faveur de la Maifon d'Autriche tout ce que
Sa Majefté Très-Chrétienne, ou le Prince
ou Princes fes Alliés, poffedent encore des
Pays-Bas communément appellés Efpagnols,
tels que feu le Roi Catholique Charles II.
les a poffedés, ou dû poffeder conformement au Traité de Ryfwic, fans que Sa
Majefté Très-Chrétienne, ni le Prince,
ou les Princes fes Alliés, s'en refervent aucuns droits, ou prétentions, directement
ni indirectement, mais que la Maifon d'Autriche entrera en la poffeffion defdits Pays-
Bas Efpagnols, pour en jouïr deformais &

à toujours pléinement & paisiblement selon l'ordre de succession de ladite Maison, aussitôt que les Seigneurs Etats en seront convenus avec elle, de la maniere dont lesdits Pays-Bas Espagnols leur serviront de Barriere & de sûreté.

Bien entendu que du haut Quartier de Gueldre le Seigneur Roi de Prusse retiendra tout ce qu'il y possedé & occupe actuellement, savoir la Ville de Gueldre, la Préfecture, le Bailliage, & le bas Bailliage de Gueldre, avec tout ce qui y appartient & en dépend, comme aussi spécialement les Villes, Bailliages & Seigneuries de Strahlen, Wachtendonk, Middelaar, Walbeek, Aertsen, Afferden & de Weel, de même que Raey & klein Kevelaar, avec toutes leurs appartenances & dépendances. De plus il sera remis à Sa Majesté le Roi de Prusse l'Ammanie de Knickenbeck, avec tout ce qui y appartient & en dépend, & le Pays de Kessel pareillement avec toutes les appartenances & dépendances, & généralement tout ce que contient ladite Ammanie & le dit district, sans en rien excepter, si ce n'est Enklens, avec ses appartenances & dépendances, pour le tout appartenir à Sa Majesté Prussienne, & aux Princes on Princesses ses héritiers ou successeurs avec tous les droits, prérogatives, revenus & avantages de quelque nom qu'ils puissent être appellés, en la même qualité & de la même maniere, que la Maison d'Autriche & particulierement le feu Roi d'Espagne les a possedé, toutes fois avec les Charges & Hypothéques, & en conséquence les

Etats Généraux retireront leurs Troupes des endroits ci-deſſus nommés, où il y en pourroit avoir, & déchargeront du ferment de fidelité les Officiers tant civils, que des Comptoirs des Péages & autres, au moment de l'évacuation, qui ſe fera auſſi-tôt après la ratification du préſent Traité.

Il a été encore convenu qu'il ſera reſervé dans le Duché de Luxembourg, ou dans celui de Limbourg, une terre de la valeur de trente mille écus de revenu par an, qui ſera erigé en Principauté en faveur de la Princeſſe des Urſins & de ſes Héritiers.

VIII.

En conſequence de cela Sa Majeſté Très-Chrétienne remettra & fera remettre aux Seigneurs Etats Généraux, en faveur comme ci-deſſus, immediatement après la Paix & au plûtard en quinze jours après l'échange des ratifications, le Duché, Ville & Fortereſſe de Luxembourg avec le Comté de Chiny; le Comté, Ville & Château de Namur, comme auſſi les Villes de Charleroi & de Nieuport avec toutes leurs appartenances, dependances, annexés & enclavemens, & tout ce qui outre cela pourroit encore appartenir auxdits Pays-Bas Eſpagnols, definis comme ci-deſſus, en l'état auquel le tout ſe trouve à préſent, avec les Fortifications, ſans en rien changer, qui s'y trouvent actuellement, & avec tous les papiers, lettres, documents & Archives, qui concernent leſdits Pays-Bas, ou quelque partie d'iceux.

IX.

Et comme Sa Majesté Catholique a cédé & transporté en pleine Souveraineté & proprieté sans aucune reserve ni retour à son Altesse Electorale de Baviere lesdits Pays-Bas Espagnols, Sa Majesté Très-Chrétienne promet & s'engage de faire donner un Acte de sadite Altesse Electorale dans la meilleure forme, par lequel, Elle, tant pour Elle même, que pour les Princes ses Hoirs, & successeurs nés & à naître, cédé & transporte aux Seigneurs Etats Généraux en faveur de la Maison d'Autriche tout le droit sur lesdits Pays-Bas Espagnols, soit en tout ou en partie, tant en vertu de la cession de Sa Majesté Catholique qu'en vertu de quelqu'-autre Acte, Titre ou pretention que ce puisse être, & par lequel Acte sadite Altesse Electorale reconnoîtra la Maison d'Autriche pour legitimes & Souverains Princes desdits Pays-Bas, sans aucune restriction, ou réserve, & décharge & dispense absolument tous & un chacun des sujets desdits Pays-Bas, qui lui ont prêté serment de fidelité, ou fait hommage, lequel Acte de cession de son Altesse Electorale sera remis, comme l'on en est convenu, à la Reine de la Grande Bretagne le même jour que les Ratifications du présent Traité doivent être changées.

Bien entendu que l'Electeur de Baviere retiendra la souveraineté & les revenus du Duché & Ville de Luxembourg, de la Ville & Comté de Namur, de la Ville de Charleroi, & de leurs dépendances, apparte-

nances, annexes & enclavemens (fauf le
payement des rentes conftituées & hipothê-
quées fur les dits revenus) jufqu'à ce que
fon Alteffe Electorale ait été rétablie dans
tous les Etats qu'elle poffedoit dans l'Empire devant la guerre préfente, à l'exception
du haut Palatinat, & qu'elle aura été mife
dans le rang du neuviéme Electeur, & en
poffeffion du Royaume de Sardaigne, &
du titre de Roi; comme auffi fon Alteffe
Electorale, pendant ce tems qu'elle gardera
la Souveraineté des fufdits Pays, pourra
tenir fes Troupes dans les dépendances du
Duché de Luxembourg, lefquelles Troupes n'excéderont pas le nombre de fept mille Hommes, & qu'aucunes Troupes des
Seigneurs Etats Généraux, ou de leurs Alliés, excepté les Garnifons des Places de
Luxembourg, Namur, & Charleroi, ne
pourront paffer, loger, ni féjourner dans
les dépendances des Pays, dont fon Alteffe
Electorale doit garder la Souveraineté,
comme il eft dit ci-deffus; il fera cependant
permis aux Etats Généraux de faire voiturer
fans aucun empéchement ni oppofition
quelconque toutes fortes de munitions de
bouche & de guerre dans la Ville de Luxembourg, qu'ils trouveront néceffaires. On
eft auffi convenu que l'Electeur de Baviere
confervera la fouveraineté & les revenus de
la Ville & Duché de Luxembourg eft leurs
dépendances, appartenances, annexes &
enclavemens, jufqu'à ce qu'il ait été dé-
dommagé de fes prétentions à l'égard du
Traité d'Ilmersheim, & l'on eft convenu
que ce dédommagement fera reglé par les

Arbitres, dont on conviendra & du nombre
desquels la Reine de la Grande Bretagne a
consenti d'être. Et ce réglement se fera
par lesdits Arbitres le plûtôt qu'il sera possible. Sa Majesté Très Chrétienne fera sortir l'Acte de cession de son Altesse Electorale
son plein & entier effet; & pour encore
plus de sureté, Sa Majesté Très-Chrétienne
promet de faire en sorte que Sa Majesté
Catholique appouvera autant que de besoin,
la dite cession de son Altesse Electorale dans
son Traité, tant avec Sa Majesté Britannique qu'avec les Seigneurs Etats Généraux.

X.

Cependant quoique l'Electeur demeure
en possession de la Souveraineté & des revenus de la Ville & Duché de Luxembourg,
de la Ville & Comté de Namur, de la Ville
de Charleroi, & de leurs dépendances,
comme il est dit ci-dessus; On est convenu
que Sa Majesté Très-Chrétienne retirera
toutes ses Troupes de la Ville & Duché de
Luxembourg, de la Ville & Comté de Namur, de la Ville de Charleroi & de toutes
leurs dépendances, immédiatement après
la Paix, & au plûtard en quinze jours après
l'échange des ratifications du présent Traité,
& qu'elle fera en sorte que sa dite Altesse
Electorale en retirera aussi en même tems
toutes les siennes (excepté des dépendances du Duché de Luxembourg) & celles
qu'il pourroit y avoir de l'Electeur de Cologne son Frere sans aucune exception, &
que la Ville & Forteresse de Luxembourg,

la

la Ville & Château de Namur, comme auffi la Ville de Charleroi, feront cependant gardés par les Troupes des Seigneurs Etats Généraux, lefquelles y entreront immediatement après la Paix, & au plutard en quinze jours après l'échange des ratifications; On eft convenu auffi que les Troupes defdits Seigneurs Etats y feront logées & traitées conformement au réglement, fait fur ce fujet après la Paix de Ryswic avec fa dite Alteffe Electorale alors Gouverneur Général defdits Pays-Bas; comme auffi que la Ville & Duché de Luxembourg, la Ville & Comté de Namur, & la Ville de Charleroi, & leurs dependances, contribueront leur quotepart d'un million de florins monnoie d'Hollande, qui doit être affigné par an auxdits Seigneurs Etats Généraux fur les meilleurs & les plus clairs revenus defdits Pays-Bas Efpagnols pour l'entretien de leurs Troupes, & des Fortifications des Villes & des places leurs Barrieres; les Etats Généraux de leur côté s'engagent & promettent de faire enforte que leurs Troupes né troubleront en aucune maniere l'Electeur de Baviere dans la poffeffion de la Souveraineté, & des revenus defdites Villes & Pays pour tout le tems qu'il en doit jouïr.

XI.

Sa Majefté Très-Chrétienne cède aux Seigneurs Etats Généraux, tant pour elle même que pour les Princes fes hoirs & Succeffeurs nés & à naître & ce en faveur de la Maifon d'Autriche, tout le droit qu'elle a eu, ou pourroit avoir fur la Ville de Menin.

avec toutes ſes Fortifications, & avec ſa Verge ſur la Ville & Citadelle de Tournay avec tout le Tournaiſis ſans ſe rien reſerver de ſon droit là deſſus, ni ſur aucune de ſes dependances, annexes ou enclavemens; mais céde abſolument ces Villes & Places avec tous leurs territoires, dependances, appartenances, annexes, & enclavemens, & avec tous les même droits en tout que Sa Majeſté Très-Chrétienne les a poſſedé avant cette guerre, excepté que St. Amant avec ſes dependances, & Mortagne ſans dependances, reviendront & demeureront à Sa Majeſté Très-Chrétienne; à condition néantmoins qu'il ne ſera pas permis de faire à Mortagne aucunes Fortifications, ni écluſes, de quelque nature qu'elles puiſſent étre; On eſt auſſi convenu que le Prince d'Epinay rentrera en poſſeſſion de la terre d'Antoing en vertu du préſent Traité, à condition que la Maiſon de Ligne pourra pourſuivre ſes droits ou prétentions ſur la dite terre devant les Juges competens. Les Seigneurs Etats Généraux promettent qu'ils rendront les Villes, Places, Territoires, dependances, appartenances, annexes & enclavemens, que Sa Majeſté Très-Chrétienne leur céde par cet Article, à la Maiſon d'Autriche, auſſi-tôt que les Seigneurs Etats en ſeront convenus avec ladite Maiſon, laquelle alors en jouïra irrévocablement & à toujours.

XII.

Sa Majeſté Très-Chrétienne tant pour elle même que pour les Princes ſes Héritiers & Succeſſeurs nés & à naître, céde auſſi en faveur de la Maiſon d'Autriche tout le droit qu'elle a ſur Furnes, Furner-Ambagt, y compris les huit paroiſſes & le Fort de Knock, les Villes de Loo & Dixmuyden, avec leurs dependances, Ipres avec ſa Châtellenie, (Rouiſſelaer y compris) & avec les autres dependances, qui ſeront deformais, Poperingue, Warneton, Commines, Warwich; ces trois dernieres Places pour autant qu'elles ſont ſituées du côté de la Lys vers Ipres, & ce qui depend des lieux ci-deſſus exprimés, ſans que Sa Majeſté Très-Chrétienne ſe reſerve aucun droit ſur leſdites Villes, Places, Forts & Pays, ni ſur aucune de leurs appartenances, dependances, annexes ou enclavemens.

Auſſi fera Sa Majeſté Très Chrétienne, immediatement après la Paix & au plutard en quinze jours après l'échange des ratifications, évacuer & remettre aux Seigneurs Etats Généraux toutes leſdites Viles, Places, Forts & Pays avec toutes leurs appartenances, dependances, annexes & enclavemens, ſans en rien excepter, le tout de la même maniere que Sa Majeſté Très-Chrétienne le poſſede maintenant avec les Fortifications comme elles ſont, ſans y rien changer, & avec tous les Papiers, Lettres, Archives & Documents, qui concernent leſdites Villes, Places, Forts, leurs dependances, appartenances, & enclavemens, afin que leſdits Seigneurs Etats puiſſent rendre toutes ces Villes, Places, Forts & Pays avec toutes leurs appartenances, dependances, annexes & enclave-

mens, à la Maifon d'Autriches auffi-tôt
qu'ils en feront convenus, avec elle, laquelle en jouïra irrévocablement, & à
toujours.

XIII.

La Navigation de la Lis depuis l'embou-
chure de la Deule en remontant fera libre,
& il ne s'y établira aucun peage ni
impofition.

XIV.

On eft auffi convenu qu'aucune Province,
ille, Fort ou Place defdits Pays - Bas
Efpagnols, ni de ceux qui font cédés, par
Sa Majefté Très-Chrétienne, foient jamais
cédés, tranfportés, ni donnés, ni puiffent
échoir à la Couronne de France, ni à aucun Prince ou Princeffe de la Maifon ou
Ligne de France, foit en vertu de quelque
don, vente, échange, convention Matri-
moniale, fucceffion par Teftament, ou
ab inteftat, ou fous quelqu'autre titre que
ce puiffe être. ni étre mis de quelque maniere que ce foit au pouvoir, ni fous l'autorité du Roi Très-Chrétien, ni de quelque
Prince ou Princeffe de la Maifon ou Ligne
de France.

XV.

Lefdits Seigneurs Etats Généraux remettront à Sa Majefté Très-Chrétienne la Ville
& Citadelle de Lille avec toute fa Châtellenie fans aucune exception, Orchies, le
Pays de Laleu, & le Bourg de la Goùrgue,
les Villes & Places d'Aire, Bethune, &

St. Venant avec le Fort François, leurs Bailliages, Gouvernemens, appartenances, dependances, enclavemens, & annexes, le tout ainfi qu'il a été poffédé par le Roi Très-Chrétien avant la préfente guerre, lefquelles Villes, Places & Forts feront evacués immediatement après la paix, & au plus tard en quinze jours après l'échange des ratifications du préfent Traité, avec toutes les Fortifications, dans l'état où elles fe trouvent à préfent, fans en rien changer, & avec tous les Papiers, Lettres, Documents, Archives, & particulierement avec ceux de la Chambre des Comptes de Lille, & s'il y en avoit eu quelques uns de detournés, on les raportera de bonne foi; bien entendu que lefdits Seigneurs Etats Généraux ne feront point tenus à aucun dédommagement pour ce dont le Roi Très-Chrétien pourroit déja être en poffeffion defdits Pays, ni à faire réparer ce qui fe trouvera avoir été détruit par la guerre. On eft auffi convenu que le Prince d'Epinai rentrera en poffeffion des Terres de Cifoing & de Roubaix, & autres biens fitués dans lefdits Pays de Lille en vertu du préfent Traité, à condition que la Maifon de Ligne pourra pourfuivre fes droits ou prétentions fur lefdites Terres & biens devant les Juges competens.

XVI.

Quant à la reftitution des Canons, Artillerie, Boulets, Armes, & Munitions de guerre de part & d'autre, on eft convenu que la Ville & Forterefle de Luxembourg,

la Ville & Château de Namur, la Ville de
Charleroi & celle de Nieuport, & généralement toutes les Places, Forts, & Postes,
possédés par Sa Majesté Très-Chrétienne,
ou ses Alliés, les Electeurs de Cologne &
de Baviere, seront remis avec les Canons,
Artillerie, Boulets, Armes & Munitions
de guerre qui y étoient au tems du decés du
feu Roi Catholique Charles II. suivant les
inventaires qui en seront fournis; que la
Ville & Citadelle de Lille, la Ville d'Aire,
avec le Fort François, Bethune & St. Venant, seront rendues avec les Canons, Artillerie, Boulets, Armes, & Munitions
de guerre qui y ont été au tems de la prise,
suivant les inventaires qui en seront delivrés
de part & d'autre; bien entendu, qu'à l'é-
gard des pieces d'Artillerie, qui aiant été
endommagées pendant les sieges ont été
transportées ailleurs pour les refondre, les
Seigneurs Etats Généraux les feront rempla-
cer par un pareil nombre de même calibre.
Que la Ville d'Ipres sera remise avec cinquante piéces de Canons de fonte de toutes sortes
de calibre & avec la moitié de Munitions
de guerre qui s'y trouvent présentement,
& finalement que la Ville de Furnes sera remise avec les Canons, Artillerie, Boulets,
Armes & Munitions de guerre, qui s'y sont
trouvés au commencement de l'année courante, suivant les inventaires qui en seront
delivrés de la part de Sa Majesté Très-
Chrétienne.

XVII.

Les Troupes de part & d'autre se retireront
aussi-tôt après l'échange des ratifications du

préfent Traité, fur les terres & Pays de
leurs propres Souverains , & dans les Places & lieux qui leur doivent réciproquement
demeurer & appartenir fuivant le préfent
Traité, fans pouvoir refter, fous quelque
prétexte qui ce foit , dans le Pays de l'autre
Souverain , ui dans les lieux qui lui doivent
pareillement ci-après demeurer ou appartenir , & il y aura auffi-tôt après la fignature
de ce même Traité ceffation d'armes &
d'hoftilités , non pas feulement en tous les
endroits de la Domination de Sa Majefté
Très-Chrétienne & des Seigneurs Etats tant
par Mer , & autres eaux, que par terre ,
comme il eft dit ci-deffus , mais auffi de
part & d'autre dans les Pays-Bas entre les
Pays , fujets & Troupes de quelque Puiffance que ce foit.

XVIII.

Il a été auffi accordé que la perception
des aides, fubfides, & autre droits , dont
le Roi Très-Chrétien & les Seigneurs Etats
font en poffeffion fur tout le Pays qui viennent d'être cédés de part & d'autre fera
continuée jufqu'au jour de l'échange des
ratifications , & ce qui en reftera dû, lors
de ladite échange des ratifications , fera
payé de bonne foi à celui, ou ceux, qui
y auront droit, comme auffi dans le même
tems les Propriétaires des Bois confifqués
dans les dependances des places, qui doivent être remifes de part & d'autre , rentreront en la poffeffion de leurs biens, &
de tous les Bois qui fe trouveront fur le lieu;
Bien entendu que du jour de la fignature du

préfent Traité, toutes les coupes de bois cefferont de part & d'autre.

XIX.

Il y aura de part & d'autre un oubli & une amniftie perpetuelle de tous les torts, inju-res & offenfes, qui auront été commis de fait & de parole, ou en quelque maniere que ce foit, pendant le cours de la préfente guerre, par les fujets des Pays-Bas Efpag-nols, & des Places & Pays cédés ou refti-tués par Sa Majefté Très-Chrétienne ou par les Seigneurs Etats Généraux, fans qu'ils puiffent être expofés à quelque recher-che que ce foit, & l'on eft convenu que tout le contenu en l'Article fecond du pré-fent Traité eft rappellé pour être auffi exe-cuté entre les fujets de Sa Majefté Très-Chrétienne & ceux defdits Pays-Bas Efpag-nols, & Pays cédés, ou reftitués, de la maniere qu'il le fera entre lefdits fujets de Sa Majefté Très-Chrétienne & ceux des Seigneurs Etats Généraux.

XX.

Par le moyen de cette Paix les fujets de Sa Majefté Très-Chrétienne & ceux defdits Pays-Bas Efpagnols & des Places cédées par fadite M. T. Chrétienne, pourront en gardant les Loix, ufages, & coutumes des Pays, aller, venir, demeurer, trafiquer, retourner, traiter, négocier enfemble, comme bons Marchands, même vendre, changer, aliener, & autrement difpofer des biens, effets, meubles, & immeu-bles, qu'ils ont ou auront, fitués refpecti-

vement de part & d'autre, & chacun les
y pourra acheter, fujet & non fujet, fans
que pour cette vente, ou achapt ils aient
befoin de part ni d'autre de permiffion autre
que le préfent Traité; il fera auffi permis
aux fujets des places & Pays cédés ou reftitués par le Roi Très-Chrétien, & par les
Seigneurs Etats Généraux, comme auffi
à tous les fujets defdits Pays-Bas Efpagnols,
pour aller demeurer où bon leur femblera
dans l'efpace d'un an avec la faculté de vendre à qui il leur plaira, ou de difpofer autrement de leurs effets, biens, meubles,
& immeubles, avant & après leur fortie,
fans qu'ils puiffent en être empéchés directement ou indirectement.

XXI.

Les même fujets de part & d'autre Eccléfiaftiques & Seculiers, Corps, Communautés, Univerfités & Colleges feront reta-
blis, tant en la jouiffance des honneurs,
dignités & bénéfices, dont ils étoient pourvûs avant la guerre, qu'en celle de tous &
chacun leurs droits, biens, meubles & immeubles, rentes faifies, ou occupées à
l'occafion de la préfente guerre, enfemble
leurs droits, actions & fucceffions, à eux
furvenus, même depuis la guerre commencée, fans toutes fois pouvoir rien demander
des fruits, revenus perçûs & échus pendant
le cours de la préfente guerre jufqu'au jour
de la publication du préfent Traité, lefquels rétabliffemens fe feront réciproquement, nonobftant toutes donations, conceffions, déclarations, confifcations, fen-

tences données par contumace, les Parties non ouïes, qui feront nulles & de nul effet, avec une liberté entiere auxdites parties de revenir dans les pays d'où elles fe font retirées, pour & à caufe de la guerre, pour jouïr de leurs biens, & rentes, en perfonne, ou par procureur, conformement aux loix & coûtumes des Pays & Etats. Dans lefquels rétabliffements font auffi compris ceux, qui dans la derniere guerre, ou à fon occafion, auront fuivi le parti contraire; néanmoins les arréts, & jugemens rendus dans les Parlements, Confeils & autres cours fupérieures ou inferieures, & aux quels il n'aura pas été expreffément dérogé par le préfent Traité, auront lieu & fortiront leur plein & entier effet, & ceux qui en vertu defdits arréts & jugemens fe trouveront en poffeffion des terres, Seigneuries & autres biens, y feront maintenus, fans préjudice toutes fois aux parties qui fe croiront lefées par lefdits jugemens & arréts, de fe pourvoir par les voies ordinaires & devant les Juges competens.

XXII.

A l'égard des rentes affectées fur la généralité de quelques Provinces des Pays-Bas, dont une partie fe trouvera poffedée par Sa Majefté T. Chrétienne, & l'autre par lefdits Seigneurs Etats Généraux, ou par la Maifon d'Autriche à la quelle les Pays-Bas Efpagnols doivent appartenir; il a été convenu & accordé que chacun payera fa quote part, & feront nommés des Commiffaires pour régler la portion qui fe payera de part & d'autre.

XXIII.

Dans lefdits Pays, Villes & Places cédés par le préfent Traité, les bénéfices accordés & légitimement conferés à des Perfonnes capables, pendant le cours de la préfente guerre, feront laiffés à ceux qui les poffedent à préfent, & généralement toutes chofes, qui concernent la Religion Catholique Romaine & fon exercice, y feront laiffées & confervées de la part defdits Seigneurs Etats Généraux & de la Maifon d'Autriche, à laquelle les Pays-Bas doivent appartenir, dans l'état où elles font, ou qu'elles étoient avant la préfente guerre, ceffion, ou évacuation, tant à l'égard des Magiftrats, qui ne pourront être que Catholiques Romains, comme par le paffé; qu'à l'égard des Evêques, Chapitres, Monaftéres, l'ordre de Malte (pour les biens de cet ordre fitués dans les Pays-Bas Efpagnols, & dans les Pays cédés & reftitués de part & d'autre par le préfent Traité) & autres & généralement à l'égard de tout le Clergé, qui feront tous maintenus & reftitués dans toutes leurs Eglifes, libertés, franchifes, immunités, droits, prérogatives & honneurs, ainfi qu'ils l'ont été fous les Souverains Catholiques Romains, & que tous & un chacun dudit Clergé pourvû de quelques biens Eccléfiaftiques, Commanderies, Canonicats, Perfonats, Prévôtés & autres bénéfices quelconques, y demeurent, fans en pouvoir en être dépoffedés, & jouïront des biens & revenus en provenants, & les pourront adminiſtrer & percevoir, comme auparavant; comme auſſi les Penſionaires jouïront, comme par le paſſé, de leurs penſions aſſignées ſur les bénéfices, ſoit qu'el es ſoient crées en cour de Rome, ou par des Brevets de leurs Majeſté Très-Chrétienne & Catholique avant le commencement de la préſente guerre, ſans qu'ils en puiſſent être fruſtrés pour quelque cauſe ou prétexte que ce ſoit.

XXIV.

Quant à l'exercice de la Religion Proteſtante par les Troupes que les Etats Généraux auront dans les places deſdits Pays-Bas Eſpagnols, & dans celles cedées par le Roi Très-Chrétien, il s'y fera conformement au réglement fait avec l'Electeur de Baviere, Gouverneur des Pays-Bas Eſpagnols ſous le Regne du Roi Charles II.

XXV.

On eſt de plus convenu que les Communautés & Habitans de toutes les Places, Villes & Pays que Sa Majeſté Très-Chrétienne céde par le préſent Traité, ſeront conſervés & maintenus dans la libre Jouiſſance de tous les Privileges, prérogatives, Coutumes, exemptions, droits, octrois communs & particuliers, charges, & offices héréditaires, avec les mêmes honneurs, rangs, gages, émolumens & exemptions, ainſi qu'ils en ont jouï ſous la domination de Sadite Majeſté Très Chrétienne, & tout ce qui eſt porté dans le pré-

fent Article aura auffi lieu pour les Villes,
& Places reftituées à Sa Majefté Très-Chrétienne par les Seigneurs Etats Généraux,
pourvû qu'il ne s'y foit point fait d'innova-
tions dans le Gouvernement civil.

XXVI.

On eft convenu que les Garnifons , qui fe
trouvent ou fe trouveront ci-après de la
part des Seigneurs Etats dans la Ville , Château , & Forts de Hui, comme auffi dans
la Citadelle de Liége , y refteront aux dépens defdits Seigneurs Etats , & que Sa
Majefté fera en forte que l'Electeur de Cologne en qualité d'Evêque & Prince de Liege
y confente ; & Sadite Majefté fera auffi en
forte que toutes les Fortifications de la Ville
de Bonn foient rafées trois mois après le retabliffement dudit Electeur.

XXVII.

Tous Prifonniers de guerre feront delivrés de part & d'autre fans diftinction ou
réferve , & fans payer aucune rançon,
mais les dettes qu'ils ont contractées ou faites de part & d'autre , feront payées , celles
des François de par Sa Majefté Très-Chrétienne , & celles de ceux des Etats
par les Seigneurs Etats , refpectivement,
dans le terme de trois mois après l'échange
defdites Ratifications ; à quelle fin feront
nommés immédiatement après cet échange , des Commiffaires de part & d'autre,
qui feront la lifte de ces dettes , les liquide-
ront & feront donner caution valable pour

l'aſſûrance du payement qui ſera dû, & qui ſe fera dans ledit terme.

XXVIII.

La levée des contributions demandées & accordées de part & d'autre, ſera continuée pour tout ce qui reſtera dû juſques au jour de l'échange des Ratifications du préſent Traité, & les Arrerages, qui reſteront dûs lors de l'échange des Ratifications, ſeront payés, dans l'eſpace de trois mois après le terme ſuſdit; & aucune exécution ne ſe pourra faire pour raiſon de çe, pendant ledit tems, contre les Châtellenies, Bailliages, Communautés & autres redevables, pourvû qu'elles ayent donné bonne & valable caution reſtante dans une Ville de la domination de Sa Majeſté Très-Chrétienne, ou des Seigneurs Etats, à qui leſdites contributions ſeront dûës. La même ſtipulation aura lieu à l'égard des contributions demandées de la part de Sa Majeſté Très-Chrétienne & accordées par les Pays-Bas Eſpagnols.

XXIX.

Pour affermir d'autant plus & faire ſubſiſter ce Traité, on eſt de plus convenu entre Sa Majeſté & les Seigneurs Etats Généraux, qu'étant ſatisfait à ce Traité, il ſe fera, comme ſe fait par celui-ci, une renonciation tant générale que particuliere ſur toutes ſortes de prétentions quelconques tant du tems paſſé, que du préſent, qu'un parti pourroit intenter contre l'autre, pour ôter à l'avenir toutes les occaſions que l'on pourroit ſuſciter, & faire parvenir à de nouvelles diſſentions.

XXX.

Les voies de la Juſtice ordinaire ſeront ouvertes, & le cours en ſera libre réciproquement, & les ſujets de part & d'autre pourront faire valoir leurs droits actions, & prétentions ſuivant les loix & les ſtatuts de chaque Pays, & y obtenir les uns contre les autres, ſans diſtinction, toute la ſatisfaction, qui leur pourra légitimement appartenir ; & s'il y a eu des Lettres de repreſailles accordées de part ou d'autre, ſoit devant ou après la Déclaration de la derniere guerre, elles demeurent revoquées, & annullées, ſauf aux parties, en faveur deſquelles elles auront été accordées, à ſe pourvoir par les voies ordinaires de la Juſtice.

XXXI.

Puiſque l'on convient qu'il eſt abſolument neceſſaire d'empêcher que les Couronnes de France & d'Eſpagne ne puiſſent jamais être unies ſur la tête d'un même Roi, & de pourvoir par ce moyen à la ſûreté & la liberté de l'Europe ; & que ſur les inſtances très-fortes de la Reine de la Grande Bretagne & du conſentement tant du Roi Très-Chrétien, que du Roi Catholique, on a trouvé les moyens d'empêcher cette Union pour toujours par des renonciations faites dans les termes les plus forts, & paſſées à Madrid dans le mois de Novembre dernier, de la maniere la plus ſolemnelle ;

& par la Déclaration des Cortes d'Efpagne
là-deffus ; & puifque par lefdites renonciations & Déclarations, qui doivent toujours
avoir la Force de Loi pragmatique, fonda-
mentale, & inviolable, il y a été arreté
& pourvû, que ni le Roi Catholique lui-
même, ni aucun des fes Defcendans, puiffe à l'avenir prétendre à la Couronne, moins
encore monter fur le Trône de France,
& d'autant que par des renonciations ré-
ciproques de la part de la France, & par
des Conftitutions fur la Succeffion Héreditaire à la Couronne de France, qui tendent
au même but, les deux Couronnes de France & d'Efpagne font tellement féparées &
defunies l'une d'avec l'autre, que (lefdites
renonciations, tranfactions, & tout ce
qui y a rapport, demeurant dans leur vigueur & étant obfervées de bonne foi) lefdites deux Couronnes ne pourront jamais
être unies; c'eft pourquoi le Roi Très-Chrétien & lefdits Seigneurs Etats fe promettent & s'engagent mutuellement & de la
maniere la plus forte, qu'il ne fera jamais
rien fait ni par Sa Majefté Très-Chrétienne,
fes Héritiers & Succeffeurs ni par lefdits
Seigneurs Etats, ni permis ou fouffert que
d'autres faffent, que lefdites renonciations & tranfactions & tout ce qui y a rapport, né fortent leur plein & entier effet;
mais au contraire Sa Majefté Très-Chrétienne & les Seigneurs Etats prendront toûjours
foin, & joindront leurs confeils & leurs
forces, afin que lefdits fondements du falut
public demeurent toûjours inébranlables,
& foient obfervés inviolablement. XXXII.

XXXII.

Le Roi Très-Chrétien confent auffi &
promet qu'il ne prétendra, ni n'acceptera
aucun autre avantage, ni pour lui-même,
ni pour fes fujets, dans le commerce & la
navigation, foit en Efpagne, ou dans les
Indes Efpagnoles, que celui dont on a joui
pendant le Regne du Feu Roi Charles II. ou
qui feroit pareillement accordé à toute autre
Nation commerçante.

Et qu'auffi long-tems que les Rois d'Efpagne n'accordent pas d'autres avantages à
toutes les Nations commerçantes, le commerce & la navigation en Efpagne & dans
les Indes Efpagnoles fe feront précifement
& en tout, de la même maniere qu'ils fe
faifoient fous le Regne & jufques à la mort
dudit Roi Catholique Charles II. Sa Majefté
Très-Chrétienne & lefdits Seigneurs Etats
fe promettant réciproquement que leur fujets feront affujettis comme toutes les autres
Nations aux anciennes Loix & Réglemens
faits par les Rois Prédeceffeurs de Sa Majefté
Catholique au fujet dudit commerce & de
la dite navigation.

XXXIII.

Les Seigneurs Etats Généraux confide-
rant, que pour leur fûreté il eft néceffaire
que rien ne puiffe troubler la tranquilité de
l'Empire, le Roi Très-Chrétien confentira
que dans le Traité à faire avec l'Empire, tout
ce qui regarde dans ledit Empire l'état de
Religion foit conforme à la teneur des Traités de Weftphalie, en forte qu'il paroiffe

manifeftement que l'intention de Sa Majefté Très-Chrétienne n'eft point & n'a point
été qu'il y ait rien de changé auxdits Traités
tant à l'Eccléfiaftique qu'au Temporel.

XXXIV.

Sa Majefté Très-Chrétienne confent auffi
que dans le même Traité avec l'Empire, la
Forterefle de Rhinfels & la Ville de St. Goar
avec tout ce qui en depend, demeurent au
Landgrave de Hefle-Caffel & à fes Succeffeurs, moyennant un équivalent raifonna-
ble au Prince de Hefle-Rhinfels, à condition que la Religion Catholique Romaine,
de la maniere qu'elle s'y trouve établie,
y foit exercée fans aucune altération.

XXXV.

Si par inadvertance ou autrement il fur-
venoit quelque inobfervation ou inconve-
nient au préfent Traité de la part de Sadite
Majefté ou defdits Seigneurs Etats Généraux
& leurs Succeffeurs, cette Paix & Alliance
ne laiffera pas de fubfifter en toute fa force,
fans que pour cela on en vienne à la rupture
de l'amitié & de la bonne correfpondance ;
mais on réparera promptement lefdites con-
traventions, & fi elles procedent de la faute de quelques Particuliers fujets, ils en
feront punis & châtiés.

XXXVI.

Et pour mieux affûrer à l'avenir le commerce & l'amitié entre les fujets dudit Seigneur Roi & ceux defdits Seigneurs Etats
Généraux des Provinces-Unies des Pays-Bas,

il a été accordé & convenu qu'arrivant c'y-
après quelque interruption d'amitié ou rupture entre la Couronne de France & lesdits
Seigneurs desdites Provinces-Unies (ce qu'à
Dieu ne plaise) il sera toûjours donné neuf
mois de tems après ladite rupture aux sujets
de part & d'autre pour se retirer avec leurs
effects : & les transporter où bon leur sem-
blera, ce qu'il leur sera permis de faire,
comme aussi de vendre ou transporter leurs
biens & meubles en toute liberté, sans
qu'on leur puisse faire aucun empéchement, ni proceder pendant ledit tems de
neuf mois à aucune saisie de leurs effets,
moins encore à l'arrêt de leurs personnes.

XXXVII.

En ce présent Traité de Paix & d'Alliance
seront compris de la part dudit Seigneur
Roi Très-Chrétien tous ceux qui seront
nommés avant l'échange des Ratifications,
& dans l'espace de six mois après qu'elles auront été échangées.

Et de la part des Seigneurs Etats Généraux, la Reine de la Grande-Bretagne, &
tous leurs autres Alliés, qui dans le tems
de six semaines, à compter depuis l'échange des Ratifications, déclareront accepter
la Paix, comme aussi les treize louables
Cantons des Ligues Suisses, & leurs Alliés
& Confédérés, & particulierement en la
meilleure forme & maniere que faire se peut,
les Republiques & Cantons Evangeliques
Zurig, Berne, Glaris, Schafhouse, &
Appenzel, avec tous leurs Alliés & Confé-
derés, nommément la Republique de Gé-

Z 2

néve, la Ville & Comté de Neufchatel, les Villes de St. Gal, Milhaufe, & Bienne; item les Ligues Grifes & dépendances; les Villes de Bremen & d'Emden, & de plus tous Rois, Princes & Etats, Villes, Perfonnes particulieres à qui les Seigneurs Etats Généraux fur la réquifition, qui leur en fera faite, accorderont d'y être compris.

XXXVIII.

Et pour plus grande fûreté de ce Traité de Paix, & de tous les points & Articles y contenus, fera ledit préfent Traité publié, vérifié & enregiftré en la Cour du Parlement de Paris, & de tous autres Parlements du Royaume de France & Chambres des Comtes ldudit Paris; comme aufli femblablement ledit Traité fera publié, vérifié & enregiftré par les Seigneurs Etats Généraux dans les Cours & autres Places, là où l'on a accoutumé de faire les publications, vérifications & enregiftremens.

XXXIX.

Le préfent Traité fera ratifié & approuvé par le Seigneur Roi & les Seigneurs Etats Généraux, & les Lettres de Ratification feront délivrées dans le terme de trois femaines, ou plûtôt, fi faire fe peut, à compter du jour de la Signature.

En foi de quoi nous Ambaffadeurs Extraordinaires & Plénipotentiaires de Sadite Majefté, & des Seigneurs Etats Généraux, en vertu de nos Pouvoirs refpectifs, avons és dits noms figné ces préfentes de nos

Seings ordinaires, & à icelles fait appofer les Cachets de nos Armes, à Utrecht le 11. Avril 1713.

Signé

(LS.) Huxelles.
(LS.) Menager.

(LS.) J. v. Randwyk.
(LS.) W. Buys.
(LS.) B. van der Duffen.
(LS.) C. v. Gheel van Spanbrock.
(LS.) F. A. Baron de Reede de Renswoude.
(LS.) S. v. Goflinga.
(LS.) Graaf van Kniphuyfen.

Plein-pouvoir du ROI.

LOUIS par la Grace de Dieu, Roi de France & Navarre, à tous ceux qui ces préfentes Lettres verront, SALUT. Comme nous n'avons rien oublié pour contribuer de nôtre pouvoir au retabliffement d'une Paix fincere & folide, & qu'il y a lieu d'efperer que les Conferences, qui fe tiennent à Utrecht pour parvenir à un bien auffi défirable, auront bientôt un heureux fuccès, voulant encore aporter tous nos foins pour en avancer l'effet, & pour faire ceffer au plûtôt la defolation de tant de Provinces, & arrêter l'effufion du fang Chrétien, nous confiant entierement en la capacité, experience, zele & fidélité pour Nôtre fervice, de Nôtre très-cher & bien amé Coufin le Marquis d'Huxelles, Maréchal de France, Chevalier de nos Ordres, & Nôtre Lieutenant G. au Gouvernement de Bourgogne, &

Z 3

de nôtre très-cher & bien amé le Sr. Ménager, Chevalier de nôtre Ordre de St. Michel. Pour ces caufes & autres bonnes
confidérations à ce nous mouvant, nous
avons commis, ordonné & député, & par
ces préfentes, fignées de nôtre main, commettons, ordonnons & députons lefdits
Sieurs Maréchal d'Huxelles, & Ménager,
& leurs avons donné & donnons plein pouvoir, Commiffion & Mandement fpécial en
qualité de nos Ambaffadeurs Extraordinaires
& nos Plénipotentiaires, de conférer, négocier, & traiter avec les Ambaffadeurs Extraordinaires & Plénipotentiaires de nos
très chers, & grands Amis les Etats Généraux des Provinces-Unies des Pays-Bas, re-
vêtus de leurs pouvoirs en bonne forme,
arrêter, conclure, & figner tels Traités de
Paix, & Articles & Conventions, que nof-
dits Ambaffadeurs Extraordinaires & Plénipotentiaires aviferont bon être. Voulant
qu'en cas d'abfence de l'un d'eux par
maladie, ou par quelque autre caufe légitime, l'autre ait le même pouvoir de conférer, négocier, traiter, arrêter, conclure & figner tels Traités de la Paix, Articles &
Conventions, qui conviendront au bien de
la Paix, que nous propofons, & à l'utilité
réciproque de nos fujets ; en forte que nof-
dits Ambaffadeurs Extraordinaires & Plénipotentiaires agiffent en tout ce qui regardera la négociation avec lefdits Etats Généraux des Provinces-Unies des Pays-Bas,
avec la même authorité que nous ferions &
pourrions faire, fi nous étions préfens en
derfonne, encore qu'il y eût quelque chofe

qui réquit un Mandement plus ſpécial, non contenu en ces dites préſentes. Promet-tant en foi & parole de Roi d'avoir agréable, & tenir ferme & ſtable à toujours, accom-plir & exécuter ponctuellement, tout ce que leſdits Seigneurs Maréchal d'Huxelles, & Ménager ou l'un d'entr'eux dans leſdits cas d'abſence ou de maledie auront ſtipulé, promis, & ſigné en vertu du préſent pou-voir, ſans jamais y contrevenir, ni per-mettre qu'il y ſoit contrevenu, pour quel-que cauſe ou ſous quelque prétexte que ce puiſſe être, comme auſſi d'en faire expedier nos Lettres de Ratification en bonne forme, & de les délivrer pour être échangées dans le tems dont il ſera convenu, par les Trai-tés à faire; car tel eſt nôtre plaiſir. En foi de quoi nous avons fait mettre nôtre Sell à ces préſentes.

Donné à Verſailles le quatriéme jour de Mars, l'an de grace mil ſept cents treize, & de nôtre Regne le ſoixante dixiéme. Signé LOUIS, & ſur le repli, par le Roi, COL-BERT.

Sellé du grand Seeau de Cire Jaune.

Article ſeparé.

Outre ce qui a été conclu & arrêté par le Traité de Commerce, fait entre les Am-baſſadeurs de Sa Majeſté Très-Chrétienne & ceux des Seugneurs Etats Généraux des Provinces-Unies, ce jourd'hui onze Avril mil ſept cents treize, il a été encore conve-nu par ce préſent Article ſéparé, qui aura la même force & vertu que s'il étoit inſeré

Z 4

de mot à mot dans le fufdit Traité, que
l'impofition de cinquante fols par tonneau
établie en France fur les navires des Etrangers ceffera entierement à l'avenir à l'égard
des navires des fujets defdits Seigneurs Etats
Généraux des Provinces Unies, & ne pourra deformais être rétablie, en forte que les
navires des fujets defdits Seigneurs Etats
Généraux feront déchargés de ladite Taxe,
foit que lefdits navires aillent droit en France des Pays ou Terres defdits Seigneurs
Etats Généraux, ou de quelque autre endroit que ce puiffe être, foit chargés ou à
vuide, foit auffi qu'ils foient chargés pour
décharger dans une ou plufieurs Places de
France, ou bien qu'étant deftinés pour
prendre charge aux lieux où ils auroient
deffein d'aller, & n'y en trouvant pas, aillent en d'autres pour en avoir, foit auffi
que lefdits navires des fujets des Seigneurs
Etats Généraux fortent des Ports de France,
pour s'en retourner chéz eux, ou pour aller
ailleurs, en quelque lieu que ce puiffe être,
chargés ou vuides, foit même qu'ils aient
pris leurs charges dans une ou plufieurs Places, puis qu'il a été convenu, que ni dans
lefdits cas, ni dans aucun autre qui pourroit arriver, les navires des fujets defdits
Seigneurs Etats Généraux ne feront pas fujets à ladite impofition, mais qu'ils en feront & demeureront exempts, tant en reve-
nant defdits Ports de France, qu'en y allant, excepté feulement au cas fuivant
favoir, quand lefdits navires prendront des
marchandifes en France & qu'ils les tranf-
porteront d'un Port de France à un autre

Port de France pour les y décharger, auquel cas feulement, & nullement en aucun autre, les fujets defdits Seigneurs Etats Généraux feront obligés de payer ledit droit comme les autres étrangers. Le préfent Article feparé fera ratifié & enregiftré de même que le Traité de Commerce.

En foi de quoi, nous Ambaffadeurs de fa dite Majefté & des Seigneurs Etats Généraux, en vertu de nos Pouvoirs refpectifs, avons és dits noms figné cet Article féparé de nos Seings ordinaires & y avons fait oppofer les Cachets de nos Armes, à Utrecht l'onziéme Avril 1713.

Signé

(L. S.) Huxelles.
(L. S.) Menager.

(L. S.) J. v. Randwyk.
(L. S.) W. Buys.
(L. S.) B. van der Duffen.
(L. S.) C. v. Cheel van Spanbroek.
(L. S.) F. A. Baron de Rheede de Renswoude.
(L. S.) S. v. Goflinga.
(L. S.) Graaf van Kniphuyfen.

ARTICLE SÉPARÉ.

LES Traités de Paix & de Commerce étant conclus ce jourd'hui onziéme Avril mil fept cents treize entre Sa Majefté Très-Chrétienne, & les Seigneurs Etats Généraux des Provinces-Unies, & Sa Majefté voulant contribuer de plus au rétabliffement de la

Z 5

Paix générale, particulierement auſſi de celle entre le Roi d'Eſpagne & les Seigneurs Etats Généraux, promet, & s'engage, pour & au nom de Sa Majeſté Catholique, que la Paix ſe fera auſſi entre Elle & les Seigneurs Etats Généraux, & que par le Traité de cettte Paix tous les avantages & utilités de commerce & de navigation & autres, portés par le Traité de Münſter, leur feront accordés, & que l'extenſion s'en fera en forme de Traité auſſi-tôt que les Ambaſſadeurs Plénipotentiaires du Roi d'Eſpagne feront arrivés dans cette Ville d'Utrecht. Cet Article ſéparé aura la même force que ledit Traité de Paix, & comme s'il y étoit inſeré de mot à mot, & ſera ratifié dans le même tems que ce Traité.

En foi de quoi nous Ambaſſadeurs Extraordinaires, & Plénipotentiaires du Roi Très-Chrétien, & des Seigneurs Etats Généraux, avons ſigné le préſent Article, & y avons fait appoſer les Cachets de nos armes, à Utrecht l'onziéme Avril 1713.

(L. S.) Huxelles.
(L. S.) Menager.

(L. S.) J. v. Randwyk.
(L. S.) W. Buis.
(L. S.) B. v. Duſſen.
(L. S.) C. v· Gheel van Spanbroek.
(L. S.) F. v. Baron de Reede de Renswoude.
(L. S.) S. v. Goſlinga.
(L. S.) Graaf van Kniphuyſen.

ARTICLE SÉPARÉ.

Comme les Pays-Bas Espagnols, & les Villes & Places cedées par le Roi Très-Chrétien par le Traité conclu ce jourd'hui entre sa dite Majesté & les Seigneurs Etats Généraux, doivent appartenir à la Maison d'Autriche, lesdits Seigneurs Etats Généraux s'engagent & promettent que ladite Maison d'Autriche exécutera toutes les Conditions stipulées dans le dit Traité par rapport aux Pays-Bas Espagnols, & Villes & Places cedées par le Roi Très-Chrétien, après qu'elle en aura été mise en Possession.

Cet Article séparé aura la même force que s'il étoit inferé dans le Traité, & sera ratifié en même tems que le dit Traité.

En foi dequoi nous Ambassadeurs Extraordinaires & Plénipotentiaires du Roi Très-Chrétien, & des Seigneurs Etats Généraux avons signé le présent Article, & y avons fait appofer les Cachets de nos armes, à Utrecht l'onziéme Avril 1713. Signé.

(L. S.) Huxelles.   (L. S.) Menager.

(L. S.) J. v. Randwyk. (L. S.) W. Buis.
(L. S.) B. van der Dussen. (L. S.) C. v. Gheel van Spanbroek. (L. S.) F. a. Baron de Reede de Renswoude. (L. S.) S. v. Goslinga. (L. S.) Graaf van Kniphuyfen.

Comme la Reine de la Grande-Bretagne & les Seigneurs Etats Généraux des Provinces

Unies des Pays-Bas sont convenus de faire une assemblée de Commissaires de part & d'autre dans cette Ville d'Utrecht, pour, & afin de régler les droits d'entrée & de sortie & la maniere de les faire lever dans les Pays-Bas communément appellés Espagnols, avec les Commissaires de la Maison d'Autriche, & que le Roi Très-Chrétien s'y trouve aussi interessé par rapport au commerce de ses sujets, nous Ambassadeurs Extraordinaires & Plénipotentiaires des Seigneurs Etats Généraux des Provinces-Unies déclarons, au nom desdits Seigneurs nos Maîtres, qu'il leur sera agréable, que Sa Majesté Très-Chrétienne y envoye aussi des Commissaires de sa part, & qu'ils seront contents, que provisionellement, & en attendant que lesdits Commissares aient reglé les droits d'entrée & de sortie, qui se payeront dans lesdits Pays-Bas Espagnols, les sujets de Sa Majesté Très-Chrétienne, aussi bien que ceux de la Grande-Bretagne, & ceux des Etats Généraux, payeront les mêmes droits d'entrée & de sortie, que chaque Nation payoit en l'année 1680. & les Ambassadeurs Extraordinaires & Plénipotentiaires de la Reine de la Grande Bretagne ayant vu la présente Declaration, l'ont approuvée. Fait à Utrecht l'onxieme d'Avril 1713.

Signé

J. v. Randwyk. W. Buis. B. van der Dussen. C. v. Gheel van Spanbroek. F. a. Baron van Reede van Renswoude. S. van Goslinga. Graaf van Kniphuysen.

Nous Souſſignés Ambaſſadeurs Extraordinaires & Plénipotentiaires des Seigneurs Etats Généraux des Provinces-Unies, Promettons au nom des Seigneurs nos Maîtres, qu'ils ne remettront à la Maiſon d'Autriche les Pays-Bas communement appellés Eſpagnols, qu'après qu'elle aura fait une Acte de Ceſſion du Royaume de Sardaigne à l'Electeur de Bavierre. Fait à Utrecht l'onziéme Avril 1713.

Signé

J. v. Randwyk. W. Buis. B. van der Duſſen. C. v. Gheel van Spanbroek. F. a. Baron van Reede van Renswoude. S. van Goſlinga. Graaf van Kniphuyſen.

Obſerv. I. que Sa Majeſté Impériale n'a pas concurce à la dite paix concluë à Utrecht voyez en les raiſons dans le Recuëil des traités de paix d'Utrecht.

Obſerv. II. que parmi les differends traités de paix conclus à Nimegue & à Utrecht, j'ai choiſi ceux, qui regardent en même tems l'Empire ou la Maiſon ditutriche & la France.

Errata.

Avons permis d'inprimer les Loix & traités de paix contenus en ce cinquiéme
tome.

GERARD WENCKER.

www.ingramcontent.com/pod-product-compliance
Lightning Source LLC
Chambersburg PA
CBHW052106230326
41599CB00054B/4111